尚生活
LUXURY AND MORE
何止奢华的旅行
TOPCHINA 著
当代中国出版社
Contemporary China Publishing House

图书在版编目(CIP)数据

何止奢华的旅行 / TOPCHINA(韩骏)著. -- 北京：当代中国出版社，2017.1

ISBN 978-7-5154-0755-5

Ⅰ. ①何… Ⅱ. ①T… Ⅲ. ①旅游指南—世界 Ⅳ. ①K919

中国版本图书馆 CIP 数据核字(2016)第 275632 号

出 版 人　曹宏举
策划编辑　王延新
责任编辑　王延新
责任校对　康　莹
封面设计　信宏博·张红运
出版发行　当代中国出版社
地　　址　北京市地安门西大街旗勇里 8 号
网　　址　http://www.ddzg.net　邮箱：ddzgcbs@sina.com
邮政编码　100009
编 辑 部　(010)66572264　66572154　66572132　66572180
市 场 部　(010)66572281 或 66572155/56/57/58/59 转
印　　刷　北京宝昌彩色印刷有限公司
开　　本　787 毫米×1092 毫米　1/16
印　　张　20 印张　插图 574　188 千字
版　　次　2017 年 1 月第 1 版
印　　次　2017 年 1 月第 1 次印刷
定　　价　79.00 元

代前言

本书，侧重于度假下一站的概念：

——越南和柬埔寨

越南和柬埔寨，一直以来给人以贫穷落后的印象，去越南和柬埔寨，乘夜班车、住小客栈，仿佛才是当行本色。但如果我告诉你，东南亚最新最顶级的酒店，就在越南、柬埔寨，你去越南、柬埔寨度假获得的体验，说不定比去马尔代夫、塞舌尔更好，你做何感想呢？如果我告诉你，越南和柬埔寨是目前东南亚经济发展速度最快的两个国家，甚至有不少中国人，不惜放弃中国国籍，加入越南、柬埔寨国籍，为求更好的发展，你做何感想呢？

——泰国

越南、柬埔寨，可以看成是东南亚旅游的下一站，而泰国的清莱、华欣、苏梅岛等地，则可以看成是泰国旅游的下一站。

——日本

一直以来都以为日本地少人多，人口密度世界第一，一定拥挤不堪，喧闹不堪。实际到了京都、奈良、神户，公车地铁基本上都有座位，晚上 7 点之后街头人烟稀少，同预想中的繁华都市大相径庭。一直以来以为日本物价昂贵，到了日本一看，日本的物价，100 样比中国便宜。也难怪身边经常有朋友抱怨，到了日本，行李额度不够用，有超重了 2000 多元行李费的！

——毛里求斯和留尼汪

毛里求斯和留尼汪可以看成是顶级海岛的下一站。从不为人知到走到舞台中央，毛里求斯和留尼汪只用了短短数年。

——南非

南非是英语国家的下一站。前大英帝国殖民地，世界上主要的英语国家，我到过澳大利亚、新西兰、印度、南非，不用说还有香港、新加坡。这中间，以南非给我的印象，最为震撼。

目录 Contents

Part 5

毛里求斯 + 留尼汪：顶级海岛下一站 / 185

CHAMAREL

Part 1

何止奢华之

越南：
东南亚旅游下一站

第一节　越南攻略

1.1　序言

越南是东南亚唯一有着两三千年文明史的国家。越南也是东南亚唯一一个，拿得出我们《新华字典》背后的那种历史纪年表的国家。当然，对越南中古以前的记载，绝大多数都是来自于中国的史书，由此也可以想见，历史上越南同中国的交往是多么的密切。在越南，虽然我听不懂他们的话，但我觉得越南人长得同中国人特别像，他们说话的口音，也同广东、广西的方言很接近。我常常分不清谁是越南人，谁是中国人。可以说越南，是整个东南亚受中国文化影响最深的国家。

越南中部非常让人惊讶，要是换个人对你说越南怎么怎么好，你一定嗤之以鼻，以为他是刘姥姥进大观园，没见过什么世面的人在痴人说梦。但我到过大溪地，到过马尔代夫，到过塞舌尔，到过斐济，就这样，越南还是让我非常感动，非常惊讶。

首先是风景如画：岘港和芽庄的不少地方，水清沙幼。芽庄的浮潜，虽然没有马尔代夫、塞舌尔那么出名，但实际水下珊瑚和鱼类，都是世界级的，实际浮潜的感受，一点不比其他地方逊色。沙滩上俄罗斯美女众多，最近几年去三亚，到处是国人的天下，常常在想，以前三亚的那些老外去哪里了。这次在越南，算是找到了答案。

其次是人文景观：无论是世界遗产地的会安，还是 67 米号称越南最高的岘港灵应寺观音像，还有散布越南中部各地的中国寺庙，也都可圈可点。

再次是城市面貌的日新月异：据说岘港的城市面貌，一月一个样，三月大变样，今天的岘港，一座座高楼拔地而起；希尔顿，万豪，一家家五星级酒店，在加紧建设。夜间霓虹灯闪耀，犹如一座不夜城，在越南中部，冉冉升起。

最后是酒店的水准非常让我惊讶！这次我们住了岘港的凯悦和洲际以及芽庄的喜来登，都是最近两年里新开业的酒店，也去参观了岘港和芽庄主要的几家酒店，比如岘港皇冠假日、岘港富丽华、越南本土设计师设计的以竹子为主题的南岸酒店 Naman、会安 The Nam Hai、芽庄 6 Senses Ninh Van Bay、Best Western Hon Tam 等，可以说，越南中部的酒店水准，已经达到甚至超过了东南亚顶级酒店的水准。我在岘港洲际酒店前后 3 次住了 12 晚，还觉得没有住够，每次入住，都有新的发现。这家酒店，被猫途鹰 Tripadvisor 上不少人评价为东南亚最新最好的度假村，说它的开业，将改变越南酒店业的排名，甚至改变整个东南亚酒店业的排名。我去之前，对这样的说法将信将疑，但去了之后，我觉得这家酒店是完全配得上这些赞誉的。

1.2 缘起

第一次去越南的时候，去的是越南北中南三处代表性的城市：河内、顺化和胡志明市，相当于中国的北京、西安和上海。而岘港、芽庄，相当于中国的青岛和三亚。

当时我对越南旅游有两句总结性的话：“越南我会再去的。但可能要再等一等，等越南的旅游业再规范一点，各个景区，比如它的海滨度假区，比如它的山里的避暑胜地，都建设得更好一点后再去了。”一晃三年过去了，耳边不断听到一个词：越南。特别是越南中部的岘港，更是常常为人提及。但真正成行，却是源于洲际集团的一次促销，Points Breaks，积分打折兑换。平时需要 30000 分兑换一晚的号称将要改变东南亚酒店业排名的岘港洲际酒店，促销期间仅用 5000 分就能兑换到，作为洲际品牌忠实的粉丝，我当然不会错失这样的机会。士别三日，都当刮目相看，何况是一个国家，一别三年呢。

1.3 签证篇

越南签证，既可以提前办理，也可以通过旅行代理办理落地签批文，2017 年起，更将实行电子签，可以说去越南旅行，签证越来越不是问题了。

1.4 机票篇

岘港，芽庄目前和国内多个航点之间有直飞航班，包括：北京、上海、广州、杭州、成都、武汉、南京 / 南宁、昆明、三亚，以及香港、澳门。这些直飞航班，多半是旅行社包机，但据我所知，也单卖散客机票，并且这个散客机票，不假外求，通过完美旅行网就能买到。

1.5 酒店篇

岘港篇

大多数中国人去岘港，都是直奔会安而去。会安的 The Nam Hai，很长一段时间被称之为越南最好的酒店，没有之一。然而事物是不断发展变化的。最近的三年时间里，岘港市区的 Non Nuoc Beach，酒店如雨后春笋般不断涌现。皇冠假日、凯悦以及老牌的富丽华，和最近刚翻牌的铂尔曼 Pullman，整个岘港，就好像建设中的三亚海棠湾一样，一片大干快上的景象。更不用说还有号称将要改变东南亚酒店业版图的岘港洲际酒店，当时正在搞超值兑换的大促销。因而对我而言，酒店的选择是不言自明的：我选择入住岘港洲际六晚，岘港凯悦一晚。

芽庄篇

芽庄有两家精品酒店 6 Senses 和 Evason。不远处还有大名鼎鼎的安缦酒店 AMANOI。我选的是芽庄喜来登。芽庄喜来登是一家开业不到两年的全新的酒店，他当时是喜达屋 CAT2 第二级别的酒店。用 C + P 现金 + 积分兑换，等于是用 400 多 RMB 的价格，可以入住到海滨全新的五星级酒店，我是白金会员，能升级到套房，还有免费的早餐、下午茶和鸡尾酒会。这么高性价比的酒店，实在找不出不去住的理由。而且我们在芽庄，虽然住三晚，但第一天傍晚到最后一天一早走，中间两天的活动又排得满满的，除了睡觉，并没有几个小时待在房间里，这也是我们选择喜来登，而没有选择其他更贵的精品酒店的理由。

胡志明市篇

第一次去的时候，住的是洲际酒店，当时我们还只是大使会员，已经获得了很好的住宿体验。我们也去看了胡志明市其他酒店，比如柏悦，比如喜来登，比较下来，我们还是喜欢洲际更多一些。三年后重返胡志明市，我们已经是洲际的皇家大使会员了，胡志明市洲际就更是我们的不二选择。这次我们选择的是酒店一个含双人 60 分钟 SPA 的套餐，价格 RMB1800 元，用这样一家酒店，来结束越南 12 天的旅程，我们是非常满意的。

1.6 攻略篇

出发前，我去图书馆，将与越南有关的中文书籍，几乎都借了回来。但翻阅下来，真正有用

的，还是自己家里早就买好的《Lonely Planet·东南亚卷》。但就是这本“东南亚旅游圣经”，其中关于越南中部的部分，无疑还是太过简略了。

机缘凑巧，就在我们出发前一周，两年一度的中国旅游界规模最大的“中国国际旅游交易会”在上海举行。交易会上，代表越南来设摊的，正是越南中部的岘港旅游局。真可谓是“踏破铁鞋无觅处，得来全不费工夫”，在岘港旅游局的摊位上，我拿到了厚厚两本“Da Nang Highlights 岘港亮点”和“HUI AN 会安”的画册和一些碟片，让我在出发之前，就能对岘港和会安的前生今世和景点分布，有了一个非常详尽的了解，对我后来制定行程，起到了至关重要的作用。比如在关于会安节日一节的介绍里，画册中就特别提到，每个月的农历十四，是会安的满月夜 Hui An Full Moon Night，整个会安古镇的灯笼都会在这一夜亮起。我在岘港待七晚，其中正好有一晚是农历十四，我就特意安排在农历十四这天去会安。可以说没有这场交易会，没有这本画册，我的越南之行，不会这么顺利。

第二节　越南河内

2.1　河内的住宿

在越南住宿，雅高集团是回避不了。别的酒店集团，在整个越南，只有一两家酒店，雅高有近 20 家，高中低档的都有。所以这次河内的住宿，我选了雅高旗下当时新开业不到半年的四星级酒店 MERCURE，从机场打车去市区。机场附近的路是乡村小路，市区的道路也逼仄狭窄，到了酒店，我太太不是特别挑剔的人，但也忍不住说："这酒店的接待处怎么那么小？这样的酒店，真的是四星级的吗？"（原谅我们不用大堂这个词，因为酒店根本没有大堂。）当初之所以选择这家酒店，主要是因为他就在火车站的对面，而我事先想好要坐火车去顺化的。河内最好的酒店，当属 2008 年开业的洲际，酒店的硬件，明显比别的酒店高出一筹，酒店又在河内最大的湖—西湖边上，外部环境也要更好。

2.2　河内的历史，文化和景点

年轻女性对越南的认识，可能是从梁家辉的那部电影《情人》开始的。印象中的越南，充满了浓浓的殖民地的情怀。但越南做法国的殖民地不过一百年，越南，特别是越南北部在历史上与中国有着千丝万缕的联系。汉字在越南通行了两千年，只是到了胡志明时期才改用拉丁拼音文字。所以越南，特别是越南北部的河内、顺化，最最明显的，其实不是殖民地的色彩，而是浓浓的挥之不去的中国文化的印记。河内的西洋式建筑，主要集中在索菲特大都会酒店周围的法国区，而中国式的厅堂、中

国式的会馆、中国式的祠堂、中国式的墓葬，却是无处不在的。越南与中国有两千多年的交往史。河内，作为越南的首都，既是每一个第一次到越南的游客必定会到的地方，但却也是没什么太了不起的景点可看的。河内的 1 月份，我们到的那几天，最高温度十五六度，天空整日阴霾不见阳光。还剑湖很小，个把小时就能走一圈。三十六坊很破，到处是歪歪倒倒的房子。法国区的西洋式建筑，虽然也很不错，但来自万国建筑博览会的上海人想必不会太感惊艳吧？但从另一个角度来讲，河内城市的破旧，正说明了河内人对历史的尊重，对历史建筑的尊重。在国内，全新的城市我们见得还少吗？但能保持五十年、一百年前城市原貌的又能有几个呢？从这个角度来讲，河内是值得我们学习的。

第三节　顺化

3.1　河内到顺化的交通

我在越南共七晚，其中河内、顺化、胡志明市各两晚，另有一晚坐火车从河内到顺化。河内到顺化坐火车或汽车都要 12~15 个小时，而且都是夕发朝至的。我很不理解为什么绝大多数人坐的都是汽车。我坐的软卧，火车票只要 RMB150 元，汽车票应该更便宜吧，但能便宜多少呢？最重要的是，软卧的房门是可以从里面锁上的，晚上睡在里面，非常安心。

3.2　顺化的住宿

在顺化，我们住的是雅高旗下的精品酒店 La Residence。这是公认的顺化最好的一家酒店，法式风格的建筑，占地颇大的花园，高大的树木，构成一幅完美的图画。它也是充满历史感的一家酒店，法国殖民时代的统治者，越南近代史上几乎每一个名人，比如阮朝的最后一个皇帝保大皇帝，比如当年南越政权的总统阮文绍，比如胡志明，都曾经在这栋楼里居住过。这不是雅高常规的品牌，是委托雅高管理，却又不愿意改名字的一家酒店，属于 non-branded franchise。我也是在雅高三天大促销期间订的房间，我住的 #411 高级河景大床房，正对着游泳池和香江，价格居然只要 RMB350 元含早餐。一般人提到精品酒店，想到的就是 SLH 小而奢华的酒店旗下的酒店。其实各大酒店集团都有自己的精品酒店，比如雅高的 Mercure Gallery、洲际的 Indigo、喜达屋的 Luxury Collection，甚至凯悦的 Park Hyatt，都可以看成是精品酒店的品牌。选择住这些国际酒店集团下属的精品酒店，既能享受到精品酒店的小而奢华，又能享受到国际酒店集团不时推出的各类眼花缭乱的促销，又能享受酒店精英会员资格带来的包括客房升级在内的种种尊贵的礼遇，还能有积分，真是一举几得的事情。希望以后大家住精品酒店，不要忘了各大酒店集团下属的精品酒店。

3.3 顺化的景点

香江穿城而过，把顺化分成了南北两个部分。殖民地时期，法国人把香江以北包括顺化王城在内的区域，划分为越南人住的地方；而在香江以南建设了新的城区，包括 La Residence 在内的顺化高星级的酒店，全部都在香江以南。沿香江两岸，是成片的连绵几公里的绿化。荫天蔽日的树木，宽敞笔直的道路，星星点点殖民地风格的建筑，让我们一下子喜欢上了顺化。可以说到了顺化，才有了点旅游度假的味道。顺化的新城区沿香江南岸向南延伸，城区范围很大，坐一辆人力三轮车在城区兜兜，恍惚间会以为是回到了二十年前上海的淮海路，有那一份淡淡的小资的情调，却没有现在大上海的喧嚣。香江以北的顺化王城，是世界文化遗产，然而我觉得这个“遗”，只怕更多的是“遗迹”的遗。顺化离北纬17 度线不到 100 公里。17 度线在越南战争中的地位，就相当于朝鲜战争中的 38 线。朝鲜战争，绝大多数的炮弹，都是落在 38 线附近的。越战也不例外，绝大多数的炮弹、航空炸弹，都落在了17 度线的周围。因而顺化在越战中受创伤极重，现在看到的巍然耸立的“午门”，只怕是近年来新修复的，王城中绝大多数的地方，现在还是一堆瓦砾。说实话我觉得顺化王城能被评为世界文化遗产，大概只能算是评选者对越南传统文化的一种敬意吧，这个“遗产”，既名副其实，又非常勉强啊。

顺化沿香江的几座王陵，也是世界文化遗产的一部分。第二天我们包了一条船，沿香江而下，花了一天的时间，看了天姥寺、嗣德皇陵和明命陵。泛舟香江，有一种游漓江山水的味道，只是香江的水更清，也更大、更深。沿江的天姥寺，寺的匾额上写的是“灵姥寺”，在香江转弯处一处风景绝好的小山坡上，香火旺盛，可以去看看。嗣德皇陵 TU DUC TOMB 长得非常不像陵墓，更像是皇帝的行宫。打听了一下，果然也是嗣德皇帝生前非常钟爱的一处避暑胜地，死后就改为了他的墓地了。陵墓里有大片的松树林，走在里面，非常的清幽，感觉不像是陵墓，而更像是一座公园。明命陵 MINHMANG TOMB 在建筑史上的评价相当高，它就是非常规整的皇家陵墓的形制了。但在我看来，它反而少了一点特色。

3.4 顺化的奥黛

说到顺化，另一个最有特色的就是它的奥黛。第一个把 AODAI 翻译成奥黛的中国人，我估计他没有到过越南，他是按我们汉语拼音的方法来翻译越南的文字的。其实在越南，AODAI读做"奥雅"，你在大街上问别人上哪里买奥黛，那是没有人能回答你的。但"奥雅"这里却有一条街，满大街都在卖。都说会安的"奥雅"是整个越南最价廉物美的，我看顺化的也不差。这里人买"奥雅"，都是选好了一块布料，然后量身定做的。我太太就用10美金一件的价格，定做了两件，一个晚上就做好了。我们后来打听，这个价钱，要是到了胡志明市，连付裁缝的人工费都不够。买"奥雅"，还送了我太太一顶斗笠，太太穿上"奥雅"戴上斗笠，一路上人人把她当成了越南人。这顶斗笠，最后我们还带回了家，也算是顺化留给我们的特别的纪念了。唯一的遗憾是我们去的时候还是顺化的冬天，传说中白衣飘飘的女学生的形象，我们只有从买来的明信片上去想象了。

3.5 顺化的美食

有人去越南是去品尝法式大餐的，我们住的La Residence就有当地排名前列的法国餐厅。但我们中午去点了几个菜，既贵又不怎么好吃，不多的几个菜最后还剩了一小半在桌子上吃不下去，而且整个就餐期间，偌大的餐厅里始终只有我们两个人。晚上我们来到顺化最热闹的范五老街，去当地一家非常有名的La Carambole吃饭，饭店的装修非常有当地的特色，天花板上吊满了各种风筝，墙上还挂着以前的蓑衣。地方不大，但生意极好，我们去的两个晚上都是客满的。我们点的是9道菜的当地小吃套餐，份量很足，但我们每回都吃了个底朝天。所以我建议如果去顺化，还是暂时忘掉法国大餐，还是当地的地方小吃更值得尝试。

第四节　岘港篇

4.1　岘港行程

DAY 1：一早到岘港凯悦，参观周边酒店。
DAY 2：游五行山，看灵应寺越南最高 67 米观音像。换酒店到岘港洲际。
DAY 3：游 Bana Hill，坐世界最长缆车（长 5 公里），参观 Cham Museum。
DAY 4：周日早午餐，SPA，参观酒店客房。
DAY 5：Banyan Tree Treking。
DAY 6：农历十四，游会安，会安月圆之夜。
DAY 7：酒店休整，沙滩浪漫晚餐。
DAY 8：退房赴芽庄。

4.2　岘港风景篇

通常戴在岘港头顶上的那顶“人生必去的 50 大景点之一”的桂冠，指的是顺化到岘港盘山公路的制高点：海云岭，事实上并不在岘港；通常和岘港联系在一起的两处世界文化遗产：会安和美山，离岘港市区更为遥远。但这并不等于说，岘港市区就没有值得看的景点。

岘港的特色，是“山，海，沙滩，博物馆”，以及快速崛起的市区景点。

山

它的“五行山”，就在凯越酒店 2 公里处，是一处典型的喀斯特峰林地貌。如同窝窝头一般的 5 座小山丘，在平地上突兀而起，上面修满了各类中式寺庙。它最有特色的是溶洞，在特定的时间里，光线会从洞穴顶部的缝隙间散射入洞中，如佛光一般照射在洞里。

在山茶半岛去洲际的必经之路上，则是高达 67 米，号称越南最高的观音像。

岘港最有特色的山，是离市区西南 50 公里处，海拔 1487 米，有着号称世界最长的 5 公里长缆车的巴拿山 Bana Hill，这里是昔日法国殖民者的避暑胜地。今天的山上，中西合璧，既有中国文化的寺庙，也有法式花园，法式城堡，更有越南迄今唯一的蜡像馆。有着法国背景的雅高集团，在山顶建起了一个纯正法国风情的小镇，小镇的 32 栋外形各异的建筑，居然都是酒店“巴拿山法国山居 / Bana Hill French Village”的一部分，这是把半个小镇，建成了一个开放式酒店的节奏啊。山间小溪潺潺，山上美女云集，这已经是岘港不容错过的一处景点和时尚圣地了。

博物馆

岘港市区有三处博物馆，最有名的是占族博物馆，保留了多处雕刻，显示了越南文化一度与柬埔寨吴哥文化的渊源关系。但可惜我之前到过柬埔寨，到过吴哥窟，这里雕刻的精美程度，同吴哥，无论如何还是不能比的。

沙滩与海

岘港是海滨城市，这里最有特色的，自然是它的沙滩和大海。按岘港旅游局的介绍，岘港的沙滩，北起海云岭，南到五行山，绵延 90 公里，曾经被福布斯杂志评为“世界最奢华的海滩之一”。岘港的五星级酒店，几乎都手拉手、肩并肩地坐落在这片沙滩上。沙滩上的海鲜大排档，价廉物美，也是岘港最难忘的记忆之一。

市区景点

Danang on the Rise：岘港市区，正以“一月一个样，三月大变样”的速度，快速崛起中。汉江穿岘港市区而过，汉江大桥是会喷火的；汉江上巨大的邮轮其实只是一个餐厅，并不能行驶。岘港也有着越南最大的主题公园：亚洲公园 Asia Park，有着越南最大的摩天轮——太阳之轮 Sun Wheels。岘港的夜景，也璀璨犹如不夜城。凡此种种，都让岘港市区，本身就成为了一处新兴而又必到的景点了。

会安

离岘港不过 30 公里的会安，是每个到岘港的游客都必然会去的地方吧。我们受岘港旅游局画册的影响，专门挑了农历十四的月圆之夜去会安，算是体验到了会安最有特色的夜晚。

可惜最有会安特色的灯笼，已经不是我们在电影《大红灯笼高高挂》里看到的点真火的灯笼了。里面摆的是节能灯，所谓的月圆之夜的放河灯，也只是一个小小的莲花形状的纸片，中间包裹着一小截蜡烛而已。最关键的是，这个河灯，并不是当地人自己依着民风民俗自发地燃放，而是当成一件赚钱的工具，摆地摊来卖给游客放。

但会安的对外宣传必定做得非常成功。我们去的那晚，人潮涌动，大街小巷挤满了各种国籍、各种肤色的游客。整个景区，充满了节日的气氛。我们在傍晚时分走在会安的河边，禁不住船夫的再三蛊惑，夫妻两个人包了一条船，巡河游了一圈。船往返 1 个小时，价格 10 万越南盾，相当于 RMB30 元，我们觉得非常合算。关键是我们乘船的时候，夕阳的光辉正好洒在岸上，整个小镇，蒙上了一层金色。河上，又有渔民在那里撒网捕鱼，非常巧地被我们捕捉进了镜头。返程的时候，夕阳西下，满天彩霞，我们是歪打正着地赶在了一个最好的时间，乘了这个船啊。

目前岘港主要的五星级酒店，都有到会安的免费班车，因而住岘港，去会安做个一日游，完全没有问题。但与会安同样名列世界文化遗产的美山，我们没有去成。主要是时间不够，美山在

岘港和会安的三角地带，离哪里都不近，去一趟要一个整天。另外我们之前去过柬埔寨的吴哥窟，更大更辉煌的也看过了，美山也就忍痛割爱了。

会安附近目前也有越南丝绸博物馆，越南古建筑博物馆，越南农业博物馆等等。这些博物馆，既可以参观，也可以购物，到了晚上，则变身为高端餐厅，这也算是会安的新面孔和新玩法啦！

4.3 岘港酒店

岘港凯悦酒店

开业于2012年的凯悦酒店，自开业以来，一直被称作岘港最好的酒店。酒店体量庞大，由200间酒店客房、183间出售的公寓房和27栋3居室的独栋别墅组成。酒店占地20公顷（20万平方米），拥有650米的私家海岸线。酒店单室外泳池就有5个，一个硕大无比的主泳池，两个配属公寓楼的泳池，此外，还有行政楼层客人专属的俱乐部泳池和为SPA和健身房配属的竞技泳池。

酒店对高级会员的待遇也非常好。我是凯悦的钻石会员，只住一晚，没有舍得用钻石会员一年四次的套房升级券，酒店一样非常热情地将我们升级到了行政套房。我们入住的套房，非常宽敞，卧室大，客厅更大；卧室边上有个7~8平方米大小的进入式衣帽间；客厅的冰箱、橱柜，都做成了内置式的。这样的做法，在国内都非常罕见，我以前也只在广州花都喜来登见到过。套房有两个大阳台，直接面对着沙滩和大海。远远地，还能看到岘港标志性的景点五行山。

我们到店的时候是早上 9 点，在行政酒廊办入住的时候，酒廊的工作人员非常热情地招呼我们先用早餐。这样，等于我们住一晚，却用了两顿免费的早餐。住行政楼的客人，每天傍晚 5 点到 8 点，还有一个鸡尾酒会，供应的是法国正牌的香槟，佐餐的小食也非常丰盛。这也是酒店的一个亮点。

酒店的价格也非常优惠。我们去的时候，有一个住三付二的促销。折算下来连住三晚的话，平均每晚只要 RMB700 元，钻石会员还有包含免费早餐和晚间鸡尾酒会在内的全套行政待遇，更有可能升级到套房。所以在岘港一众酒店里，凯悦无疑是性价比之选。

包括行政酒廊在内，凯悦有 5 间餐厅和酒吧。凯悦餐饮的价格都不贵，我们试了它只在中午营业，专门供应各类面点和简餐的泳池屋 Pool House，和它对面只在晚上营业，所谓需要正装出席的经典餐厅 Signature Restaurant 沙滩屋 Beach House，价格也都不贵。

凯悦离岘港代表性的景点五行山只有 2 公里，打车 5 分钟，3 万越南盾，约合 RMB10 元钱。我们在山上逛了足有两个小时，出租车司机居然一直在山脚下等我们，然后把我们载回酒店，也只是正常打表，而没有多收我们一分钱，把我们感动得一塌糊涂。结果我们退房去洲际的时候，还

特意找到这位司机。这位司机载我们去洲际的路上，又带我们顺路去逛了号称越南最高佛像的67米高的观音像。有了这段经历，也让我对凯悦和凯悦旗下的出租车队，平添了很多好感。

凯悦在岘港到会安的必经之路上，它几乎是岘港所有酒店里，离会安最近的一家了，距离会安不到30公里，开车20分钟。在岘港选酒店，如果你是观光旅游，早上早早出门，晚上很晚回来，会安要去、五行山要看的话，那么凯悦是你最佳的选择。

凯悦在岘港酒店最为密集的Non Nuoc沙滩上，如果你和我有同样的爱好，喜欢住一家酒店，同时看看转转周围其他酒店，把酒店当成一个不收门票的景点来参观的话，那么凯悦就是你的选择。

岘港酒店综述

住凯悦的时候，我们顺便参观了它附近的皇冠假日和富丽华酒店。

皇冠假日

皇冠假日是中国老板投资兴建的，酒店和三亚喜来登外形非常像，走在里面，有种重回三亚的感觉。这家酒店开业之后，主推中国市场，据说目前酒店的客源，有70%都是中国人。上海和江浙一带的旅行社，安排的岘港包机直飞的旅行团，四晚住宿，住的就是这家皇冠假日。我走之前上海的国际旅游交易会，岘港旅游局摊位上唯一打出的一张酒店的大幅照片，也是这家。酒店前台的工作人员，是越南人，却会说一口地道的普通话。目前皇冠假日的二期工程正在紧锣密鼓地兴建中，建成之后，将是拥有800间客房的JW万豪酒店，裙楼的商场，将是越南中部最大、

最奢华的商场。

富丽华

富丽华，是岘港海边最老牌的一家酒店，开业到现在已经有十五年的历史了，它几乎就是岘港酒店业的代表和见证人。富丽华有酒店也有别墅，拥有多栋三卧室，四卧室别墅的富丽华别墅酒店，是大家庭出游的首选。富丽华正在兴建一大片体量超大的度假村和酒店式公寓，建成之后，富丽华将进一步巩固其在岘港巨无霸的江湖地位。

会安 The Nam Hai

会安 The Nam Hai，很长一段时间被众多媒体评为越南唯一最好的酒店，我在去会安的时候，也顺便参观了一下。酒店只有 100 间客房，占地却有 30 公顷。我们参观了它一居室的别墅和 3 居室的别墅。酒店有 60 间一居室的别墅，其实也就是一间房，没有厅，没有私家泳池。3 居室别墅，有一个将近 80 平方米的独立的会客厅和一个 16 米长的无边际泳池。The Nam Hai 有 3 个连续的阶梯式的泳池，算是酒店的标志：一个主泳池，一个 25 米的竞技泳池，和一个 50 米的更大的奥林匹克泳池。酒店将于 2016 年底，翻牌成为越南第一家四季品牌的酒店。

岘港洲际酒店

岘港凯悦，价格优惠，对高级会员待遇又好，我们却只住了一晚；皇冠假日、富丽华、The Nam Hai，家家都是岘港乃至整个越南具有代表性的酒店，我们视而不见。这一切，都是因为新近开业，口口相传，号称将要改变越南乃至整个东南亚酒店业排名的岘港山茶半岛洲际度假酒店。

洲际酒店，位于山茶半岛的最远端，坐落在一片原始森林覆盖的山坡上。酒店大堂在山顶上，处于整个酒店制高点，酒店的主体部分是层层向下展开的。大堂向下一层，是酒店的礼宾部和

自助餐厅、再往下，是分成 4 个层面分别以天堂 HEAVEN、天空 SKY、地面 EARCH 和大海 SEA 命名的客房区和功能区。各区之间，以一个船形的缆车 Nam Tram 连接。说实话我住了那么多海边酒店，酒店里有自己的缆车的，我还是第一次遇到。

酒店占地 35 公顷，体量之大，超过会安 The Nam Hai，是越南中部地区目前占地最广的酒店。

客房

酒店有 197 间客房，酒店的主体建筑，分成三类：一类是四联体的客房，中间两间是 Resort Classic Room 酒店经典客房，边上的两间是 Resort Premium Room，各有 84 间。这样的房间，主要集中在酒店地势较高的天堂层 Heaven 和天空层 Sky。洲际最基础的客房，室内面积也在 70 平方米以上，已经是越南中部地区最宽敞的基础客房了。这个基础客房的室内面积，比会安 The Nam Hai 一居室别墅的室内面积还大不少。

一类是双联体的客房，称为 Atrium Suites，全部集中在地面层 Earth，共有 16 间。另一类是独栋别墅，有 Seaside Villa on the rocks 海滨岩石别墅、Seaside Villa by the Beach 沙滩别墅，Spa Lagoon Retreat Villas（Spa 别墅）和 Royal Residence by the sea（总统别墅）。

酒店另有 4 间在四联体建筑最高处的 Heavenly Penthouses（空中别墅）。

我们是皇家大使会员，在酒店住六晚，前两晚用大使会员的周末买一送一券付费入住，后面四晚是积分兑换的，酒店非常大度地将整个六晚都升级到了套房 Atrium Suites。这个套房的总面积有 130 平方米，室内面积并不大，但无处不透露出设计感：客房的每一件家具，都是设计师为这家酒店量身定做的；客房的每一幅装饰画，都是设计师亲手绘制的；房间里的每一个细节，几乎都是此处独有，别无分店的。客房的精华是它的卫生间和室外的大露台。卫生间巨大，几乎占据了客房室内面积的 60%，卫生间的窗棱和梳妆镜，都被设计成灯笼形状，卫生间中间是同样巨大的浴缸。我们入住期间，酒店好几晚都做了花瓣浴的布置，我们不知不觉间，“被鸳鸯浴”了好几次。酒店卫浴用品是奢华酒店都难得一见的爱马仕品牌 HERMES，洗漱用品是类似飞机头等舱才配备的过夜包。这样的配置，已经高出绝大多数奢华酒店的规格了。

套房 Atrium Suites 的露台，感觉比室内的空间更大，宽大的 Day Bed 就有两张，还有全套的户外家具。露台最外侧是一张大理石的餐桌，显然是让你点了客房送餐在这里边看风景边用餐的。因此我们在酒店的六天，绝大多数的时候，都是叫的客房送餐，而不愿意跑去餐厅。这个露台，比我们后来参观的海滨别墅的露台还更宽大，感觉不是给两个人私密度假，而是给一群人开派对准备的。

1888

餐厅

酒店餐厅有 5 家：

自助餐厅 Citron，是酒店一众餐厅里最酷的一个，5 个室外悬空的餐桌是它的标志，坐在这里，山、海、客房，都在你的脚下。因此这 5 个室外餐桌是要抢的。我们一般都是提前几天预订，才确保能坐到这室外的餐桌。餐厅最有特色的，是每周五晚上的海鲜自助餐和周日中午的早午餐。岘港洲际的餐饮都不贵，以最贵的周日早午餐为例，含香槟和鸡尾酒免费畅饮的价格，也就 100 万越南盾加服务费，相当于 RMB350 元。这个价格，不比国内的五星级酒店贵，但他提供的餐饮标准和你获得的感受，却是一般酒店无法比拟的。

赤足餐厅 Barefoot Caf é，两艘渔船是它的特色，这里提供的是日常简餐和酒水饮料。

长吧 Long Bar，足有 50 米，真正够长，它也是越南媒体评出的当今越南最炫的酒吧。我亲眼看到 4 个新加坡的华人，来岘港开会，不住酒店，却特意从岘港市区打车过来，专程体验一下这传说中超级浪漫的长吧。长吧每天傍晚 5~7 点，有个欢乐时光，酒水打对折。我们是洲际的皇家大使，客房迷你吧的酒水是免费的，但为了体验一下这传说中超级浪漫的氛围，我们也特意来长吧，点两杯鸡尾酒，同心爱的人在星光下相依相偎。

法餐厅 La Maison 1888，是岘港洲际最有特色的所谓需要正装出席的经典餐厅 Signature Restaurant，餐厅主厨皮埃尔 Pierre，也是第一位在越南献艺的米其林三星大厨。大厨平时难得一见，恐怕一年里在酒店驻场的时间也不过一周左右，每逢大厨莅临岘港，都会成为岘港厨艺界的节日，各大酒店的行政主厨，都会从四面八方汇集到岘港洲际，聆听大师的指点教诲，也只有在这个时候，大师才会下厨露一手吧。2016 年 3 月初入住酒店的时候，适逢大厨驾临岘港洲际，遂毅然决然地将不可改签，不可退票的返程机票撕票作废，只为能吃上一顿大师亲手调制的美味。法餐厅 La Maison 1888 大师亲手打理的 5 道菜和 7 道菜的套餐，奢华不贵，两人用餐，外加两人各一杯香槟，也就 2000 多 RMB 而已，这个价格，并不比上海外滩三号、外滩 18 号的餐饮贵，而无论用餐环境还是菜肴的摆盘、服务的水准，都是上海滩一线餐厅远远难以企及的。

法餐厅 La Maison 1888 的建筑本身，也是一栋有故事的老宅，是仿造十九世纪旅居印度支那 IndoChina 的法国家庭，复古打造而成，这个家庭，一家五口，父母是事业有成，功成名就的当地闻人，大少爷爱旅游，房间里摆满了世界地图和地球仪；二少爷精于计算，房间里摆放的是各色算盘和数学书籍；小姐一如所有的大家闺秀，清纯浪漫，房间以红粉色为基调，甚至还有一张中式的婚床。这些房间，也都成了法餐厅 La Maison 1888 的主题包房。楼下还有一间名为水牛吧的主题酒吧。这个餐厅，这个酒吧，也是岘港，乃至整个越南的时尚圣地，我们用餐的间隙，居然有 3 家不同的摄影团队，同时在那里做商业拍摄！

行政酒廊：岘港洲际酒店的行政酒廊，分室内和室外两个区域，全天 24 小时开放，酒廊位于酒店制高点的天堂层 Heaven Level，通过一个廊桥，和全日制餐厅 Citron 无缝连接。早餐既有自助餐，也有一部分越南特色美食可以零点；傍晚的欢乐时光，出品精致，各类酒水，包括香槟、鸡尾酒，各色红白葡萄酒、洋酒，均可畅饮，对于酒鬼如我，这样一个酒廊，无疑是一个大大的加分项目！

酒店餐饮的终极浪漫，是它沙滩上的月光大餐。我们之前在马尔代夫的柏悦和塞舌尔的艾美，用过星光大餐，因而最开始对于越南的星光大餐，抱着将信将疑的态度。没想到这个月光大餐给我们的感受，超越以往所有的用餐体验，是我们到目前为止，最满意的一次。晚上我们到沙滩的时候，用餐的一切都已布置妥当。正式用餐前，我们被请到一旁篝火旁的小桌椅前，先品尝一杯香槟。晚餐是烧烤，有两位厨师现场烹饪，有两位服务员为我们全程服务；甚至还专门请了一位当地的乐师，为我们弹吉他助兴。在这样的环境下，吃的是什么，已经不重要了吧？但是且慢，这里的大餐，极尽丰盛之能事，餐点前后居然有十道，佐餐的，也是法国原产的 Tattinger 香槟。这样的晚餐，总价是 RMB2000 元，贵吗？阿联酋帆船酒店所谓的极致浪漫的晚餐，在一个全封闭密不透风的地下室，随便点两个菜，随便喝两杯酒，已经是这个价钱了；和帆船酒店的浪漫晚餐比，这一顿岘港洲际的大餐，又岂是一个丰盛了得。更为重要的是，我们用餐的那晚，正好是农历十五，正是一个月里月亮最圆的日子。在这样的日子里，和心爱的人吃这样一顿大餐，我相信是足可回味的。

沙滩和水上活动

酒店拥有700米的私家沙滩，将整个海湾都据为己有，沙质虽然没有岘港凯悦那么洁白细腻，但这里胜在安静和遗世独立，除了酒店的建筑和原始森林，就唯有碧海蓝天和清风明月了。就算放眼全世界，这样的酒店又能有几家?

酒店包括单人滑板，双人划艇，水上摩托艇在内的水上活动，都是免费的。还有定期组织的免费浮潜之旅。水上活动里最有特色的，是越南独有的Basket Boat圆篮船。这个船，需要两三个人才能搬动。不需要自己操作，有工作人员替你掌控。门槛低，特色浓，因而这个Basket Boat，是推荐任何人都应该去尝试一下的。沙滩的服务也令人称道，刚到沙滩，就有服务员引导到沙滩椅，为客人铺上沙滩毛巾，递上冰水，不时有服务员挑着传统的扁担，为客人送来水果串。

游泳池

岘港凯悦有大大小小五个游泳池，洲际只有两个。来之前期望值很低，以为两个泳池，无论如何是无法和五个泳池比的。没想到洲际的两个泳池，别有特色。

它的主泳池，在长吧的屋顶上，长吧有50米，它也就有50米，游起来颇有挑战性。它的环礁泳池，最长处也有30米。晚上，泳池底部的灯光亮起，做成了满天繁星的效果，非常特别。说实话这样满天星效果的泳池，我还是第一次见到。

酒店活动

酒店礼宾部边上，有儿童游戏室，有桌球室，有图书馆。酒店每天下午3点，有个免费的榕树远足之旅。这株千年的老榕树，被视作整个山茶半岛的吉祥物，不时有当地人从市区骑摩托过来，上香、朝拜。这个远足之旅，你可以选择用脚走，也可以选择坐电瓶车观光。这个活动和乘Basket Boat一样，在我看来，都是不容错过的。

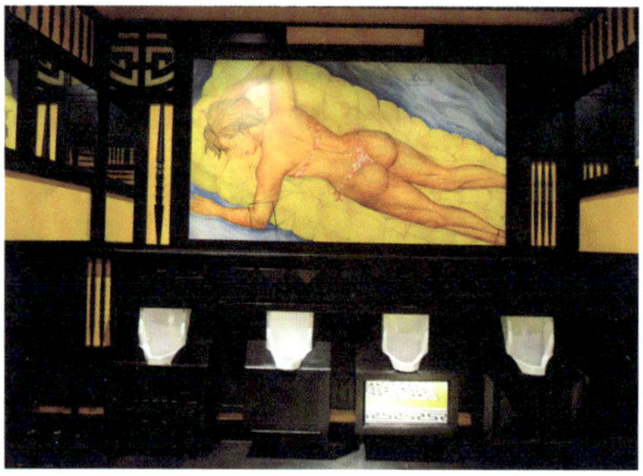

SPA

岘港洲际的 SPA，毫无疑问是越南迄今为止最好的 SPA，没有之一！

SPA 别墅，室内面积已然极为宽敞，户外，更带有干蒸、湿蒸和按摩池，还有一个附带有超大石床的淋浴间。可能是硬件设计太过奢华的缘故，岘港洲际 SPA 别墅里附设的干蒸，湿蒸和按摩池，是需要额外收费的，即使做 SPA 理疗的客人，也不能免费使用。我们第一次做 SPA 的时候，通往户外的门被关闭，第二天又额外付费，专程来体验这传说中极致奢华的干蒸、湿蒸和按摩池。

可能是精诚感动天地的缘故，我们在 SPA 接待处门口，巧遇酒店设计师——一代设计大师 Bill Bensley，并结下了深厚的友谊。有这么一段渊源，那么 SPA 花再多的钱，也是值了！

班车

酒店每天上午 9 点和下午 3 点，各有一班先到岘港市区，后到会安的免费班车。这么好的福利，似乎没什么人知道，我们前后几次搭乘，车上都空空如也，只在去会安的时候，有一对美籍印度裔夫妇和我们同行。班车停在岘港市区的越南航空售票处门口，对面就是当地人的集市汉市场 Han Market，离贯穿岘港市区的汉河 Han River，也就举步之遥。所以这个班车，也是值得坐一坐，来市区逛一逛的。

会议中心 The Summit

2017 年 APEC 会议，已经确定在岘港召开，岘港各大酒店，都在快马加鞭，兴建或者扩建自家的宴会厅。岘港洲际也未能免俗，兴建的会议中心 The Summit，已经远远超出了通常会议中心的范畴，简直

就是岘港的娱乐中心了！

会议中心 The Summit 共有 3 层，简直就是一个巨大的迷宫！地面层是会议中心，地下一层是酒吧和私人影院，最下面的地下二层，则是规模巨大的书吧和包房。整个建筑，以猴子为主题，各种猴子的塑像、猴子的图画，随处可见。这里，也是岘港洲际整个酒店最后完工的部分，可以说充分体现了设计师 Bill Bensley 浓墨重彩的风格。这个会议中心 The Summit，迄今为止，除了宴会厅和影院之外，其他设施暂时还没有对外开放。

卡拉 OK：M Roughe

位于全日制餐厅楼下的卡拉 OK-M Roughe，是酒店秘而不宣的宝库 The Hidden Treasure，恐怕绝大多数的住店客人，都不知道他的存在吧。酒店每周一次的管理层见面会 Management Cocktail，也在这里举行。卡拉 OK-M Roughe 有 6 间以 1930、1940 至 1970 命名的主题包房。包房从 6 人间到 20 人间，大小不等，充溢着对往昔岁月的缅怀，来这里浅斟低唱，暂停下匆忙的脚步，释放的也是一种情怀吧。

厕所

你没有看错，是厕所：岘港洲际公共区域里，找不出两间完全相同的厕所。所有的厕所都是经过设计师精心设计的，整个酒店的辉煌可想而知。这位设计师，就是大名鼎鼎的 Bill Bensley。据说酒店为了请到这位设计大师，不惜三顾茅庐；为了等这位设计师的档期，整整等了一年。这位设计大师，在岘港洲际被奉若神明，提到他，人人都敬畏有加。我想，来自业主方的重用和首肯，也是设计师倾尽全力，诞生出这样一件设计师引以为毕生杰作的先决条件吧。

管家服务

洲际品牌，通常是不提供管家服务的。我住了那么多家洲际品牌的酒店，岘港洲际，还是第一家提供管家服务的洲际酒店。岘港洲际，对入住别墅和一部分入住套房的客人，提供24小时的管家服务。目前阶段，对于酒店最高级别的皇家大使会员，也提供管家服务。我住过一些按品牌的要求标配有管家的酒店，但那所谓的管家，有的是你入住的时候露个面，有的就是两个漂亮的礼宾小姐陪你到房间，有的根本连露面都省略了，在你入住的时候，打个电话问候一下，然后就再也没有下文了。而岘港洲际的管家服务，是真正的管家服务。酒店目前管家团队有10个人，而对口的别墅不过6间，套房不过16间，就算全部住满，管家和客房的比例，也达到了惊人的1：2。要知道此前在马尔代夫柏悦，虽然我们获得了很好的体验，但他的管家和客房的比例是1：6，就是说平均一个管家，负责5~6间客房。而这里，是平均一个管家，负责两间客房。

管家的服务，细致入微，从帮我们订餐、订车，到预订酒店的活动，可以说只有我们想不到的，没有他们做不到的。其中有一件特别夸张的事：我在岘港市区打车，要去岘港博物馆，出租车司机表示从来没有听说过这么一家博物馆；我打电话回酒店礼宾部，礼宾部同事也一时给不出答案；而半个小时之后，管家居然要通了我的手机，告诉我了博物馆的详细地址、电话。要知道我是用司机的手机打回酒店的，我估计是管家通过来电显示，联系到了司机，知道是一对中国夫妇在问路，才最终判定是我们两个吧。

第五节　芽庄篇

5.1　芽庄行程

DAY 1：岘港飞芽庄，入住芽庄喜来登酒店。巧遇精通汉语的服务员。沿沙滩漫步。

DAY 2：上午参观芽庄最贵的度假酒店 6 Senses Ninh Van Bay，下午芽庄市区景点半日游，参观婆那加塔，隆山寺和大教堂。

DAY 3：参加四岛游，参观 Best Western Hon Tam。

DAY 4：清早退房赴胡志明市。

5.2　芽庄风景篇

芽庄的风景，首先是沙滩和大海，其次是举世知名的四岛游，再次则是它市区的景点。

芽庄的沙滩

芽庄的沙滩，虽然没有岘港那么长，但却更靠近市区。事实上我们入住的喜来登酒店对面，就是芽庄的公共沙滩，因而芽庄的沙滩，人更多。老外在海里游泳，冲浪；美女在海边裸晒；小孩子们在沙滩上嬉戏；学生仔、学生妹们在玩沙滩足球；当地人在海边绿化带里健身，老奶奶们在广场上跳起了集体舞……，一片歌舞升平的景象。芽庄在越南旅游界的地位，相当于中国的三亚。它的人口只有 30 来万，远比三亚少，因而整个城市显得宁静、祥和，更有度假的感觉。来到芽庄，我有一种重回十年前的三亚的感觉。芽庄老外也多，最近几年去三亚，到处是国人的天下，常常在想以前三亚的那些老外去哪里了，这次在越南，算是找到了答案。

芽庄四岛游

芽庄有着越南最顶级的潜水点，芽庄的潜水，不但在越南，就是在整个东南亚，也是屈指可数的。它最有名的，是“四岛游”，一次串联四座海岛，给你四个不一样的感受。

我们去的第一个岛妙岛 Hon Mieu 是一个非常迷你的水族馆。

第二个岛黑岛 Hon Mun，即是越南最顶级的潜水点。我们去的时候是 11 月底，往年的这个时候，台风肆虐，风大雨大，据说是一年中最不适合潜水的季节。但我们在芽庄的三天，天天都是大太阳，水下五彩斑斓的珊瑚，一点不比马尔代夫的逊色。而且这里水下的小鱼众多，小鱼将我们包围在中间，恍惚间以为来到的是童话世界。

第三个岛银岛 Hon Tam，也是最佳西方酒店的所在地，这里有着芽庄最洁白、最细腻的沙滩。参加四岛游的老外，全部到这里集中，因而这里，也是整个芽庄老外最多的地方。沙滩上摩托艇、降落伞，此起彼伏，众多的俄罗斯美女在你面前秀身材，还有两个偌大的游泳池供你放松。

第四个岛竹岛 Hon Tre，是整个地区最大的一个岛，我们在岛上享用了一顿渔家乐。

我们参加的是两个人的小包团，有专车，专船接送，还有一位越南当地的小帅弟导游，全程陪同我们，一价到底，包含所有的门票，食品和饮料，这个价格，同我们获得的快乐相比，还是非常便宜的，当然如果你参团，价格更要低得多得多。

芽庄市区的景点

芽庄市区也有不少景点可看。他的婆那加塔，外观是与吴哥窟同时的占婆风格的塔，里面供奉的，却是中国的“天依阿娜圣妃”。塔的中文名称是“天依古塔”，塔外还有两通中文的碑，记载着天依仙女的事迹。塔在越南，却兼有柬埔寨吴哥佛塔的外形和中国文化的内涵，这样越、柬、中三国文化合一的历史文化遗存，大约在全世界也是独一无二的吧？这也很好地显示了历史上，

越、柬、中三国文化互相影响、互相渗透的一个实例。

芽庄市区更辉煌、更有名的，是它的中国寺庙“隆山寺”。寺里有大型的卧佛和坐佛两座佛像，佛像之高大，据说在芽庄的任何角落都能清楚地看到。

芽庄的大教堂，就在火车站不远处，也是值得来走一走、看一看的。

5.3 芽庄酒店

芽庄喜来登

芽庄喜来登，去之前期望值很低，我事先知道他的基础房间很小，本身是一栋高楼大厦，同度假村性质的岘港凯悦和岘港洲际，没有可比性。选喜来登，主要是看重它的性价比，而且在芽庄，去之前我们没有找到其他更好的选择。但是实际住下来，这家喜来登比我们预想的要好得多。

首先是优厚的会员待遇：芽庄喜来登，是我们这次越南之行4家酒店里，唯一预订了酒店机场接送的一家。这是因为芽庄喜来登离机场远，有40公里之遥，且机场接送的价格并不贵，是一个人RMB170元双程接送。由于是酒店的专车接机，酒店方面事先知道我们的到店时间，结果我们一到酒店，酒店的总经理就在大堂迎候我们，酒店的值班经理亲自陪同我们去行政酒廊办理入住。我们中午到达的酒店，到的时候，客房已经提前安排好，并且做了鲜花的布置。对此我们非常感动。讲硬件，芽庄喜来登可能比不上我们这一路上住过的其他酒店，但总经理在大堂恭候，值班经理亲自陪同到房间，这样的礼遇，却是一路上独一无二的。这也让我们从入住酒店的第一分钟，就喜欢上

了这家酒店。我们是喜达屋的白金会员，在芽庄喜来登有全套的行政待遇。芽庄喜来登的行政酒廊在酒店的最高处，整个芽庄的美景尽收眼底，晚上欢乐时光，提供正宗的法国香槟，各类食品也相当丰富。超高的性价比 + 优厚的会员礼遇，让我们深深感到自己的选择没有错。

其次是绝对市中心的地理位置：芽庄喜来登在芽庄最中心的位置，到哪里都很方便。它对面过条马路，就是沙滩和大海；宾馆隔壁，就是名为“芽庄中心”的芽庄最大的商场和超市；酒店大堂，就有旅行社的专柜，专门办理各类一日游。我们这次岘港和芽庄之行，定位有所不同。岘港我们主要是宅酒店式的纯度假，而芽庄我们定位的是观光旅行。我们在芽庄第一天中午到，第二、第三天全天都在外面观光游览，最后一天一早就退房走人，并没有太多的时间享受酒店的设施。这样的情况下，入住喜来登，我们觉得是非常适当的选择。

还有一条喜欢芽庄喜来登的理由，是他的中餐厅：这家酒店，是一路上唯一一家提供各类中式餐点的酒店，做的广式点心，一点不比香港、广州的逊色。中餐厅还有一位女服务员，是越南当地人，却能说一口异常标准的广式普通话，闲聊之余，还替我们介绍了不少当地的知识。我们出发前，拿到过岘港旅游局的宣传画册，对岘港的旅游资源，已经是成竹在胸，但是芽庄的资料，却是缺门。这位中餐厅的女服务员，无意中起了指路明灯的作用。遇到她，我们有一种他乡遇故知的亲切。我还专门写了一封邮件，向酒店的总经理推荐这位女服务员。我觉得能说一口流利中文的她，做餐厅服务员，实在是大材小用了。

芽庄 6 Senses 和 Evason

芽庄 6 Senses 和 Evason 酒店，是当地有名的奢华酒店品牌，价格大概也是所有的 6 Senses 和 Evason 酒店里最低的。因而有追求性价比的追星一族，专门跑去芽庄，“不看景点，只住酒店”，只为体验一下这全球最低价的 6 Senses。我最后还是选择了喜来登，但为好奇心所驱使，还是去参

观了这两家酒店。

Evason

参观 Evason 的过程，非常有戏剧性。我们第一天到芽庄已经是中午，午餐后沿着喜来登门口的沙滩漫无目的地一路向南走，我们的本意，是看到了对面珍珠岛酒店的跨海缆车，想走到缆车站去看看的。没想到缆车站没走到，却先遇到了这家 Evason 酒店。这家酒店的全称是 Evason Ana Mandara，意思是“迎接顾客的漂亮房子”。酒店占地 26000 平方米，74 间越南民居特色的客房，分布在 17 栋越南村庄式的建筑里。它也是离岛以外，芽庄市区唯一的一家度假村。

6 Senses

到芽庄的第二天，我们去参观了 6 Senses。6 Senses 的码头在芽庄以北 30 公里处，酒店本身还在 20 海里以外的半岛的顶头的位置上，坐快艇 20 分钟。酒店的位置，同岘港的洲际有相似的地方，都在半岛上，只不过岘港洲际有公路，通汽车，而这家 6 Senses，据说只能坐船到达。我们去的那天，蓝天白云，天气好得连酒店工作人员都啧啧称奇。酒店的码头、游艇，在蓝天白云的映衬下显得煞是美丽。

6 Senses 占地 52000 平方米，其中绝大部分都还保持着原生态的模样。酒店有 58 栋别墅，分别是 35 栋沙滩别墅、8 栋山顶别墅、5 栋可以直接下海浮潜的 Water Villa、4 栋礁石别墅 Rock Villa、5 栋 SPA 别墅和 1 栋总统别墅，我们去参观了酒店的沙滩别墅和山顶别墅。整个酒店，是原生态的风格：客房里的家具，都是木头的本色，不事雕

琢；椅子是木头拼成，灯是竹筒做成，垃圾桶是粗麻袋套在一个竹竿做成的三脚架上。

其实这也反映了 6 Senses 创设人 Sonu 和 Eva 的审美理念。江湖传说 Sonu 是印度的超级富翁，Eva 则是来自瑞典的金发美女。Sonu 用尽浑身解数，宫殿、城堡、钻石、珠宝，都没能打动美人的芳心，最后还是马尔代夫一个当时还不甚知名的原生态的小岛，让美女 Eva 惊为天籁。这就是后来大名鼎鼎的 Soneva Gili。这也成了 Sonu 的福地和他酒店事业的开端。Sonu 从小养尊处优，一般人眼中高不可攀的宫殿、城堡，对他而言，毫无杀伤力。Sonu 根据自己的人生体验，得出结论，只有真正原生态的，才是最美的，才是最有价值、最有吸引力、最有杀伤力的。因而 Sonu 后来创立的一系列品牌，包括超五星的 Soneva、五星的 6 Senses 和四星的 Evason，走的都是原生态的路线。但有一条是肯定的，任何东西都有它适合的人群，和它不适合的人群。6 Senses 对于 Sonu 这样天天住宫殿、天天住城堡的超级富翁，肯定是有杀伤力的。但对于你是否有杀伤力，那就是另外一回事了。

这家 6 Senses，有多项免费的活动：

首先是浮潜：在我看来最大的亮点，是它超美的水下环境。它的 House Reefs，一点不比我们后来“四岛游”时看到的珊瑚差。而且这个浮潜，包括有潜水员手把手指导、保护的潜水，对于住店客人也是免费的。我们是去参观的，找了个潜水员陪同我太太一起浮潜，也只收了我们 20 美元。这一点，相对于国内酒店潜水高额的收费，就显得非常厚道了。

其次是落日海上巡游 SUNSET CRUISE：坐船出海看日落，同时喝香槟和饮料。

再次是他的 TREKING：这家酒店，有 3 条远足的线路，路程从 45 分钟到 2 小时不等，可以到山顶，可以到另一片私人海滩。

酒店有两个餐厅和一个酒吧。我们在酒店的自助餐厅用了早餐。酒店不大只有 58 间客房，中国客人更少，据说只有不到 1% 的客源是中国人。但这里却有非常地道的广式茶点和各种粥，菜点品种不多，却很精致，关键是非常对我们的中国胃，因而这顿早餐，几乎是我们越南这一路吃得最满意的一顿。酒店的酒吧，藏身在一个天然的山洞中，外面 30 度，洞中却冷到需要穿棉袄，因而这里也是酒店天然的酒窖。

酒店的泳池和SPA，也都可圈可点。在泳池边趟上一会，就会有服务员递上冰镇的毛巾、冰水和水果。这样的服务，即使在顶级的酒店里，也是不多见的。

离开酒店的时候，我们是和几位住店的客人一起坐快艇离开，酒店总经理和其他两位工作人员一起到码头送行，同大家依依挥别，一直到快艇驶出视线才转身离去。当初马尔代夫柏悦送行的那一幕，又浮上心头。

5.4 芽庄酒店综述

芽庄的酒店，其实也在大干快上之中。芽庄机场离市区有40公里之遥，从机场到酒店的高速公路紧贴着海岸线，一路风光旖旎。在这一路上，我们就遭遇了好几家事先意想不到的酒店。

首先是凯悦，这是凯悦官网上还没有的一家酒店，目前还在土建阶段。从广告牌围起来的范围来看，建成之后，也是一家大型的度假村。

其次是 Mia Resort，这是开业不久的一家酒店，我们去之前根本就没有听到过他的名头，但从酒店经过，我们惊讶于它的精致奢华。后来一打听，它居然是 TRIPADVISOR 上排名第二的芽庄酒店。

再次是 Diamond Bay Resort and Spa，酒店集成了赌场、高尔夫和度假村，占地非常之广。据说很多俄罗斯的旅行团，下了飞机根本不到市区，而是直奔这家度假村而去。

芽庄市区，游人必去的“四岛游”的岛上，也有两家可圈可点的酒店。

一家是珍珠岛度假村，在“四岛游”最大的岛竹岛 Hon Tre 上。酒店就在我们住的喜来登的正对面，两家隔海相望，远远地就能看到珍珠岛度假村醒目的 Vinpearl 的标记。酒店占地非常大，与其说它是一家度假村，不如说它是一座水上公园更贴切。酒店和芽庄市区之间，用缆车连接，非常有特色。

另一家是“四岛游”里，供游人游泳休闲，进行各类沙滩活动的银岛 Hon Tam，岛上其实分两个区域，一个是外来游客可以到达的公共区域，另一个则是酒店专属的区域。这个酒店，我们去的时候，还叫银岛度假村 Hon Tam Resort，但就在一个月后，酒店将加入最佳西方酒店集团的序列，成为最佳西方最高等级的品牌 Best Western Premier Hon Tam Resort。酒店的客房，比 6 Senses 的面积要小，但它的客房，绝大多数都在半山腰上，居高临下，看海的视野，比 6 Senses 的更好一些。我们去的时候，酒店刚经历了一场彻底的翻新，特别是卫生间，每一间客房的卫生间，都按照最佳西方的标准重新做了翻新，里面的卫浴设备，是全新的。酒店有着芽庄市区最洁白细腻的沙滩，离号称越南最顶级的潜水点的黑岛 Hon Mun，坐船不过 5 分钟的距离。去芽庄市区，每半个小时就有一班免费的摆渡船。酒店的价格，平时也不过 RMB1000 元上下。我是最佳西方集团的钻石会员，入住最佳西方下属的酒店，还有客房升级在内的一系列礼遇，所以如果让我来选择，让我来推荐，我推荐这家 Best Western Premier Hon Tam Resort。我认为等他正式开业后，才是芽庄最有性价比的选择。

第六节 胡志明市篇

6.1 胡志明市的景点

洲际酒店就在天主教堂（红宫）和中央邮局的边上，走过去几分钟，而天主教堂就在胡志明市最时尚的购物一条街东桂路的起点上。这是相当于上海南京路、淮海路的一条街，沿着东桂街往胡志明市河的方向走出几个街区，就是胡志明市的歌剧院，路的另一边走过去一条街，就是市政厅和胡志明的塑像了。就是到胡志明市最有代表性的景点统一宫，走路也就十几分钟的样子，而且一路上都是大片大片的草坪，就这么走走也很有情趣。统一宫最初据说是法国古典主义风格的建筑，但后来迭经改造，现在展现在大家面前的，更像是原苏联的四四方方、敦厚凝重的风格。我觉得很像我们的上海展览馆、以前的中苏友好大厦。里面的陈设还是维持了当年南越政权的原样。

我更感兴趣的，是统一宫边上的越南战争遗迹博物馆，讲的是越南怎么战胜法国，战胜美国，取得民族独立和国家统一的。

胡志明市还有一个历史博物馆，在一栋法式风格的小楼里，里面不但有越南的文物，也有柬埔寨和东南亚其他地区的文物，我觉得是非常有必要去看看的。特别是像我这样马上还要去柬埔寨，那先来这里接受一下“再教育”，是非常适时的。

其实我们更关心的是购物。我们先去的是离酒店不远的边青市场，沿路慢慢逛，经过市政厅

和胡志明塑像不远，也就到了。我们是专门冲着“奥雅”去的。太太在这里挑了一件“奥雅”，意犹未尽，我们又打车去了号称东南亚最大的唐人街的堤岸。

三年前第一次来胡志明市，去堤岸的时候就遭遇到黑车，车上的计价器，比正常打表跳多十倍的钱。当时我们没有经验，不敢下车，也不敢轻易和司机理论，只好让司机把车开回酒店，让酒店服务员出面协调这个事情。结果钱是只付了正常的价格，但堤岸，这个号称世界上最大的中国城，我们只是坐在车上转了一圈，没有机会慢慢走、慢慢看了。这次重回堤岸，也算是还一个心愿。没想到我们在边青市场门口打车，再次遭遇黑车。但这次我们有经验了，同司机据理力争，结果正常打表 7 万越南盾的价格，我们付了 11 万（越合 RMB30 多元）才得以脱身。好在损失不大。在胡志明市打车，其实总体来讲还是很正规的，出租车价格，也远比岘港和芽庄便宜。给大家的建议是：尽量不要尝试在景点门口趴活的车，黑车的概率太高；尽量选择路上行驶的空车，或者是有当地人刚下车的空车。

太太在堤岸，收获了这一路上她最满意的一件衣服，确切地说是一件龙袍。回酒店穿到行政酒廊，整个酒廊的人都在看她。我没有太仔细地研究过越南历史，但我想越南历史上，必然也有女皇帝吧，否则怎么会有女性穿的龙袍呢？

6.2 胡志明市的住宿，胡志明市洲际酒店

我们在胡志明市住的，是开业不到三年的洲际酒店。胡志明市最好的几家酒店都在洲际周围方圆不过几百米的范围内。胡志明市我们住的这家洲际，外形上非常像上海新开业的浦西洲际，也是由三栋楼组成的，其中最高的一栋是写字楼。我们住的那栋是酒店的主楼，另一栋则是酒店式公寓。按我的眼光，这家酒店应该是目前胡志明市最新，最豪华的酒店了，而且价格上比其他的酒店也有一定的优势。

我们选择的是酒店一个含双人 60 分钟 SPA 的套餐，价格 RMB1800 元 . 我们是洲际集团最高等级的皇家大使会员，入住的时候，升级到了酒店的行政套房，这是酒店仅次于总统套房的房型，房间是一个转角的套房，两面都有落地的大玻璃窗 . 我们去的时候是 30 度的天气，晴空万里，蓝

天白云下古色古香的殖民地风格的建筑点缀在一片现代化的高楼大厦中间，不远处就是静静流淌的胡志明市河，景色非常美。

我们的房间客厅巨大，分餐厅和会客室两个区域。餐厅里有一张十人座的宽大的餐桌，客厅里，贵妃椅、三人沙发、单人沙发，一应俱全。酒店的服务也非常贴心。我们是早上 9 点到酒店的，房间已经提前准备好，作为欢迎礼物，还额外赠送了我们两件包装精美的小礼品，我们都舍不得拆开。等带回家打开一看，才知道是烛台和一个小花瓶。我们的房间是有行政待遇的，有免费的早餐、下午茶和傍晚的鸡尾酒会。我们到酒店的时候，其实已经用过早餐了，但替我们办理入住的行政酒廊一位笑容甜美的小女生，还是热情地招呼我们先用早餐，再办入住。到了洲际，真有一种宾至如归的感觉。更不用说由于航班延误，这次住酒店的所有费用，保险公司都替我们买单了。用这样一家酒店，来结束越南的旅程，我们是非常满意的。

6.3 胡志明市的经济

在胡志明市，我还从报纸上关注了一下越南的股市。越南有胡志明市和河内两个证券市场，可能相当于我们的上交所和深交所吧。两市一天总的成交额是 1.8 万亿越南盾，约合 1 亿美金。可见越南证券市场的规模，大约还是在我们十五年前的样子。越南总体来讲，还是一个农业国家，国家还在发展中。去了越南，你就能理解为什么很多外资工厂要撤出中国，转到越南开厂了。一来这里什么都便宜，二来这里法制还不健全，还有很多空子可钻啊。

6.4 胡志明市行程及信用卡赠送的旅行不便险的理赔

胡志明市我们就住一晚，本来预订了芽庄当天最早的航班飞胡志明市，在胡志明市马不停蹄地搭乘航班飞回国。没想到我们预订的航班是新航线，结果一拖再拖，未能准时开班，这样，我们在国内还没起飞，就得知回程的航班被取消了。一番交涉，航空公司把我们改签到第二天越南航空的航班。这样，我们的飞机，等于整整延误了 20 个小时。

我是用招商银行的运通金卡买的机票，我依稀记得运通金卡是有银行赠送的旅行不便险的权益的。得知航班被取消后，我第一时间打招行的客服电话，要求保险理赔，结果招行前后三位接听我电话的话务员，都异口同声地说，运通金卡的旅行不便险的权益，已经取消了，一毛钱也没得赔。有个男话务员还语带讥讽地对我说，运通金卡的年费也取消了，年费都没有，哪里来的权益？

我想想也有道理，正打算放弃，自认倒霉的时候，偶然从网上读到一篇文章。文章的主人同我一样，用招行的运通金卡购买了三亚到上海的机票，也是遇到航班取消，也是打招行的客服电话被一口回绝。但是，这位文章的主人，是执业律师，他太太是保险公司从业人员，他们不甘心，上网从招行纷繁复杂的网站里，一条条地找出了保险条款。原来运通金卡的旅行不便险的权益，依然存在，再打电话去招行，这下招行的话务员没话说了，只好乖乖地转接保险公司。他们一波三折地获得了理赔，并且把自己的经验分享在网络上，又被我这个同病相怜的人正巧看到。当时真有一种“久旱逢甘霖”的“及时雨”的感觉，遂马上重新致电招行，最终顺利地获得了理赔。

招行运通金卡规定，航班延误 4 小时以上（我是 20 小时），最低赔付 RMB500 元；超过 RMB500 元的部分按实际发生的金额理赔，最高限额是 RMB2000 元。这样一来，我在胡志明市洲际住宿所花费的 RMB1800 元，等于全部由保险公司买单了。这个刷卡也有讲究，我和我太太都是运通金卡的持卡人，如果我们两个分别用自己名下的信用卡，刷自己的机票的话，那么最低赔付就是 RMB500 元 ×2 = RMB1000 元，最高赔付限额就是 RMB2000 元 ×2 = RMB4000 元。而这次我是用自己的信用卡，同时刷卡购买了我们夫妻两人的机票，这么一来，我最起码损失了 RMB500 元的最低赔付，隐形的损失是可能获得的 RMB2000 元的最高赔付限额。换句话说，刷信用卡购买机票，要注意两点：

一、事先确认你的信用卡，有旅行不便险或航班延误险的保险权益。

二、尽量自己的事情自己做，自己的机票自己刷卡，这样才能最大限度地获得保险的利益。

值得告慰自己的是，现在我已经是招商银行运通白金信用卡的持卡人了，旅行不便险的权益，已经提高到最低 RMB700 元，最高 RMB4000 元了。如果我们夫妻两个同时出行，各自用自己的招行运通白金卡买机票，而又遇到航班延误的话，那么我们最多可以获赔 RMB4000×2 = RMB8000 元。可以说我们已经从担心延误、惧怕延误，变成了欢迎延误、期待延误了。以前遇到航班延误，只能自认倒霉的日子，一去不复返了。那么你呢？以前曾经在媒体上看到过关于航班延误险保险的比较，根据我这次的亲身体验，我觉得任何保险，都不如信用卡附赠的好。最大的好处是方便，不用一次次另外买保险，一旦开卡或续卡，保险权益自动覆盖一年。更大的好处是免费。信用卡的旅行不便险或航班延误险的权益是附赠的，完全免费。如果你能找到一张刷卡多少次免年费，同时又能提供附赠的保险权益的信用卡，为什么不马上办一张呢？这也算是一个旅行的诀窍了吧？

第七节　越南旅游总结

在走过一些顶级海岛之后，一度曾经有过担心，担心“曾经沧海难为水”，担心今后是否还会有海边的景点能让自己心动。没想到，这次在越南，收获了意外的惊喜。

这次在越南岘港、芽庄和胡志明市，十二晚 13 天，花的钱不多，整体的体验却很好。无论是景点的丰富程度（有山，有海，有千年的寺庙，有世界文化遗产，有芽庄世界级的潜水点），还是酒店的水准之高，都让我们刮目相看。

目前，国际连锁酒店集团，正在加紧在越南的跑马圈地。这次我们入住和参观的岘港凯悦、岘港洲际、岘港皇冠假日、岘港 PULLMAN、芽庄喜来登、芽庄最佳西方和胡志明市洲际，都是最近几年新建或者翻牌过来的酒店。还有更多的国际连锁酒店，在加紧兴建中。可以说，利用国际酒店集团精英会员资格，获得更高的礼遇和更好的旅行体验，也就是最近这两三年才成为可能。

希望有更多的人，能和我们一样，体验到越南的美。“越南越美”啊。

机票篇

北京出发：
VN 513 PEK1545 — HAN 1825 北京河内
VN 512 HAN1010 — PEK 1445 河内北京
上海出发：
VN 531 PVG1550 — HAN 1810 上海河内
VN 530 HAN1020 — PVG 1425 河内上海
广州出发：
VN 507 CAN1620 — HAN 1715 广州河内
VN 506 HAN1240 — CAN 1520 河内广州
成都出发：
VN 553 CTU1640 — HAN 1750 成都河内
VN 552 HAN1230 — CTU 1540 河内成都
杭州出发：
VN 551 HGH2115 — DAD 2340 周一、四、五、日有飞 杭州岘港
VN 550 DAD1620 — HGH 2020 周一、四、五、日有飞 岘港杭州

签证篇

越南对中国护照实施落地签，通过完美旅行网预订酒店和当地行程，即可获准落地签进入越南，每次可停留不超过 30 天。

但是中国边检对白本护照前往越南并不放行。

时差

时区：UTC/GMT ＋ 7 小时（东七区）
时差：比中国北京时间晚 1 个小时
经纬度坐标：北纬 8° 10'—23° 24'、东经 102° 09'—109° 30' 之间

货币

越南盾（Vietnamese dong；VND）是越南的法定流通货币。一些小城镇和偏远山区，主

要收取现金。

人种语言

多民族的国家，其中京族为主，约占全国人口的 87%，大部分居住在红河三角洲，九龙江三角洲以及沿海平原。

其余少数民族有岱族（又称土族），傣，侬，苗，傜，尚，占和高族等，约占全国人口的 13%。

在少数民族中，以岱侬，傣，侬等人口最多，合占少数民族人口的一半。大多数信奉佛教，天主教。通用越南语。

气候

大部分地区属热带季风气候。年平均气温 22℃以上，1 月份 13—18℃，7 月份 29℃左右。

11 月份至翌年 4 月份为干季，受东北季风控制，气候比较干燥。

5—10 月份为雨季，受太平洋东南季风和印度洋西南季风的影响，带来大量雨水。

年降水量 1500 毫米以上，山地迎风坡可达 3000 毫米以上。

扫描二维码预订：

酒店美食

越南岘港洲际酒店：4 晚独家套餐

越南洲际岘港度假酒店（Intercontinental Danang Sun Peninsula Resort Hotel）坐落于知名山茶半岛（Son Tra Peninsula）的群山之间，只需很短的车程即可抵达三处被联合国教科文组织列入世界遗产名录的景点，还设有配备私人泳池的观海别墅。

洲际酒店，位于山茶半岛的最远端，坐落在一片原始森林覆盖的山坡上，酒店大堂在山顶

上，处于整个酒店制高点，酒店的主体部分是层层向下展开的。大堂向下一层，是酒店的礼宾部和自助餐厅，再往下，是分成 4 个层面分别以天堂 HEAVEN，天空 SKY，地面 EARCH 和大海 SEA 命名的客房区和功能区，各区之间，以一个船形的缆车 (Nam Tram) 连接。

岘港南岸 NAMAN 酒店

位于越南岘港，会安之间的南岸酒店 The Naman Retreat，是岘港全新开业的奢华酒店，曾获 2015 年度十佳避世隐居酒店的美誉：Top 10 Worldwide Getaway Retreat。酒店在 Tripadvisor 上的排名，已经超过老牌奢华酒店南海酒店 The Nam Hai 和一代设计大师 Bill Bensley 毕生杰作的洲际酒店，目前排名岘港第一！

芽庄 AN LAM VILLA

芽庄 AN LAM VILLA 安林别墅度假村，同隔壁的六善，有着非常深刻的渊源关系，据说酒店的业主，就是此前芽庄六善的首任总经理。但 An Lam Villa 青出于蓝，房间更大，最基础的山顶别墅也有三层，目测可以住 3 家人！各方面也别具特色！

Part 2

何止奢华之

重回高棉：
柬埔寨 10 日游记

第一节　攻略篇

1.1　序言

五年前第一次去柬埔寨的时候，虽然金边和暹粒的景点，给我留下了深刻的印象，但整个柬埔寨，还处于贫穷落后之中。这次重回柬埔寨，柬埔寨有了翻天覆地的变化：超大规模的商业综合体，开到了金边，商场的规模，比之国内的万达广场，有过之而无不及；五年前的金边，几乎看不到高楼大厦，而眼前的金边，一栋栋高楼大厦正在拔地而起；更多的楼盘，在紧张施工中；国际知名品牌的酒店，争先恐后地进入柬埔寨，暹粒柏悦和号称东南亚最顶级奢华的私人海岛的Song Saa，也都于近年开业。柬埔寨，到了“士别三日，当刮目相看”的地步了。

当然，还有那柬埔寨标志性的吴哥窟，这次故地重游，重温了当年走过的经典景点，也补看了当初遗漏的一些景点。暹粒是东南亚为数不多的既适合旅游，又适合度假的目的地，是可以住一个星期，住一个月，甚至一直住下去的地方。五年前第一次去暹粒，住了四晚，没有住够。这次重回暹粒，住了五晚，还是有不少遗憾。暹粒我还会再来，柬埔寨我还会重回，希望就在不久的将来。

1.2　交通篇

暹粒、金边和西哈努克港，是柬埔寨旅游的金三角。北京、上海、广州，有多家航空公司直飞金边和暹粒。就是号称东南亚最顶级的私人海岛 Song Saa 所在的西哈努克港，也有杭州直飞的包机航班。去柬埔寨，比想象中的更加便捷。

柬埔寨内部的交通也很便捷，暹粒、金边和西哈努克港三地之间都有航班连接。坐车也很方便，柬埔寨的大巴，既便宜，还有插座，有 WIFI，坐几个小时大巴也不嫌寂寞。

需要注意的是，火车旅行在柬埔寨不适用。金边有火车站，据说金边到西哈努克港的铁路，是柬埔寨的第一条铁路。但这个铁路仅供货物运输，200 公里的距离，据说火车要走 13 个小时！

1.3 酒店篇

五年前第一次去柬埔寨，入住的是国际连锁品牌的暹粒艾美和金边洲际酒店。这次，则入住了柬埔寨最有代表性的几家酒店：

——暹粒莱佛士酒店：暹粒的国宾馆
——暹粒柏悦酒店：最平民范的柏悦
——暹粒艾美酒店：离吴哥窟最近的酒店
——暹粒 Navutu Dream：稻田里长出地中海风格的酒店
——金边莱佛士酒店：金边地标性酒店
——Song Saa：家门口的水上屋，东南亚最顶级的私人海岛

每一家酒店，我们都获得了很好的体验。说实话，单纯为了体验这些酒店，就值得安排一次重回柬埔寨之旅。

1.4　签证篇

柬埔寨对中国护照落地签，也提供网上的电子签证，两者同样方便。中国边检 2014 年底，对飞往柬埔寨的中国客人直接放行，白本护照，一个签证没有，也能出海关。在东南亚的一众国家里，柬埔寨真正做到了机票在手，说走就走。

1.5　攻略篇

中国旅游出版社编译自日本大宝石出版社的《走遍全球》，以及和 Lonely Planet，都有柬埔寨卷。两种书的内容，大半已经过时，不能反映柬埔寨最新的面貌了。希望我的这个柬埔寨的系列，能够给大家带来最新的第一手资料。

第二节　暹粒篇

2.1　暹粒行程

DAY 1：抵达暹粒，入住酒店。

DAY 2：酒店休整，做 SPA，下午游览国家博物馆和吴哥寺 Angkor Wat。

DAY 3：清晨游览吴哥城中心的巴云寺，看闻名天下的高棉的微笑，游览塔布笼寺，看“树缠寺”。下午返回酒店休整，晚上吃大餐，看酒店的 APSARA 舞蹈表演。

DAY 4：清晨游览女王宫，中午之前到达荔枝山，下午游览奔密列寺庙。

DAY 5：洞里萨湖水上市场，酒店休整，享用下午茶和酒店设施。傍晚暹粒夜市场，酒吧街，看暹粒市井生活的另一面。

DAY 6：离开暹粒。

2.2　暹粒攻略篇

2.2.1　暹粒的攻略书籍

吴哥是典型的人文景观，去吴哥之前，不做一些功课，那你就算到了，也是远看石头大、近看大石头，看不出什么名堂来。吴哥一般人看的，多数是 Lonely Planet，其实与吴哥相关的各个景点的解说部分，包括任何一个博物馆，都会不约而同地提到一个中国人的名字：周达观，以及他的书《真腊风土记》。这是与吴哥王朝同时代的人记录吴哥的流传到现在唯一一部著作，这本书 1819 年就有了法文翻译本，而吴哥遗迹，现在一般把重新发现的功劳算在 1863 年法国博物学家穆奥的头上。简单推算一下时间就可以看出，那些探险家们，是一手拿着铲子，一手捧着这本书来发掘吴哥的遗迹的。这本书之与吴哥古迹，就像玄奘的《大唐西域记》之于印度的王舍城、曲女城的考古发掘一样，有着重大的参考价值。这本书，目前有夏鼐的校注本。夏鼐是新中国考古界的第一人，《中国大百科全书·考古学卷》就是由他主编的。法国汉学界的一代宗师伯希和、夏鼐，这些大家名家都花费了无数心力为这么一本不过 8500 字的小书做注解，足见这本书的分量之重了。这本书，外国人读起来有困难，我们是中国人，我觉得去吴哥之前，先要把这本书读通了再走，否则要领会吴哥是有难度的。然而夏鼐先生的这本校注本也有一些低级错误，比如吴哥王城南门外两排舞蛇的石神，夏先生定为“共”54 枚，我特意去数了一下，非常清楚是一边 54 位，两边共 108 位。又比如一般人看日落的巴肯山，其实是吴哥第一代王城的所在地，也是第一座五方塔曼陀罗形制的佛塔，中国元明两代的史书，称柬埔寨的首都为“百塔州”，即指此地。夏先生称这里一共是 101 座塔，然而我手上最新的测绘图告诉我，这里是 108 座小塔，加中央大塔，共 109 座塔。这些，大概是由于夏鼐先生终其一生没有到过吴哥，他的校注，是从书本到书本，所以难免以讹传讹。与此相对，另一本值得一读的书，是当代人 Michael Freeman 写的《古代吴哥》(Ancient Angkor)，图文并茂，附有多张照片和多幅现代科学支持下的测绘图。吴哥有极多的卖书的小贩，如果他们只推荐一本书给你的话，那一定就是这一本了。我是在金边国家博物馆买的正版书，USD25 元不能还价，而吴哥小贩手上卖的盗版书只要 USD3.5 元，要不是行李已经超重了，我真想多买几本回来摊低成本呢。

2.2.2 暹粒的交通工具：TUTU

在暹粒，一直以来都是 TUTU，也就是机动三轮车的天下。TUTU 这几年也有了很大的变化，首先是车变漂亮了，商业味更浓了。五年前第一次去暹粒，大街上的 TUTU 车，几乎都是裸车，没有任何商业包装。而今天，绝大多数 TUTU 车的后背上，喷涂了各色广告，TUTU 也变得更人性化。这次去，几乎所有的 TUTU 车的背部，都配一个冷藏包 / 车载冰箱，里面有冰水和湿巾。汗流浃背地从景点出来，喝一口冰水，擦拭一下冷毛巾，也实在是一种享受。车的价格也不贵，包车一天，单去吴哥窟核心区的大圈小圈的话，价格是 USD15 元，就是包一台九成新的凌志越野车，也才 USD30 元。当然，去更远的女王宫、荔枝山、崩密列和洞里萨湖，就不建议坐 TUTU 了，50 公里以上的路程，肯定还是凌志车舒适度

高得多。

2.2.3 吴哥旅游时间安排的建议

什么时间去。一般人去吴哥，都会拍一大堆照片回来。要拍出好的照片，光线是非常重要的，那就不妨学一下专业摄影师的作息时间，早起早归，中午回房间休息，避开中午光线太强又太热的时间，等下午 3 点左右再回景区，用一早一晚光线柔和的时间来参观，来拍照。

2.2.4 吴哥 APSARA 舞蹈表演和美食

来暹粒，APSARA 的舞蹈表演是不容错过的。在暹粒城区柏悦酒店的对面，就有一家吃自助餐的 Angkor Mondial 餐厅，晚上 7 点半到 8 点半，有一个小时的 APSARA 表演。去吃的话，要记得提前预订，否则临时去，肯定是拿不到好的位置的了。我们还在城区的另一家饭店，吃饭的时候看到了当地的皮影戏表演。APSARA 舞蹈和皮影戏，是当地的文化特色，套用现在的话来讲，就是非物质文化遗产，有机会的话，一定要去看一看。我觉得来了暹粒，还是多吃一些只有这里有，回到国内吃不到的地方特色。记忆中越南人吃的，以小吃为主，比如米粉、春卷；而柬埔寨人的饮食习惯则和马来西亚人很接近，也是以吃米饭为主。我们最爱吃的，是它的 Fish Amok in

Coconut，带汁的鱼片盛在新鲜的椰子里端上桌，舀一勺汁淋在饭上，连饭也沾染了椰子的清香。我是在巴云寺对面的一家店里偶然点到这个菜的，结果一连几天，不管走出去有多远，我都固执地要求 TUTU 司机一定要把我送回这家店吃午饭。

暹粒餐饮的价格，五年间涨了 4~5 倍。上面提到的 Fish Amok in Coconut 套餐，五年前是 1.5 美金，现在开价 7 美金。当然你可以还价到 3 美金左右成交，中间的差价，大概都是司机的回扣吧。我们出门在外，安全为重，明知中间环节机关重重，也不还价，也不点破。相反，五星级酒店的餐饮，五年间并没有涨价。暹粒的多家五星级酒店，晚餐时有 APSARA 舞蹈助兴。这样，去五星级酒店吃大餐，看表演，反倒成了性价比高的选择。

2.3 暹粒风景篇

暹粒在柬埔寨，有着至高无上的江湖地位，很多游客去柬埔寨，都是直奔暹粒而去。暹粒的景点，主要由吴哥景区、洞里萨湖和市区景点，三部分组成。

2.3.1 吴哥景区

吴哥概述

相比较暹粒而言，吴哥的名头更大，吴哥城 Angkor Thom，相当于北京紫禁城，吴哥寺 Angkor Wat，相当于北京的天坛。以吴哥城和吴哥寺为代表的吴哥景区，无疑是暹粒的精华。

去吴哥旅游，需要攻略，也不需要攻略。对于一般的观光客而言，看一下吴哥城中心的巴云寺，看一下闻名天下的高棉的微笑，看一下相当于北京天坛的皇家祭祀所在的吴哥寺，看一下“树缠寺”的塔布笼寺，也就可以了。如果有更多的时间，可以多留一些给酒店。暹粒不乏世界级的酒店，酒店的价格也不贵，暹粒一线五星级酒店 SPA 的价格，甚至只有国内的 1/5。我们开玩笑说，去暹粒做几次 SPA，往返机票的成本就全回来了。

吴哥一直以来都是旅行者向往的地方，然而围绕吴哥，一直有很多不够准确，或者错误的说法。现在就我亲身经历的，选择最重要的几点来谈一谈。

吴哥的宗教

一直以来我们说吴哥流行的是印度教和佛教，其实是不确切的，吴哥流行的，是婆罗门教 Brahmanism。顺便说一下，柬埔寨的文字，是一种非常古老的文字，是属于大熊猫级别的活化石式的文字——婆罗米文字 Brahmi alphabet。这是源于印度的一种文字，顾名思义，必然也是同婆罗门教一起传入柬埔寨的。吴哥的婆罗门教，特别强调三位一体的生殖崇拜，将象征着三位大神三位一体有无比神力的阳具 LINGA（最下面四方的代表大梵天，中间棱形的代表毗湿奴，最上部圆形的代表湿婆），插入到一个磨子形状的象征女性阴户的 YONI 中，企求的是繁荣昌盛。这样的 LINGA 和 YONI 到处可见，甚至有这边是一尊佛像，佛像正对面就是竖立的 LINGA。婆罗门教 Brahmanism，按他字面的意思，是对大梵天 Brahman 的崇拜。然而在吴哥，你可以看到专门贡献给湿婆的女王宫，可以找到专门祭拜毗湿奴的圣剑寺，豆蔻寺、甚至整座吴哥窟都有说法是专门贡献给毗湿奴的。但你独独找不到对大梵天崇拜的影子，除了那三位一体的 LINGA。这也是非常有意思的一件事。

吴哥窟的文化解读

吴哥古迹中，最有名的，每个去吴哥的人都必然会到的，是离市区最近的吴哥窟。去之前，我一直很纠结吴哥窟到底是婆罗门教的还是佛教的建筑。说它是佛教吧，它底层的那著名的浅浮雕回廊，刻的，明明是毗湿奴的故事。说它是婆罗门教的吧，它上层的那更有名的成为整个吴哥

标志的五方塔，其实在这五座塔的下一层平台的四个角上，还各有一座小塔，这两层9座塔，明明白白是代表佛教密宗最高境界的金刚宝座塔。这样形制的塔，国内还有十几座，我在呼和浩特，看到过其中的一座，也是全国重点文物保护单位的慈灯寺塔。但国内的金刚宝座塔，多数是五方塔的形制，像吴哥窟这样的9塔的形制，无疑又是高了一个级别。这样的9座塔，连同构成它的平台，一起组成了一个曼陀罗形制的坛场。这么大规模的建筑，就像印度尼西亚的婆罗浮图一样，在佛教中是绝不可能随心所欲地建造的，必定同佛祖的真身舍粒有关，而绝不可能像某些介绍中说的那样，仅仅是古代某个国王的陵墓。现在由于资料的缺失，柬埔寨人也说不清楚吴哥窟的用途到底是什么了。连怎么转吴哥窟，都成了一件麻烦事。一般底层的浮雕回廊，都是从西门进入，逆时针转的。而到了最顶上的五方塔，登塔的楼梯开在了东面，那又是按佛教的习惯，从东门进入。但游览路线的箭头却还是逆时针的。我觉得这一点，柬埔寨人就像守着一个遗失了密码的大保险箱一样，明明有宝藏，却不知道该怎么发掘。转塔是很神圣的事情，只有顺时针转塔才是做功德，我从来没有看到过逆时针转佛塔的。但到了这里，人家箭头这么指，虽然十万分不情愿，也只好这么去转。我想柬埔寨人，现在连最基本的佛教常识都顾不上了，当初建塔的人若地下有知，不知道做何感想啊。

吴哥窟众多的雕塑里，最常被人提起的，是APSARA，一般翻译成小仙女。其实APSARA是婆罗门教里掌管歌舞的神的化身，你可以注意到的是，这些小仙女，几乎都是半裸体的，上半身袒胸露乳。这也反映了当时的风俗，按《真腊风土记》的记载，当时的吴哥，不论男女都是上半身裸露，就是国王的妻子也不例外。

另外吴哥窟的范围内有6所LIBRARY，一般书上翻译成图书馆，也是不确切的。正确的说法肯定是“藏经阁”，尽管今天一张纸片也没能留下来。

南门外石神像

吴哥窟往北大约1000米，就是吴哥王城的南门。南门两边各有54尊石神，手上握着蛇形的栏杆。一般把这个场景称做搅乳海，对此我也是有所怀疑的。按《罗摩衍那》，天神和阿修罗搅乳海，是像拔河那样，双方共同争夺一条蛇，互相不分上下。而我们在南门看到的，分明是天神手握一条蛇，而阿修罗手握另一条蛇，双方中间隔着大马路，哪里搅得起来。我想这里一定另有寓

意才对。

巴云寺

巴云寺在南门往北 1 公里，吴哥王城最中心的位置。这也是一个失去了记忆的地方，通常称之为“巴云寺”，但它到底是不是寺，或者到底是什么功能的建筑，现在众说纷纭。就连那有名的“吴哥的微笑”，微笑者到底是婆罗门教的四面湿婆像，还是佛教的四面观自在王像，都是各执一词。然而巴云寺已经是吴哥窟建造时间最晚的建筑了，建筑时间尚在吴哥窟之后，从这个去推断，“吴哥的微笑”作为佛教四面观自在王的可能更大一些。

王宫斗象平台

巴云寺往北即是吴哥王城最核心的地方——王宫了。吴哥王城受外部侵略，屡毁屡建，我们通常说的周长 12 公里，有五个城门的吴哥王城，是吴哥最鼎盛时期的王城。而我们现在看到的王宫的范围，被称为“第四期王城”，算是高棉王国的落日余辉，回光返照了，大约只有鼎盛时期的 1/5 了吧？斗象平台，现在通常被称做国王观看斗象的地方，对此我是非常怀疑的。“真腊风土记”里记录的吴哥，正是我们现在看到的“第四期王城”的时期。按书里的记载，所谓的斗象平台之上原有的建筑，正是国王接见外国使节、参议政事的地方，换言之，所谓的斗象平台，是相当于故宫太和殿的所在，我想中国的国王要是想看个斗象，大概会跑去木兰围场去看，而绝不会在太和殿前看吧？说国王看斗象，我估计是从平台上雕刻的象附会而来的。其实斗象平台上雕刻的岂只有

象，还有数量同样多的神兽，全都做双手托住平台的姿势。其实我觉得称他们神鸟更合适吧？我对比了斗象平台上的神兽和圣剑寺门口那 72 个神鹰 GARUDA 的形象，发现它们几乎一模一样。GARUDA 是传说中大神毗湿努的坐骑，且与蛇有仇，斗象平台的神兽脚下踩踏着五头蛇，更证明了它们是神鹰 GARUDA。

王宫癞王平台

与斗象平台相连的，是癞王平台。这里有一个夹弄，夹弄里的雕塑，受外部平台的屏蔽，风化程度较轻。在我看来，这里是整个王宫范围内雕塑最精美的地方。但他的入口很隐蔽，一般人很容易忽略这里，我也是一个当地人招呼我们，才看到这个入口的。这里有很多天神与 NAGA 的塑像。NAGA 是蛇神，吴哥古迹中 NAGA 的形象特别多，所有桥的栏杆，都做成了蛇身的形状。我们以前有个说法叫“牛鬼蛇神”，这里牛鬼没有，蛇神遍地都是。这里的蛇神都是多头的，最少有五个头，一般都是七头、九头蛇，也有的塑像做成双层的十三头的蛇。但基本的一点，蛇头的数目都是单数的。

小金塔 Phimeannakes

癞王平台后面王宫的中心位置上有一处名为 Phimeannakes 的建筑。一开始我以为这里就是王宫，延着扶梯走到顶部发现空间很小，看了一下介绍，才知道这里就是“真腊风土记”里记载的小金塔。而以“吴哥的微笑”闻名的巴云寺则被称为大金塔，巴云寺处在吴哥王城正中心的位置上。如果一定要说他有什么功能，我估计是类似北京的天坛，作为重大祭祀场所的可能性比较大。而小金塔则是国王的家庙了。这里也有一个传说，说古代真腊的国王，必须每晚到小金塔上与化身为美女的蛇神交配。蛇神要是有一天不出现，那就是国王的死期到了；而国王如果有一夜不来，那就必有灾祸。从这个传说里，也可以看出古代吴哥蛇神崇拜的影子。

吴哥景点小结

吴哥古迹旅游的功略：去哪里？吴哥窟和吴哥王城，是整个吴哥遗迹的核心。最重要的建筑，最精美的圆雕和浅浮雕，几乎全部集中在这里。一般人，如果不是考古专家，如果不是特别的美术爱好者，如果不是对吴哥的历史文化特别感兴趣，如果时间不是太多，那看看这里也就可以了，并不是每个寺庙都要去看，每座塔都要去攀登的。小圈 MiniTour 的塔布笼寺，是看树缠寺的最好地方，去那里，与其说是看寺，不如说是去看树了。第一次看到这样的景色一定很震撼，但其实同样的景象在圣剑寺，在同样是小圈的 Banteay Kdei 也可以看到。大圈 Grand Tour 里的圣剑寺非常有名，但说实话我没有看出有什么太特别的来，到是同样是大圈的比粒寺，那红砖砌成的五方塔，在阳光下显得格外苍凉。

吴哥外圈，距离核心景区较远的女王宫、高布斯滨、荔枝山和崩密列，可能才是高棉文化真正的精华。如果说今天看到的吴哥王城和吴哥窟，已经是一代王朝的落日余晖的话，那么以荔枝山为代表的千余座庙宇，才是高棉王朝鼎盛时期的杰作。荔枝山的考古发掘，目前正在有条不紊地进行中。据说荔枝山考古成果的全面面世，将从根本上改写高棉的历史，但这还需要时日。目前而言，外圈对游客开放的几个景点，都有过誉的嫌疑：

外圈的女王宫是我看到旅游车和游客最多的地方，可能地方小，游客的密集程度，比吴哥窟和巴云寺都还要高。但女王宫的外围接近一堆废墟，最核心的中央祭台现在围了起来，不让进，那些精美的雕塑，只有

用相机的长镜头拉近了拍下来，回去慢慢看了，女王宫中央祭台里放置的，是象征湿婆神力的LINGA，以前很多未生育的女子来这里求子，也是它出名的一个原因。但现在这些都成过去式了，因为你根本就看不到那有神力的LINGA了。所以我觉得，女王宫并不值得花半天的时间专门去一趟。

高布斯滨需要在大热天大汗淋漓地爬一段3公里的山路，才能到达景点。这个景点，说实话非常一般。

崩密列损毁的程度，远没有传说中的那么惨烈，景区给人的震撼，还不如吴哥核心景区的塔布隆寺。

所以，对于一般游客而言，看看吴哥窟，看看巴云寺"高棉的微笑"，看一下"树缠寺"的塔布笼寺，也就可以了。

2.3.2 洞里萨湖

洞里萨湖是柬埔寨最大的湖泊。雨季湖面扩大到1万平方公里，水深10米，暹粒和金边之间有快艇可通航。旱季湖面缩小到不足3000平方公里，水深仅1米。湖面上有类似泰国的水上市场，一直以来，水上人家都是地位最低下的，但现在开发旅游，水上人家的船，一家比一家壮丽，甚至还有水上学校、水上市场、水上教堂，更不用说四处遍布的水上餐厅了，物价也不贵。如果有时间，这里是你不容错过的一站。

2.3.3 暹粒市区

吴哥古迹并不是暹粒的全部。就在暹粒莱佛士酒店隔壁，有一家吴哥国家博物馆，即使你已经在吴哥遗迹里转了几天，我也建议你再来看看这里。这里的解说和陈列的展品，可以让你对吴哥有一个更全面的理解。莱佛士酒店对面，是一大片开放式的公园——皇家独立公园，风景也非常好，去那里散散步，是非常浪漫的一件事。暹粒市区的旧市场也是值得去看一看的。暹粒其实有新的现代化的商场，也有刷条形码的超市。但我想你既然到了暹粒，更想看的，一定是和国内不一样的地方吧？

暹粒机场附近有一处政府主导的战争博物馆，博物馆展品虽多，但却是破铜烂铁大集合，同国内一般博物馆崭新得仿佛随时可以上战场的军事博物馆相比，不可同日而语。战争博物馆有大片的芒果树，果实无人采摘而零落到遍地都是，是不是提醒我们，来柬埔寨，是吃芒果的好地方？

暹粒市区也有一些危险因素，比如暹粒夜市两边兜售 2 美金一小时脚底按摩的各类按摩店，在我看来，有一家算一家，只怕都是色情场所吧。脚底按摩不过是个幌子，真正的生意，是楼上空调房里的交易吧。

2.4 暹粒酒店

暹粒其实是整个柬埔寨最成熟的旅游区，在市区通往吴哥古迹的路上，在通往机场的道路两旁，酒店手牵手一家挨一家。据说暹粒有 200 多家星级宾馆，另有 300 来家客栈，暹粒高星级酒店数量之多，可能柬埔寨所有别的地方的高星级酒店加起来，也没有一个暹粒的多。柬埔寨首都金边，仅有为数不多的几家五星级酒店。暹粒当地五星、国际五星、精品酒店加起来，差不多有四五十家。这么小的区域里，集中了这么多的酒店，这是刺刀见血的竞争。因而暹粒的酒店其实都不贵，一般四星级的 RMB300 元，当地五星 RMB500 元，国际五星 RMB700~800 元，小而奢华的精品酒店也就 1000 出头。当然还有超贵的 AMANSARA。每个人都能很容易地找到适合自己的选择。

2.4.1 暹粒艾美酒店

暹粒艾美酒店，是我成为喜达屋白金会员后，入住的第一家喜达屋系统的酒店。艾美设计成一座城堡的样子，很像吴哥窟，居然也有一条窄窄的“护城河”环绕酒店一周，当然酒店里没有吴哥窟那样的五座塔了。酒店中间是一个装点得很漂亮的中庭，中庭的一角摆放了桌椅，可以边品酪，边欣赏身边的美景。

我住的 #3103 转角套房，房间大约有 76 平方米，窗外，是一大片有学校操场那么大的草坪，视野相当开阔。

酒店还有一个被很多住客评为一生见过的最美的室外游泳池。吴哥早晚温差相当大，太阳落山后还是有点凉意的，这个游泳池，怕是吴哥为数不多的恒温泳池了。在石头堆里转了一天回来，可以来这里洗去一天的疲乏。其实就是不游泳，在泳池边上就这么躺躺，拍拍照，也是很惬意的一件事。

艾美的 SPA 非常便宜，2.5 小时的大全套，只要 USD89++，住店客人还能打 8 折，折后不过 RMB500 元。这样的价格，拿到上海来，上海五星级酒店的 SPA，有一个算一个，全都要关门了吧？热衷做 SPA 的，打个飞的来暹粒，多做几次 SPA，这个机票钱，也就全回来了吧？所以说非

常意外的，暹粒也是一个宅酒店的好去处。

艾美对白金会员的待遇也好，有免费早餐、下午茶和傍晚的欢乐时光，平时大堂吧的茶和咖啡也是免费的。傍晚的欢乐时光也异常丰盛，各色鸡尾酒无限量畅饮。全世界艾美品牌的酒店我住过二十来家，暹粒艾美，是最厚道的一家。

五年前第一次去暹粒的时候，艾美的房价高高在上；这次故地重游，酒店的价格低了许多。艾美酒店，是暹粒当之无愧的性价比之选。

2.4.2 暹粒莱佛士酒店

暹粒莱佛士酒店和金边莱佛士酒店，是柬埔寨仅有的两家有着丰厚历史遗存的老酒店，也是东南亚为数不多的经典老酒店之一，在暹粒有着至高无上的江湖地位。无数达官贵人、明星政要入住过这家酒店，暹粒莱佛士酒店，是暹粒事实上的国宾馆。

酒店地处暹粒市中心，位于暹粒最主要的两条主干道的交汇处，占地 15 英亩，约合 6 万平方米。面前是修建整齐的法式大花园，对面是西哈努克的行宫，背后是吴哥国家博物馆，可以说暹粒莱佛士，处在暹粒真正的首善之地。这个地段，大约相当于北京的天安门广场和上海的人民广场了吧。到酒店的第一天，我们还在酒店对面的大花园，看到了当地人拍婚纱照和久违了的彩虹！

酒店开业于 1932 年，开业之初的那台老式的奥的斯电梯，今天还在运行，恐怕是世界上仍在运营的最古老的电梯了吧。酒店有一个长达 35 米，号称柬埔寨最大的室外泳池，周边繁花似锦，汗流浃背地在大石头堆里走了一圈，回到这里，有一种世外桃源般的宁静。

酒店的客房，围绕泳池分布，呈一个四合院式的围合式状态。正对泳池的是酒店主楼，餐厅、商店等各个功能区也都在主楼。左侧是 1997 翻牌成莱佛士酒店的时候新建的一栋辅楼，右侧是 3 栋大体量的别墅。其中一栋，是健身房和 SPA 的所在地。主楼正对面，是泳池吧和一个独立的花园，可以边吃烧烤，边看 APSARA 舞蹈表演。

酒店的基础客房，有 State Room 和 Landmark Room 两种，区别是 State Room 在辅楼，而 Landmark Room 在主楼，房间更宽敞，配置更高。我们入住的主楼的 Landmark 房间，房间 36 平方米，不大，但却并不显得局促。房间带一个正对泳池的阳台，景观相当好。主楼 Landmark Room 提供管家服务，清晨时分，可以请管家带一大盘茶和咖啡敲门叫醒你。在我之前入住的酒店里，

只有瑞吉，有类似的服务。

主楼有4间开放式小套房格局的Personality Suite，以历史上曾经入住过该房间的4位名人的名字命名。房间里还有当初主人的画像和纪念品，类似天津利顺德酒店的胡福套房、孙中山套房、班禅套房。在此之上，还有一室一厅的Landmark Suite和Cabana Suite，其中Cabana Suite在辅楼的一楼，直通花园和泳池。在我看来，主楼的Landmark Room、Personality Suite和辅楼的Cabana Suite，是暹粒莱佛士最值得入住的三种房型。

酒店有6间餐厅和酒吧，除了之前提到过的泳池边上的池畔吧和可以边吃饭边看表演的APSARA Terrace，另4间餐厅和酒吧都在主楼，分别是提供香槟早餐的全日制餐厅、供应高棉风味的Le Grand餐厅、供应下午茶和傍晚鸡尾酒会的大堂吧The Conservatory，以及莱佛士酒店特有的大象吧Elephant Bar。

我入住酒店的两天时间里，酒店餐厅上座率极低，晚上用餐，偌大的全日制餐厅里，至始至终只有我们这一桌客人。但大堂吧The Conservatory下午茶的生意却相当好，很多不住酒店的客人，也会过来用个下午茶，感受一下经典老酒店的气氛。晚上，大堂吧还有钢琴伴奏，乐师相当热情，还拉着我太太一起合唱了一曲《月亮代表我的心》。

暹粒莱佛士的另一大特色，是它附设的商店。酒店只有119间客房，体量并不大，但拥有的店铺数量之多，可能是整个暹粒独一无二的。很多客房数量达到300间、500间的大酒店，店铺的数量也就一两间而已。而暹粒莱佛士酒店的店铺，有五间之多：一间日用品商店，一间地毯店，一间小型佛像店，一间大型佛像户外展示店，以及一间吴哥影像资料店——出售吴哥的影集和单张照片，相当于一座微型的吴哥博物馆了。也许，店铺数量的多寡，正是酒店品味和江湖地位的象征吧。

暹粒莱佛士酒店是好酒店，但可能我还没到那个年龄层吧，住着总有那么点不习惯。

酒店的风格，非常类似我从小土生土长的上海石库门新式里弄的装饰——胶木的开关，木质的马桶盖，一切都是小时候家里的样子，甚至房门也是用钥匙，而不是通常的门卡。酒店只有套房的卫生间里有独立的手持花洒，普通客房的花洒，是固定在浴缸上方的，使用起来非常不方便。我觉得暹粒莱佛士，过于忠实原版，过于修旧如旧，典雅有余，舒适不足。我们是造一间经典老酒店，不是复原文物古迹，在忠实原版的基础上，如果能将一些设施替换成现代化的设施，对提高住客的舒适度，善莫大焉。从这个角度讲，我还是更偏爱同属一个集团的上海费尔蒙和平饭店。

2.4.3 暹粒柏悦酒店：最平民范儿的柏悦酒店

如果说暹粒莱佛士酒店，坐落在相当于北京天安门广场和上海人民广场的所谓首善之地的话，那么暹粒柏悦酒店，就坐落在相当于北京天桥和上海城隍庙的位置。它出自设计大师 Bill Bensley 之手。Bill Bensley 是一代酒店设计大师，是完美旅行 Perfectravel 目前力推的美诺集团的御用设计师，美诺集团投资的泰国 4 家四季酒店和泰国绝大多数安纳塔拉酒店，都出自 Bill Bensley 之手。让我们惊为天人，赞不绝口的越南岘港洲际酒店，则被誉为 Bill Bensley 的毕生杰作。

暹粒柏悦酒店，Bill Bensley 用力良多。酒店前身是经典老酒店和平饭店 Hotel de la Paix，当初即为 Bill Bensley 全程设计，两年前翻新为柏悦酒店，Bill Bensley 又一次主持了酒店的翻新计划。整个酒店，处处体现出浓浓的设计感。

暹粒柏悦，仅有 108 间客房，初看之下并不起眼，甚至有种螺丝壳里做道场的感觉，但慢慢品味，却别有洞天。步入酒店大门，首先映入眼帘的是一尊女神的塑像，塑像上方挑空，这里也就成了每个楼面的会聚空间。在每一层楼面的挑空井周围，放置了书桌和书架，闲暇时来这里翻一下大部头的书籍，能帮助你在最短的时间里，对柬埔寨，对暹粒，对吴哥窟，对高棉文明，有个全面的认识。

暹粒柏悦呈典型的四合院格局。庭院的中间是一株百年古树，进门穿过女神塑像走到底，是会议室和宴会厅，两边是大堂吧 The Living Room 和全日制餐厅 The Dinning Room，另一边则是酒

店的海水泳池。

酒店的精华在二楼。沿着长长的回廊走到底，推开两道“门虽设而常关”的门禁，眼前豁然开朗，里面别有洞天。在这二楼走廊最顶头不起眼的角落里，居然隐藏了偌大的空中花园和泳池，小桥流水，曲径通幽。以一顶石桥为界限，整个泳池分为两部分，一边是无边界的竞技泳池，另一边则是自由形状的环礁湖泳池。整个泳池，我看足有 35 米之长，丝毫不比号称柬埔寨最大的户外泳池的暹粒莱佛士逊色。无边界竞技泳池的两侧，设计了多处半封闭的躺榻 Day Bed 和躺椅，躺榻两侧，以算盘珠式的窗棂相间隔。这样的窗棂，曾经反复多次地出现在设计大师 Bill Bensley 的作品中，甚至在改建中的暹粒机场，也多次看到这样的窗棂。也只有到了暹粒，我才恍然大悟，这窗棂的灵感，不正是来源于吴哥窟吗？

环礁湖泳池的尽头，是酒店的健身房和 SPA。整个二楼的花园、泳池和 SPA，让暹粒柏悦，具备了城市度假村的一切元素，成为喧嚣闹市中一方不可多得的净土。只是，酒店里并没有明确的标识，我不禁怀疑，是不是每一个住店的客人，都能找到这片世外桃源。该不会有人连住几晚，都不知道酒店二楼还有这么一大片空中花园吧？

暹粒柏悦走的是精品酒店的路线，没有传统意义上的大堂，入住和离店手续，都在名为 The Living Room 的大堂吧。这个大堂吧，兼有会客室、阅览室和酒吧的多重功能。户外两侧的回廊，布满了 Bill Bensley 为酒店量身定做的家具，带有浓浓的宫廷风格和复古意味。这里也是整个酒店设计感最强的地方。

在回廊尽头一个不起眼的角落里，还有一处名为 The Glass House 的甜品店，供应披萨、甜品和

冰淇淋。不大的店面做出了双开门设计，一扇门通往大街，另一扇门通往酒店内部，在尽量不打搅住客清静的情况下，给了非住店客人一个以最低的成本，惊鸿一瞥地看一眼暹粒顶级酒店的机会。

全日制餐厅 The Dinning Room 是酒店的主餐厅，餐厅错出了错层的格局。往上几格台阶，是餐厅的包厢，包厢背部是设计师收罗来的人物画，可以让人在最短的时间里，管中窥豹地领略暹粒的人文风情。

暹粒柏悦每周两次在晚餐时段有 1 小时的 APSARA 舞蹈表演。这个舞蹈表演，可能是暹粒一众酒店里门槛最低的了——一般酒店的 APSARA 舞蹈表演，都是在一个封闭的空间里，不花个高昂的用餐费用，这个表演是不能随便看的——而这里，不设最低消费，哪怕点一杯饮料，都可以尽情观赏高品质的舞蹈表演。或者也可以像我们一样，在全日制餐厅外酒店标志性的悬空摇床上，点一份舞蹈大餐，红酒美食，看最有高棉特色的舞蹈表演，也称得上足够浪漫。

暹粒柏悦仅有 108 间客房，房间不多，客房类型却不少。酒店最基础的客房，其实已经很宽敞舒适了。一般钻石会员能够升级到的柏悦套房，大约 70 平方米，一房一厅带厨房和客卫。房间里还有十来本大部头的书籍，介绍暹粒乃至柬埔寨的前生今世，简直是一个小型的图书馆了。

酒店底楼咸水泳池边，是联排的 3 间单卧室泳池套房和 1 间双卧室泳池套房。每间房都独门独户，拥有自己的私家泳池。而门口的咸水泳池，很大程度上是这 4 间套房客人的专属泳池了。

酒店顶楼，从一处不起眼的楼梯间上楼，是两间门对门的屋顶花园套房。套房大厅小卧室，客厅和卧室之间，以一个屋顶花园相分隔。这样的套房，大约是给公司的小型年会，或者私人派对的用户准备的吧。

在我看来，酒店最有特色的，当属我这次入住的露台泳池套房了。套房就在二楼空中泳池的边上，从自家的露台，就可以跳入超大的户外泳池中。露台上户外家具齐备，有可以容纳五六个人一起用餐的户外餐桌和可以躺下三四个人的长沙发。这个露台套房的设计，和我们最爱的越南岘港洲际酒店的行政半岛套房，有异曲同工之妙。也难怪，这两家酒店，都是出自设计大师 Bill Bensley 之手。这间客房，也是我太太一路上的最爱，在这里，我们一次次地跳进眼前的泳池，乐此不疲，乐而忘返。

暹粒柏悦处在暹粒中央商务区和老城区的分界线上，对面是银行和高档写字楼，边上是现代化的超市、经营各条线路的旅行社和鳞次栉比的当地特色餐厅。不远处是夜市——当然在我眼里，这里的夜市，更像是红灯区一条街了。就是暹粒河两边的各色市场和酒吧街，也都在举步可及的范围里。住在柏悦，让你有机会、有兴味在酒足饭饱之后，安步当车地去探索老城区的角角落落。从这个角度讲，暹粒柏悦，可以称得上是最接地气、最平民范儿的柏悦酒店了。

2.4.4 暹粒酒店综述

暹粒酒店的保有量，过去五年的时间里几乎增长了一倍，据说达到了惊人的 500 家，可能柬埔寨全国其他地方酒店的数量加一起，都没有暹粒的多吧。酒店多，带来的后果就是刺刀见血的竞争，因而暹粒的酒店都不贵。非常意外的，暹粒也是一处可以率性宅酒店的好去处。

AMANSARA 是暹粒最贵的酒店，晚上酒店大门紧闭，如果你是狗仔队，你说不出个所以然来，是进不了酒店大门的。酒店里灯光灰暗，带路的服务员打着手电，一路提醒小心台阶，一路带着我们小心前行。酒店以前是西哈努克的行宫，2002 年由 AMAN 接手改造成了一间精品酒店。我去看了它们的泳池套房，房间并不大，估计也就 50 平方米的样子。花园里有一个私人泳池，说是 5×6 有 30 平方米，但我觉得也就只能泡泡澡吧，游泳是游不起来的。酒店最便宜的不带泳池的套房，价格是 750 美金加服务费。我个人觉得，AMAN 卖的，是它的私密和安全，但 AMAN 的生意相当好，我去的时候，餐厅、花园、泳池边都有不少人，所以 AMAN，必定是符合某些特定群体的需求的。有需求才会有供给，所以 AMAN 的存在和它那高高在上的房价，肯定也是有它的道理的。

索菲特酒店，和艾美仅隔一个音乐厅。艾美是草坪的面积大，索菲特则是水域的面积大了。在这里走在人工湖的木桥上，总有一种去阳澄湖蟹仙楼的水上餐厅吃蟹那种似曾相识的感觉。我去的时候，索菲特的高级间 RMB750 元，豪华房 RMB950 元，我是雅高的金卡会员，可以升一级，订它的豪华房，可以被升级到 90 平方米的套房，客房设施，可能比艾美的还要更好。当时没有选它，而是选了艾美，主要是看中艾美的积分促销活动。下一次去，说不定我会选择住索菲特。

权限楼 Privilege Floor，暹粒有两处，据说是 Tripadvisor 上口碑最好，品评为整个东南亚服务最好的酒店。有朋友得知我在暹粒，力荐我无论如何也要去参观一下。我去看了其中的一家，这个权限楼其实是酒店中由第三方独立运营的行政楼层，客房更宽敞，配置更高，同时有免费的下午茶、鸡尾酒会，是不错，但并没有太多的特色，对于我这样经常入住行政楼层的人来讲，权限楼的权限，对我缺乏足够的杀伤力。

Navutu Dream，是暹粒酒店的另类。业主是意大利人，之前在斐济拥有一家奢华酒店，同暹粒其他任何一家酒店的风格都不同，整个酒店，犹如稻田里长出一片地中海风格的建筑。暹粒其他酒店，多数都位于通衢大道上，唯独 Navutu Dream，坐落在一片当地村舍中，走过一段阡陌小路，才能到达酒店的大门。酒店仅仅有 28 间客房，却有三个偌大的户外泳池，客房面积也大，基础客房的面积，就比一般酒店的套房还大了。酒店也充满着设计感，无论是花园还是客房，都有一些当地特色的雕塑和小饰品。酒店价格也不贵。在喧嚣的暹粒，到了这里，仿佛到了一片远离尘嚣的净土。

吴哥奇迹酒店是我一路看下来生意最好的一家酒店，我去的时候，正好有两个中国旅行团到，据大堂经理介绍，当天的入住率达到 95% 以上。它的房间有 40 平方米，也有独立的淋浴房和浴缸。我订的 RMB492 元的是豪华池景房，有一个小阳台，正对着酒店的室外泳池，景色也是不错的。但是酒店的占地面积小了，大约只有我住的艾美的 1/5 或 1/6，而房间居然有 275 间，比艾美的房间数量还多，客房的装修，也稍嫌简单了。

暹粒也有其他一些颇具代表性的酒店，比如 Sohka 和 La Residence。索卡酒店 Sohka 想必是有着明显政府背景的酒店，当初胡锦涛总书记出访暹粒，即下榻于此。La Residence 是昔日东方快车酒店集团，今天改名为 Bellmond 集团旗下柬埔寨唯一的一家酒店。

2.5 暹粒旅游小结

暹粒 / 吴哥其实是一个可以玩得很悠闲、玩得很优雅的地方，但绝大多数的中国人只在那里安排 3 到 4 个晚上，那样就实在没有办法玩得悠闲、玩得优雅了。所以我建议如果再去暹粒，最好安排 7 个晚上以上的时间，那样你既有充足的时间看景点，也能充分地享受到宾馆的各项设施和服务，还能有时间享受购物的乐趣，还能在公园里浪漫地散散步。

吴哥的总体评价：有人说看了吴哥，才知道什么是古迹。但我觉得古迹和古玩一样，有个品相的问题，吴哥的残破，那是不得已。如果柬埔寨人可以选择，我想他们一定要新的保存完好的吴哥，也不要今天所谓的缺陷美、残缺美的吴哥吧？吴哥目前的维修，说实话很成问题，一方面是资金短缺，另一面参加维修的“八国联军”，修的毕竟不是自己国家的文物，在修复上，没有做到真正的修旧如旧。按文物保护的惯例，文物的修复，是要用原来一样的原料，按原来一样的工艺来修，才称得上修旧如旧。但现在在现场，你常常可以看到一片砖石中突然冒出一片钢筋水泥的材料，显得非常突兀。中国的故宫已经修了十年，还要再修十年才算完全竣工。我想，如果拿出一片空地来，用钢筋水泥仿造一座故宫，怎么也用不了十年吧？难就难在要用传统的工艺，用传统的原料来修。故宫的一扇朱漆的大门，仿制一扇用得了多久？但现在非要用传统的“批麻戴孝”的工艺来做，据说一扇大门要漆个大半年才能完工，我想这才叫文物保护，这才叫修旧如旧啊。吴哥现在遗留的，主要是宗教建筑，但这宗教建筑，早已经没有了宗教的功能。寺要“佛，法，僧”三宝俱全，才是一座有生命的寺庙。现在吴哥的寺庙，佛像被人移走，经书全部散失，僧人更不知何处去了，可以说吴哥现在留下的，只是死去的寺庙了。从这个意义上讲，吴哥虽然精美，但毕竟比不上藏区的黄教六大寺，那才是真正活着的寺庙，真正有生命的文物。

吴哥王朝，历史上创造过辉煌的文明，历史上也曾经统治过广阔的疆域，但今天，柬埔寨面临的是如何改变贫穷落后的面貌。究其原因，其实去看看巴云寺东门回廊上的浅浮雕就可以了——浮雕全都是战争的场面，全都是暴力和冲突。其实不光这里，整个吴哥的浮雕，又有几块不是宣扬战争和暴力的呢？两千年前汉朝的贾谊写过一篇“过秦论”：“仁义不施，而攻守之势异也。”唐太宗也曾经总结过：“可以马上得天下，不可以马上治天下。”可惜，吴哥人虽然一开始笃信婆罗门教，后来又改信大乘佛教，但他们始终没有想明白这个道理。战火连年，又要修建超出经济承受能力的空前浩大的工程，这些是吴哥王朝最终覆灭的原因之一吧。

总的来讲，柬埔寨，特别是吴哥，一定要趁早去。你去得晚了，估计越来越多的遗迹就会像女王宫那样被圈起来，那时再想登上吴哥窟的塔顶，或者再想同“吴哥的微笑”来个亲密接触，估计就不那么可能了。你去得晚了，说不定那些被树缠绕得歪歪倒倒的建筑，突然有一天就四分五裂了。

吴哥我一定会再去的，说不定到时候，我们可以同行……

第三节　金边篇

3.1　金边行程

DAY 1：抵达金边，入住金边莱佛士酒店。

DAY 2：参观金边最有代表性的景点——王宫，国家博物馆，塔山。

DAY 3：逛金边市场——俄罗斯市场、金边夜市以及金边最新最大的商业综合体 AEON。

3.2　金边景点篇

金边最有特色的景点，莫过于王宫和国家博物馆了。从西哈努克大街和诺罗顿大街交汇点转盘处的独立纪念碑开始，远远地一路到王宫都是宽敞笔直的大路，路中间是极为宽阔的绿化带。这个气势，比我们在越南见到的任何景点都更要震撼。我觉得你要是有时间，这一段大约两公里的道路，最好用脚走走，或者找一辆人力三轮车，慢慢转一转。

本来对柬埔寨的王宫没有太高的期望值，但实际去看了一下，王宫丝毫不比曼谷的泰王宫逊色。柬埔寨现在是君主立宪制的国家，国王就住在王宫里，因而王宫对外开放的部分，大约只有整个王宫的 1/3。但就是这 1/3 的区域，也已经精美绝伦了——金壁辉煌的宫殿，精美的花园，蓝天白云下高高耸立的银塔，在这里，任何一个角度，都能拍出美轮美奂的照片来。而实际眼睛看到的，只怕比照片的更要美丽。

国际博物馆就在王宫的隔壁，你去吴哥之前，记得一定先来这里走走，吴哥窟目前留在原地

的，有相当一部分是复制品，真品可都在这里呢，比如圣剑寺的“圣剑”。博物馆是一个类似我们中国四合院的建筑，里面有一个很美丽的中庭花园，转累了，来这里小憩一会儿，拍几张照，也是一件很舒心的事。

不远处的塔山，据说是金边的发源地，据说是先有塔山，后有金边，塔山上的佛塔，毫无疑问也是金边最有灵气的地方了。塔山周边的法国区，是金边的高尚社区、国家权力机构，美国领事馆、殖民地时期的邮政总局、老房子改造的高尚食府，星星点点，点缀其间。塔山和莱佛士酒店，构成了王宫以外的又一条中轴线。这里，可能就是金边的所谓首善之地吧。

去金边，你很难回避掉“红色高棉”。S—21 监狱，前身是一所学校，是不少游客来金边必到的一个地方，然而我们去的时候，传说中有关红色高棉的展品，我们都没有见到。这个展览馆，虽然占地很大，但缺乏翔实的内容，缺乏令人信服的展品。

金边有传统的中央市场、俄罗斯市场和河边夜市 Night Market，这些市场在历史上有过风光无限的时光，但用今天的眼光来看，无疑显得老旧了。市场的治安情况也不敢恭维，比如从我入住的金边莱佛士酒店到夜市，不到两公里的距离，入夜之后，就成了站街女的一条街。夜晚去逛这样的夜市，是需要勇气的。但另一方面，金边也有现代化的商场。金边最大的日资商业综合体 AEON，有超市、有食肆、有商铺、有影院，体量之大，同国内的万达广场相比，有过之而无不及。

金边莱佛士酒店对面一栋 30 层的高楼，建成之后将是金边新一代的奢华酒店瑰丽酒店 Rosewood。酒店裙楼的名品店现已开业，不少顶级品牌入驻其间，其中就有我情有独钟的 Rimowa。

3.3 金边酒店篇

3.3.1 金边莱佛士酒店

金边莱佛士和暹粒莱佛士，是柬埔寨殖民地时期仅有的两间经典老酒店。原先仅有主楼，1997 年全面翻新改由莱佛士酒店集团管理的时候，新建了副楼。主楼和副楼共同形成一个围合式的四合院的形状，中间廊桥相连，两边是号称金边最大的 25 米长的成人泳池和另一边的儿童嬉水池。

泳池边古木参天。以金边标志性的塔山为一头，以莱佛士为另一头，酒店在金边市中心的中轴线上，可以说是金边地段唯一最好的酒店。酒店富有传奇色彩，酒店门口立了一块碑，据说 1970 年至 1975 年柬埔寨内战时期，先后有几十名记者和作家把酒店当作避难所，但最终都难逃被害或失踪的命运。酒店也是金边的国宾馆，各国政要莅临金边，莱佛士酒店，基本上是他们的不二之选。

大堂中间圆桌上放置了一大捧鲜花，鲜花上方挑空，一盏吊灯从高高的屋顶垂下，悬挂在鲜花上方。这样的设计，同暹粒柏悦进门处的女神塑像上方的挑空，有异曲同工之妙，可能是风水上有什么讲究吧。大堂中轴对称，两边放置了佛像，大堂吧则分为室内无烟区和半室外的吸烟区。这里，点一杯饮料，看一眼窗外的花园泳池，也是和三五知己聚会聊天的好去处。

莱佛士酒店的基础客房 State Room 都在副楼，Landmark Room 都在主楼。我这次预订的是基础客房，在暹粒被升级到了仅次于套房的主楼的泳池景观房，而在金边，运气就没那么好了，客房被升了一级到面向泳池的副楼 State Room。客房不久前全新装修过，格调典雅，有一个配有户外桌椅的阳台，面向酒店标志性的中庭花园和户外泳池。但室内面积过小，面积号称有 33 平方米，但可能是阳台面积也计算在内的缘故，给人的感觉，比 32 平方米的主楼的 Landmark Room 还要小不少。主楼另有带有四柱式睡床的以名人名字命名的 Personality Suite，还有 1 室 1 厅格局的 Colonial Suite 以及更高等级的客房。既然选择入住莱佛士酒店，就不应该吝惜预算，显而易见，恐怕要住

到主楼，才能真正体会到经典老酒店的韵味吧。

酒店的主餐厅金碧辉煌，想必是金边达官贵人聚餐的地方，价格出乎意料，并不贵。我们入住的时候，有个 200 美金的双人套餐，送一支法国波尔多红酒。用餐环境极好，餐食美味，服务生倒酒的时候，身姿笔挺，这一手倒酒的“功架”，是我见过最地道的。经典酒店，可能需要从一些细节上，才能品味出他的经典吧。

金边莱佛士酒店，很长一段时间内是金边唯一最好的酒店，即使在今天，也还没有真正意义上的对手。酒店生意也好，可能正是因为如此，酒店员工上上下下有股傲气，服务上，并不如暹粒的酒店来得殷勤备至。

比如暹粒莱佛士的早餐供应香槟，我们在金边莱佛士的第一天也被送了两杯香槟，第二天再要香槟的时候，却被告知要收费。后来香槟是要来了，但到底金边莱佛士的早餐，是不是供应免费香槟，到现在我还没有搞明白。

比如我是费尔蒙的白金会员，账户中有 100 美金的餐饮抵用额度，在酒店自助晚餐的时候，要求用账户中的餐饮抵扣额度做抵扣，餐厅值班经理一口答应，但是最终结账的时候却被告知无法抵扣。当然，我后来发现费尔蒙白金会员的 100 美金餐饮抵用额度，只能在费尔蒙品牌的酒店内使用，同一集团的莱佛士酒店，并不能抵用，但作为酒店值班经理，还是应当第一时间告知客人。

又比如我问酒店礼宾部，金边的制高点在哪里，从哪里能拍摄到金边的全景，礼宾部的几个工作人员面面相觑，最后还是我自己找出了答案。

3.3.2 金边酒店综述

金边索菲特酒店

索菲特在金边南郊一片新开发的区域，隔壁就是全新开业的金边最大规模的商业综合体 AEON。酒店占地广大，基础客房 46 平方米，雅高白金会员可以升级到 55 平方米带阳台的超豪华房并且包

含行政待遇，也不排除升级到套房的可能。酒店的行政酒廊占据了整整一个楼面，甚至还有一个不小的空中花园。都说暹粒莱佛士35米长的室外泳池，是柬埔寨最大的室外泳池，但我看索菲特的泳池，只怕还更长一些。说实话到了这家索菲特，我突然有种获取雅高白金会员的冲动。

金边索卡酒店

全新开业的索卡酒店Sohka，在金边王宫的对面，与王宫隔河相望。站在酒店的屋顶花园上，王宫的一举一动尽收眼底，一把狙击枪，就能覆盖王宫的各个角落。卧榻之侧，尚不容他人酣睡，何况王宫对面的制高点。可以想见，这家酒店必然是有着明显的政府背景。

索卡酒店的特色就是大——超大的大堂，超大的房间，一切都是特大号的。酒店门口停着一辆超长版的礼宾车，这样规格的车，莱佛士酒店都还没有呢。

金边洲际酒店

酒店在市区西南角，这是一家开业十年的老酒店，客房小了，电视居然是25吋的球面电视。说实话，这可能是我住到现在最寒酸的洲际品牌的酒店了。洲际酒店在金边的“毛泽东大街”上，用外国领导人的名字，给一个主权国家的首都的一条主要的大街命名，这种做法还是相当少见的。由此也可以看出，中国对柬埔寨的影响力非同寻常。不光如此，在金边到处都能看到汉字，几乎每一家宾馆、每一家饭店的招牌上都有中文。大巴车上，我们居然还看到了柬埔寨语配音的周星驰的“武状元苏乞儿”。放的音乐，很多也是根据中国的歌曲重新填词的。

瑰丽酒店 Rosewood

瑰丽酒店就在莱佛士对面的那栋30层的高楼内，这栋楼一部分是银行办公楼，一部分是酒店。裙楼和地下层，则是商场、名品店和美食街。酒店甚至还有空中的观景台和户外餐厅。瑰丽酒店的开业，无疑将是柬埔寨酒店业最值得期待的事件了。

第四节　Song Saa：家门口的水上屋，东南亚最顶级的私人海岛

顶级海岛，通常是和大溪地、斐济、马尔代夫、塞舌尔、毛里求斯、留尼汪这些名字联系在一起的。这些顶级海岛，有个共同的特点：距离遥远，旅费高昂，非常不容易亲近。如果我告诉你，其实不假远求，不必远渡重洋，就在中国人的家门口，就有这么一家有水上屋的顶级酒店，你信吗？如果我告诉你，这家酒店的奢华程度，完全可以和各大顶级海岛的顶级酒店媲美而毫不逊色，你信吗？如果我告诉你，这家酒店的美食更符合中国人的口味，酒店一价全包，红酒、香槟、鸡尾酒一概免费，你信吗？如果我告诉你，去这里度假，获得的体验，说不定比去马尔代夫、塞舌尔更好，你信吗？

东南亚唯一的一岛一酒店，东南亚唯一有水上屋的奢华酒店，东南亚唯一的顶级私人海岛，这就是柬埔寨的 Song Saa。

Song Saa 位于西哈努克港以外 30 公里处，快艇半小时可达，属于 Koh Rong 群岛的组成部分。Koh Rong 群岛的 61 座小岛，如绿宝石般星星点点分布在泰国湾里。这些岛，绝大多数人烟稀少，

有的根本就无人居住，保持着良好的原生态。Koh Rong 群岛的主岛 Koh Rong 岛，面积 78 平方公里，和香港岛一般大小，就在 Song Saa 的对面。可以说，西哈努克港，相当于中国的深圳，Koh Rong 岛相当于香港，而 Song Saa，就相当于香港的某个离岛了。

Song Saa 是东南亚唯一的一岛一酒店，它的一岛一酒店，和马尔代夫的一岛一酒店，还有所不同。马尔代夫是珊瑚岛，岛礁扁平，几乎没有高低起伏，据说马尔代夫的最高点，也不过只有海拔 5 米。而这里，环岛一圈 350 米的 Song Saa，却拥有一座小山丘，山坡上遍布了 11 栋山间别墅，岛虽小，却很有层次感，很有探索性。Song Saa 对面的主岛，Koh Rong 岛，最高点甚至达到了惊人的 350 米。从这个角度讲，Song Saa 更接近塞舌尔。塞舌尔主要的岛都是花岗岩岛，严格来讲不是岛，而是大陆的一部分，在漫长的地质变迁中，陆地下沉，海水浸漫，遂形成今天千岛湖一般的景观。我猜测 Song Saa 和它所属的 Koh Rong 群岛的 61 座小岛，只怕都是没有被完全淹没的原来大陆的一部分，才有今天不同于珊瑚岛的方寸之间能看出高低起伏的难能可贵的状态。

Song Saa 是东南亚唯一有水上屋的奢华酒店，它的水上屋，同马尔代夫的水上屋也有所不同。马尔代夫岛与岛之间相隔遥远，看出去一望无际。而 Song Saa 对面就是主岛 Koh Rong 岛，水上屋的视野，更接近顶级海岛大溪地波拉波拉的“倚水看山”，在水上屋的露台和私家泳池里，就能看到对面主岛的山峰。“倚山看水”的地方很多，“倚水看山”的地方还真不多见。Song Saa 的水上屋还有大溪地特有的茅草屋顶和玻璃底，能看到水下浮游的鱼儿，对于绝大多数无缘一睹大溪地波拉波拉真容的人而言，Song Saa 非常意外的是一处能唤起大溪地记忆的顶级海岛。

Song Saa 是东南亚唯一的顶级私人海岛。私人海岛顾名思义，即为私人所拥有。世界上的私人海岛，多数集中在塞舌尔、斐济、地中海和加勒比海，其他地方还真不多见。马尔代夫拥有 100 多个海岛，真正意义上的私人海岛，也只有 The Velaa Private Island 一家。私人海岛，通常只用于私人度假，最终对外开放的私人海岛，更是屈指可数。岛主 Pory 和 Melita 夫妇，2005 年以 15000 美金的价格从一位渔民手中买下这两座岛，花了 7 年时间，最终建成一家顶级酒店，也算是难能可贵，功夫不负有心人了。

Song Saa 据说是高棉语“亲密爱人”的意思，由一大一小两座岛组成。度假村所在的小的岛，叫老婆岛，另一座为森林所覆盖，

尚未开发的稍大的岛，叫老公岛，两者之间以一座木栈桥连接。柬埔寨有一些景点被过誉了，比如高布斯滨，炎热的夏季大汗淋漓地爬3公里山路，并看不到什么了不起的景观。如果真的想过爬山的瘾，那么不妨来这个老公岛，体验一把热带雨林的原始秘境。

Song Saa由27栋别墅组成，9栋水上屋，7栋沙滩屋，还有11栋是山间别墅，其中5间是双卧室别墅。别墅的内部格局完全相同，只是位置朝向不同。我们入住的是酒店标志性的水上屋，房间室内面积86平方米，带一个超大的室外露台和一个同样超大的私家泳池。别墅的房顶极高，目测有10米之多，整个别墅的空间感相当开阔。卫生间空间也大，双台盆设计，有一个下沉式浴缸。淋浴居然有3处：一处室内淋浴，一处室外半露天的淋浴，露台上私家泳池边上还另有一处露天淋浴，方便客人浮潜后冲洗一下再进房间，考虑得相当周到。客房的配置也高，房内隐藏了一套BOSE音响，配置的I-phone Docking Station，甚至可以让酒店送来I-Pad和投影仪，在自己的客房内欣赏一部好莱坞大片。我就点播了一部《钢铁侠Ⅲ》，酒店的影片库里没有，还特意替我下载了一部。在自己别墅的沙发上，手持一杯香槟，和相爱的人相拥相偎，看一部心仪已久而平日忙碌的工作中又无暇一看的影片，称得上足够浪漫。

酒店的水上屋全部朝西，因而也是看夕阳的好去处。我们每天傍晚5点都会在露台上静候夕阳西下，对面的渔村里炊烟四起，渔舟归晚，“又见炊烟升起，暮色罩大地”，我甚至奋不顾身地投入泳池里，扮演起了这绝世美景中的模特儿。近年来Song Saa在岛周边200米的范围内设立了禁渔区，海水在阳光下呈现出蓝宝石色，水下的生态，得到了很好的养护和修复，站在栈桥上，就能看到大片的鱼群。只是这些鱼还很幼小，等到这些鱼苗长大的时候，也就是Song Saa收获的

季节了吧。

Song Saa 的用餐，是酒店刻意打造的一个环节，每一顿用餐，都能吃出其他酒店浪漫晚餐的效果。通过长长的木栈道和主岛相连的水上餐厅 Vista 餐厅和酒吧，是酒店的标志，也是每一个到来的客人最先映入眼帘的建筑。我就在它那宽大的露台上，享用过烛光晚餐。这里的餐食以柬埔寨当地菜和西餐为主，配合红酒吃一份上好的牛排，或者点一份柬埔寨特色的当地美食，可以说是丰俭随意。这里的鸡尾酒是免费的，甚至在早餐时段，也大可以点一杯香槟，来一次香槟早餐。

沙滩吧 Driftwood Bar 白天供应简餐，晚上则是海鲜和烧烤的天下。酒店提前配好菜单，伴随着身边事先准备好的篝火，一道道菜上来，丰盛浪漫的程度，让我想起此前念念不忘的越南岘港洲际的沙滩星光大餐。当然你也可以点单，我们就一人点了 6 个生蚝，生蚝的新鲜美味，让我们回想起澳大利亚生蚝的肥美。据说海胆是当地特色，切开沾上芥末就可以生食，美味无比。可惜我是离开 Song Saa 才得知这一秘籍，只能留待以后再来品尝了。

池畔吧 Pool Side Dinning：Song Saa 的室外泳池，也是酒店的一大标志，常常有各国游客在泳池边的躺椅上，一趟就是一整天。到了饭点，这里也成了一处浪漫晚餐的所在。

如果住的时间足够长，也可以试一下客房送餐，或者目的地晚餐 Destination Dinning：在连接老公、老婆岛的栈桥上，在岛上某个不为人瞩目的亲水平台上，稍作布置，都可以变身成为一次浪漫的晚餐。

酒店麻雀虽小，五脏俱全。酒店只有 27 间客房，却不惜拿出两间丛林别墅作为 SPA；岛背面朝向尚未开发的老公岛的一侧，有一处全配置的健身房；更不用说岛的中心位置，还有一处颇具规模的探索中心 Discovery Center，这里，浮潜、深潜、皮划艇、各种出海活动，都可以一站式搞定。酒店也有一些非常有特色的活动，比如可以乘船摆渡到对面的主岛，参观当地人的村庄、学校、寺院，还可以去当地人家做客，这一切都是免费的；而花不多的一点钱，就可以在酒店工作人员的陪同下，划船做红树林之旅，去无人的沙滩做浪漫野餐；甚至还可以徒步到主岛的腹地，看人迹罕至的瀑布群。

整个 Song Saa 带有非常浓烈的 Soneva 的印迹：餐桌、书桌，多是卯榫结构；床头柜、书桌的支架，直接是大块的树根；饮用水，装在 Soneva 标志性的可重复利用的玻璃瓶里；甚至 Soneva 特有的用以传递信息的卷纸，也以一种更加唯美的形式出现在这里——Song Saa 直接在卷纸的外面，包裹了树叶和鲜花……

Song Saa 有马尔代夫的一岛一酒店和水上屋，有塞舌尔的地形起伏，有大溪地波拉波拉的“倚水看山”，有 Soneva 的简奢和原生态——非常意外的，在中国人的家门口，能有这么一处集

万千宠爱于一身的绝美的世外桃源。

酒店的别墅也出售，标价 50 万美金一栋起。这个价格，相对于金边均价 2000 美金的房价，显得贵了；但相对于中国一线城市动辄 5 万、10 万一平方米的房价，这个价格，就显得非常亲民了。柬埔寨卖房通常是带返租的，就是说你买了房，平时不住，开发商通常会以 11% 的年利率，将房子返租回去，九年时间即可收回投资。Song Saa 想必也不会例外，同时 Song Saa 是酒店，这个 50 万美金的价格，应该还包含了分时度假的可能吧。把这个算进去，Song Saa 的房价，就更有吸引力了。

然而，Song Saa 也不可避免有一些这样那样的缺点：

1）沙滩太小：Song Saa 只在游艇码头附近有一段不长的沙滩，酒店的 6 间海景别墅，其实并没有沙滩。

2）入住率过低：我入住的是 5 月份的超级淡季，入住当晚，酒店的主餐厅和酒吧因入住率过低而关闭。在沙滩吧用餐的两个小时里，前来用餐的一共只有 5 桌客人。入住率过低，也带来了一系列连锁反应。比如酒店原先有 PADI 五星的潜店，Open Water 的证书不过 500 美金，这个价格，已经比世界上绝大多数地方低了；但我入住的时候，潜水老师 Diving Master 已经休假，何时回归遥遥无期，发证书也就成了一纸空文。酒店开业之初，也曾请来威廉王子度蜜月的塞舌尔北岛酒店的行政主厨，但不久该主厨即离职，一方面是对方身价过高，但归根到底，还是酒店入住率不高，承受不了这高昂的费用吧。

3）酒店设计，集大成有余，创新不足：整个酒店，有一种似曾相识的感觉，甚至酒店的双卧室泳池别墅，江湖传说是拷贝马尔代夫的芙花芬，完全一样，别无二致。

私人海岛，原本就是超级富豪钱多任性的产物，很多都是依赖海岛主人大手笔的补贴。比如比尔·盖兹是在斐济顶级私人海岛 Wakaya 度的蜜月。曾经接待过无数王公贵族的 Wakaya 的主人，就是几十亿美金身价的超级富豪。我曾有幸和岛主夫妇共进午餐，岛主夫人对我这个陌生人就以一种调侃的口吻说，Wakaya 是她先生烧钱的大玩具。即使富如 Sonu 和 Eva，最终也顶不住现实的压力，将 6 Senses 和 Evason，连同 Soneva Gili 一起拱手让人。造一间顶级的私人海岛酒店，是一回事；将这个酒店变成一头现金奶牛，变成一颗摇钱树，就是另一回事了。

说 Song Saa，不能不提西哈努克港。西哈努克港是柬埔寨最大的海港，与暹粒和金边一起，组成了柬埔寨旅游的金三角。西哈努克港距离暹粒 500 公里，飞机 1 小时可到；距离金边 200 公里，打车大约三四个小时，费用在 65~80 美金之间，酒店也提供 BMW 5 系，从金边到西哈努克港的接送。总的来讲，Song Saa 的交通，并没有想象中的不便。西哈努克港是柬埔寨的经济特区，目前在飞速发展中。我在柬埔寨的那几天，新闻中不断播报中国在马来半岛蜂腰段的克拉地峡开挖运河的消息。运河一旦开通，船只将不必绕行马六甲海峡，直接风雨无阻地进入印度洋，其意义，不亚于苏伊士运河和巴拿马运河。打开地图看一下，克拉运河一旦开通，中国人是绝不会错过西哈努克港这一补给基地的。当往来的船只蜂拥而至的时候，也就是 Song Saa 赚到钵满盆满的一天了吧。

柬埔寨目前的经济在飞速发展中，柬埔寨人自称他们的经济，是整个东南亚发展最迅猛的。目前的柬埔寨还没有任何真正意义上的游艇会，私人持有的游艇屈指可数。但游艇会进入中国，也就十来年的时间，现在的游艇，已不罕见。中国的今天，就是柬埔寨的明天。想象一下，有朝一日百万级、千万级的游艇，代替今天的渔船出现在柬埔寨 Koh Rong 群岛的时候，Song Saa 的房价，该是怎么一个情况呢？

Song Saa 并不是周边唯一的顶级海岛，距离 Song Saa 方圆 100 公里的范围内，就有越南海南岛之称的富国岛和泰国最奢华的海滨度假酒店 Soneva Kiri 所在的沽岛。有朝一日，搭乘豪华游艇，一次玩遍越、柬、泰的 3 处顶级海岛，都不是奢望。就是不远处的 Koh Rong Samloem 岛，拥有柬埔寨最洁白细腻的沙滩，目前仅有当地人开发的客栈 Guest House 和茅草屋 Bungalow，岛的 1/3 还是海军基地。目前柬埔寨有意将此岛建成东南亚最大的赌场。今天的 Koh Rong 群岛还保持着泰国海岛三十年前的模样，设想一下有朝一日，这里开发成柬埔寨的普吉岛和苏梅岛的时候，Song Saa 的房价，又该是怎么一个情况呢？

即使在今天，西哈努克港也已经有了 Sokha Beach Resort 这样的五星级酒店，西哈努克港的城市面貌，也犹如 20 世纪 80 年代改革开放之初的上海，还保留着殖民地时代的印迹和风情。这次来，一个遗憾就是在西哈努克港停留过少，其实安排一次西哈努克港两晚 +Song Saa 三至四晚的行程，可能才是真正的完美旅行呢。

我们相信柬埔寨的明天会更好，相信 Song Saa 的明天会更好。

机票签证

机票篇

上海出发：

MU759 PVG 2000 — PNH 2315 上海金边

MU760 PNH 0015 — PVG 0455 金边上海

MU513 PVG 1840 — REP 2200 上海暹粒

MU514 REP 2250 — PVG 0400 暹粒上海

广州出发：

CZ6059 CAN 1135 — PNH 1330 广州金边

CZ321 PNH 0800 — CAN 1135 金边广州

CZ3063 CAN 1530 — REP 1720 广州暹粒

CZ3054 REP 1130 — CAN 1505 暹粒广州

香港出发：

KA208 HKG 0850 — PNH 1030 香港金边

KA207 PNH 1130 — HKG 1510 金边香港

KA248 HKG 0815 — REP 1000 香港暹粒

KA241 REP 1725 — HKG 2105 暹粒香港

签证篇

柬埔寨对中国护照实施落地签，通过完美旅行网预订酒店和当地行程，即可获准落地签进入柬埔寨，每次可停留不超过 30 天。

时差

时区：UTC/GMT +7 小时（东七区）

时差：比中国北京时间晚 1 个小时

货币

瑞尔（Camboddian Riel；KHR）是柬埔寨的法定流通货币。一些小城镇和偏远山区，主要收取现金。

人种语言

人口密度平均每平方公里约 39.50 人，是东南亚人口密度最低的国家之一。

人口分布很不均衡，中部平原地区几乎集中了全国人口的 2/3。

有 20 多个民族，高棉族约占总人口的 80%，大部分分布在湖滨，河流沿岸，从事耕作业。少数民族有老挝族，泰族，库依族和波族。

华人集中分布于金边，贡布，磅湛和马德望等省市。居民主要信奉佛教。高棉族为国语。

气候

属热带季风气候，高温多雨。全年分干，雨两季。

5—10 月份为雨季，从印度洋吹来温暖潮湿的西南季风，使气温略有降低；

11 月份到翌年 4 月份为干季，盛吹干燥的东北季风。年平均气温大多高于 21℃，平原地区达 27℃。

11 月份至翌年 1 月份的气候最为宜人。此后气温逐渐升高。全国年降水量约 1800 毫米。

扫描二维码预订：

酒店美食

柬埔寨顶级私人海岛 Song Saa

Song Saa 是柬埔寨已开业的最顶级奢华的酒店，奢华的程度，比暹粒的安缦，柏悦，莱佛士，有过之而无不及。Song Saa 没有马尔代夫的遥远，却有马尔代夫的一岛一酒店和水上屋。

柬埔寨金边莱佛士酒店

新加坡莱佛士酒店，是世界上第一家莱佛士，
那么柬埔寨金边和暹粒的两家莱佛士，就是世界上第二第三家莱佛士了。
金边莱佛士是东南亚为数不多的经典老酒店之一，
在柬埔寨，有着举足轻重的江湖地位。

柬埔寨暹粒莱佛士酒店

新加坡莱佛士酒店，是世界上第一家莱佛士，
那么柬埔寨金边和暹粒的两家莱佛士，就是世界上第二第三家莱佛士了。
暹粒莱佛士建成于 1932 年，是东南亚为数不多的经典老酒店之一，
在暹粒这个世界文化遗产地，有着举足轻重的江湖地位。

柬埔寨暹粒柏悦酒店

暹粒柏悦，是暹粒这个世界文化遗产地，2014 年全新开业的奢华酒店，他的开业，在柏悦爱好者中，引发过一场不小的轰动。

暹粒吴哥安纳塔拉酒店

雅致的柬埔寨城镇暹粒是您前往宏伟吴哥古迹公园的大门 - 列入联合国教科文组织世界遗产的古老高棉帝国古迹；其中最闻名的是世界第八大奇迹吴哥窟。吴哥窟安纳塔拉水疗度假村距离这处标志性寺庙仅几分钟车程，是一处宏伟高棉别墅风格的精品度假村，雅致的单间和套房俯瞰优

美的、古老皇家风格的庭院和泳池。走到游览区以外，沉醉于柬埔寨的文化瑰宝。

柬埔寨暹粒 Navutu Dream

Navutu Dreams 位于暹粒，设有两个游泳池、一个健身中心、两个餐饮场所以及免费无线网络连接，距离老市场和酒吧街有 10 分钟车程。客人可以在 Tropical Spa 内享受放松按摩或跟驻店瑜伽教师练习瑜伽。酒店提供从暹粒国际机场到酒店的免费接人服务以及前往各个寺庙的免费班车。典雅的客房装饰高雅，拥有现代化内饰和俯瞰着花园或游泳池的私人露台。

柬埔寨暹粒艾美酒店

吴哥艾美酒店位于暹粒，是家 5 星级酒店。是暹粒最热门的酒店之一。也是您来到暹粒商务和休闲的热门之选。酒店位置较好，距离东湄本寺步行 12 分钟。舒适度作为吴哥艾美酒店所有的客房首要标准，一切设施都以此为目标，一定不会让您失望。酒店宽敞的客房，配有禁烟房、空调、迷你吧、书桌，电风扇、可提供相连房、卫星频道 / 有线电视、电视、DVD/CD 播放器、房内保险箱、独立淋浴间和浴缸、淋浴设施、吹风机、起居室、茶 / 咖啡、熨衣设施、免费瓶装水、浴袍、WiFi 无线网等设施，让您瞬间忘记旅途的疲倦。

Part 3

何止奢华之

泰完美：
泰国华欣、清迈、清莱、苏梅岛 16 日游记

第一节　泰国攻略

1.1　缘起

和绝大多数中国人一样，我的第一次东南亚之旅的目的地，也是泰国。当时我们泰国一地 10 晚 11 天的行程，一般人足够来个新马泰的串烧游了；而我们只去了普吉、曼谷两个地方，在普吉岛更是一住住了 7 晚。同行的父母非常不理解我们的安排，回国后甚至很长一段时间不敢和亲友提起这次旅行，生怕被别人当成笑话。在那个新马泰串烧游大行其道的年代，我们这样的旅游，在当时而言，是非常特立独行的。其实这也是我们“慢游”理念的一次初步的体现。

我们出国旅游开始得很晚，我们是在将国内的山山水水都走遍之后，才开始出国旅游的。然而出国旅游也有“后发优势”。试想二十年之前，当国内刚开始开放新马泰旅游的时候，有几个人会去泰国住五星级酒店的套房？有几个人会在普吉的沙滩上一待就是 7 天？

第一次去泰国的时候，还是本土品牌的酒店：安缦、悦榕庄、安娜塔纳、Chedi，Dusit，等等，一统天下。虽然也有一些国际品牌的酒店，但远远没到能和泰国本土品牌全面抗衡的地步。然而事物不是一成不变的，随着国际连锁酒店加快在泰国的跑马圈地，利用各酒店集团眼花缭乱的促销，同时结合酒店精英会员的身份，获得一次高性价比的旅行体验，也成为可能。这就有了我新一次的泰国之行。

这是一次“泰完美”的行程。我们的行程安排是山海相间，一张一弛，在华欣和苏梅岛的海

滨度假，在清迈和清莱的山间游览。无论是海边的度假村还是清莱金三角腹地，中国媒体几乎没有系统报导过的国民党军队占山为王的美斯乐，还是泰缅边境的小镇大其力，都给我们留下了深刻而美好的印象。

我喜欢住酒店，也喜欢参观酒店，这次，特意去参观了泰国几家颇负盛誉的酒店，包括金三角四季帐篷酒店、清迈四季酒店、清迈文华东方酒店和苏梅岛四季酒店。我会用数字说话，用照片说话，尽量客观公正地来做个评述。

这次是华欣 4 晚 + 清迈 2 晚 + 清莱 4 晚 + 苏梅岛 4 晚，算得上是名副其实的慢游了。就像我之前说的那样，泰国我还会再去的，但“泰悠闲”的节奏，不会变。

1.2 签证篇

泰国签证：泰国目前对中国护照实施落地签，一个签证没有，白本护照也能出境。真正做到了说走就走。

1.3 机票篇

机票有买票和里程换票两种选择：在经过几轮贬值之后，中国到泰国里程换票，基本上已经此路不通，而机票促销此起彼伏，实在是没有最低，只有更低！我选择简单直接的花钱买票。

国际段：上海往返曼谷，搭乘的是春秋航空的 399+ 税的航班，往返机票含税 1988 元一个人。同之前飞过的亚洲航空的 0 机票不能比，但好处是直飞，空中飞行时间 4 个半小时，配合招行运通白金卡购票的旅行不便险的权益，以及配发的 PP 卡的待遇，舒适度也还能够接受。春秋航空目前在大力促销新开航的泰国航线，我买票的时候，还有买上海飞曼谷，送普吉岛回上海的促销。所以多留心，说不定能买到更优惠的机票。

泰国国内段：选择亚洲航空，是出于对亚洲航空的信任和感情，另外亚航也更便宜一些。

机票一个人 6 飞 3200 元的样子：

上海—曼谷，
曼谷—清迈，
清莱—曼谷，
曼谷—苏梅，
苏梅—曼谷，
曼谷—上海。

1.4 酒店篇

华欣篇

华欣知名的国际连锁的酒店并不多，有的如索菲特、万豪、假日酒店，或翻牌或已停业。这次我们在华欣喜来登和华欣洲际各住了两晚，同时去参观了希尔顿和凯悦酒店，获得了很好的体验。

清迈篇

清迈选择的是艾美，C + P 标准调整之前订的房间，1600 分 + USD30，约合 RMB455 一晚。这样的价格，含早餐、下午茶、鸡尾酒会，同时有很大的可能升级到套房，实在找不到不住的理由。这次出门，我们是动静相宜，在华欣，在苏梅岛，基本上是宅酒店式的纯度假，在清迈和清莱，则以观光旅游为主。在清迈的两天，看景点、逛夜市、参观酒店，忙到不亦乐乎，除了睡觉，并没有几个小时待在房间里。这也是我们选择艾美，而没有选择其他更贵的精品酒店的理由。

清莱篇

清莱，如果住市区的话，艾美基本上是唯一的选择。清莱市区，没有第二间可以同艾美比肩的酒店。

清莱艾美，是这一路上最大的惊喜。我们在清莱住了 4 晚，还觉得没有逛够，还觉得没有住够。清莱的旅游资源，在我看来远远比清迈丰富；清莱的人民，在我看来远远比清迈淳朴；清莱的物价，在我看来远远比清迈便宜；清莱艾美的性价比，在我看来远远超过那些名声高高在上，价格高高在上的酒店。

苏梅岛

苏梅岛大牌酒店云集，但对于我而言，却没有太多的纠结。这是因为苏梅岛洲际，是苏梅岛一众大牌酒店里，唯一一家可以用大使的周末买一送一券打对折的酒店。对折后的价格，即使是同希尔顿集团积分大幅贬值前兑换的苏梅岛康莱德比，也更加优惠。

1.5 攻略篇

关于泰国旅游的书籍、杂志、网络攻略，可以说是汗牛充栋；但非常意外的是，这其中并没有多少有价值的资料。去了泰国才发现，真正有价值的资料，都还没有被翻译成中文呢。国内的资讯，如果一定要推荐的话，我推荐旅游教育出版社根据日本“实业之日本社海外版编辑部”翻译过来的《自由行——乐游全球之 9：泰国》。泰国攻略，目前没有谁能超越这本书的水平。当然，书编得有些势利眼，比如清迈给了 30 页的篇幅，而清莱只给了 2 页；而在我看来，清莱是值得你花比清迈更多的时间去品味的。所以说“尽信书不如无书”，如果完全照着书，亦步亦趋地游泰国，那么你永远只能走在前人的影子里。

第二节　普吉岛

2.1　普吉岛行程

以下是我普吉岛的行程安排，供大家参考：

DAY 1：抵达普吉岛，“宁为鸡首不为牛后”，以平均 100 美元的价格，住普吉岛唯一一处大型综合性度假区 Laguna Complex（拉古娜度假区）里四星级酒店最大景观最好的套房。

DAY 2：听度假区的分时度假介绍，参观度假区的 4 家五星级酒店。

DAY 3：参观度假区的超 5 星酒店悦榕庄，游览芭东沙滩。

DAY 4：参观万豪酒店的分时度假介绍。再游芭东，海鲜晚餐。

DAY 5：包车普吉岛环岛一日游，参观安缦 Amanpuri，游览观景点 Laem Phromthep 和普吉市区。

DAY 6：夜游主题乐园普吉幻多奇 Phuket Fantasea。

DAY 7：悦椿 SPA Angsana SPA，做双人 SPA。

2.2　普吉岛的景点

普吉岛面积 550 平方公里，和兰卡威或者新加坡大小相当，是泰国最大的岛，也是泰国最小的府（相当于中国的省）。普吉岛在中国的名头非常之大，几乎是每个中国人第一次去泰国必定会到的地方。然而普吉岛名头虽大，却没有什么太特别的自然景观，普吉岛本岛比较有名的景点有三处：

1）观景点

最有名的观景点 (View Point) 在普吉岛最南端奈汗海滩（NAI HAN）附近，叫 Laem Phromthep，据说是“纯洁之神”的意思，是普吉岛最南端伸入大海的一个小犄角。站在这里登高望远，芭东、卡伦和卡塔三处海湾尽收眼底。观景台边上还有一处泰国海军之父、前海军部长 Jumborn 王子的塑像，一处小型的纪念馆和一处大象祭坛。

2）自然保护区

在普吉岛的北面，有一处自然保护区：椤帕吊国家公园 (Khao Phra Thaeo National Park)。这里保存有普吉岛最后一片完整的原始热带雨林，还有一处颇具规模的瀑布：通赛瀑布。这里也是整个普吉岛地理位置的最高点：海拔 442 米。

3）主题乐园

在普吉岛中部的卡马拉海滩（KAMALA）附近，有一处耗资 6000 万美金的文化主题乐园——普吉幻多奇 Phuket Fantasea。乐园的高潮是最后十几头大象同台表演的驯象表演。这个乐园，也是普吉岛旅游的一张新名片。同 Lonely Planet 的介绍相反，这个乐园是可以照相的，不但可以照，乐园的工作人员还非常乐意摆各种 POSE 和游客合影。

此外普吉岛的首府普吉市，虽然规模不大，但却有一些保存完好的娘惹风格的建筑。这种中

葡混血的建筑风格，在马来西亚的槟榔屿、马六甲和新加坡都比较常见。但是在泰国，好像除了普吉市，其他地方我还真没见过。

2.3 普吉岛的沙滩

然而普吉岛最大的特色，还是3S——阳光（SUN），沙滩（SAND），大海（SEA），这是一处海滨度假的胜地。事实上绝大多数去普吉岛的游客，可能根本就不知道普吉岛还有观景点，还有自然保护区，还有主题乐园，绝大多数去普吉岛的游客，都是直奔海边的度假村而去的。从这个意义上说，在普吉岛，选择一处最适合的沙滩，选择一家最适合的酒店，几乎就决定了你这趟行程的成败。

普吉岛的沙滩

普吉岛有十大沙滩或者十大海湾的称谓，其中最有名的是芭东沙滩。这里是整个普吉岛最热闹的地方，餐饮、店铺琳琅满目、选择多物价便宜。但另一方面，这里人多嘈杂，人员也复杂。泰国旅游对中国开放之初，中国人趋之若鹜的人妖表演，鳄鱼表演、乃至女人用身体的某个器官做的“人体气功表演”，也都集中在这里。你喜好这一口，那么你可以选择住在这里。如果你是拖家带口的家庭式度假，那么恐怕还是选择其他更清净的海湾为好。

2.4 普吉岛的酒店

普吉岛的国际连锁酒店

普吉岛虽然开发较早，但国际品牌的酒店介入得并不深入。比如世界知名的万豪和希尔顿集团，在普吉岛都各只有一家酒店；喜达屋和洲际集团很长时间里在普吉岛也只有各两家艾美和假日酒店。这些酒店说实话都并不太出色。

普吉岛主岛上，最贵也是最出色的酒店，是安缦Amanpuri、悦榕庄和豪华精选。

普吉岛可以看作小而奢华酒店的发源地，世界上第一家安缦酒店是普吉岛的 Amanpuri，世界上第一家悦榕庄也是开在普吉岛上的。这两家酒店，也被看成是各自酒店集团的旗舰店。他们的房价，常年在 RMB5000 以上。这两家，通常被视作普吉岛最贵也是最顶级的酒店。

普吉岛另一家公认的顶级酒店，则是远离尘嚣的豪华精选。这家以前是 6 Senses 第六感官下属的 Evason 度假酒店，在 2011 年改由喜达屋集团管理，成了豪华精选序列的酒店。改换门庭之后，酒店的经营有了大的起色，我身边不少人先后入住过这家酒店，它也成了很多人再一次去普吉岛的理由。

普吉岛主岛上，还有几家小而奢华的酒店

比如 Chedi、Trisara、Anantara 等，普吉岛北部也有新开的洲际集团旗下的设计酒店 INDIGO，但这些酒店，基本都是单打独斗的形态。我要推荐的，是普吉岛上唯一一处豪华酒店的集中营：Laguna Complex（拉古娜度假区）。

2.5 普吉岛我的选择：Laguna Complex（拉古娜度假区）

住宿的价格

Laguna Complex（拉古娜度假区），类似三亚亚龙湾，是一个由四家五星级酒店、一家超五

星的悦榕庄和一家四星的 Allamanda 酒店组成的大型度假区。我们去了 4 个人，住的是其中四星，同属于悦榕庄集团管理的 Allamanda 酒店。酒店就在悦榕庄的隔壁。我住的是酒店最好的独栋别墅房型的 Allamanda Suite，120 平方米，两室两厅三个卫生间，还有厨房、亲水平台和一个带凉亭，带室外淋浴的 30 平方米的屋顶大露台。我的房间是临水而建的，面前就是一个偌大的人工湖，湖对岸就是沙滩和大海。订的是住五晚送两晚的长住客价格，平均下来不过 100 美金一晚，便宜到连酒店的工作人员都觉得惊奇。

拉古娜度假区的前生今世

Laguna Complex（拉古娜度假区）占地非常广大，单沙滩就有 3 公里之长，酒店里有 6 个大大小小的人工湖。除了酒店，还有被称做 Laguna Village、Laguna Residence 和 Laguna Townhouses 的住宅区。整个度假区的占地面积，估计比我们的三亚亚龙湾还大。这个度假区，现在绿树成荫，花红柳绿，但是二十五年这里却是一处废弃的锡矿，拉古娜集团接手的时候，这里如同月球表面一样，寸草不生。今天看到的连接各酒店的人工湖，就是当年矿坑的遗迹，据说最深处深达 325 米，几乎是世界上最深的人工湖了。拉古娜集团开发了这片度假区后，分别外包给各个酒店管理集团来管理，自己则把度假区里位置最好的两个地块留了下来，给了自己的亲生儿子悦榕庄来管理。这就是世界上第一家悦榕庄，以及我们住的就在悦榕庄隔壁的 Allamanda 酒店的来历。如果说拉古娜集团 Laguna 是房地产开发商的话，那么悦榕庄就相当于物业管理公司了，两家其实是二位一体的。拉古娜开酒店，其实不是他的本意，他更热衷的是“卖”酒店。比如悦榕庄，就有自己的分时度假计划。如果你乐意买悦榕庄里的某一栋别墅，他更是求之不得。比如我在 Allamanda

酒店住的隔壁的那栋别墅，就被人买走成了私人的度假屋。我想如果有某个中国富人，愿意整体买下普吉的悦榕庄的话，拉古娜集团一定是迫不及待地出手的吧？

拉古娜度假区的特色

Laguna Complex（拉古娜度假区）是 20 世纪 80 年代亚洲四小龙时代的产物，度假区的六家酒店之间既有免费穿梭班车，也有免费穿梭的摆渡船。这个免费的穿梭班车和摆渡船，每天早上 6:30 运行到晚上 21:30，风雨无阻。六家酒店的设施是完全共享的，住一家，就能玩六家。六家酒店所有的餐厅、SPA、商店，都可以凭房卡签单，到最后统一结账。说实话，这么友好的界面，我住了那么多酒店，还是独此一家，其他地方还真没有见到过。度假区里包括独木舟、划艇、浮潜在内的所有非机动的水上项目，都是免费的。度假区里附设的高尔夫球场，就算不打球，花很少一点钱就能租台高尔夫球车，去球场转一转，拍拍照，散散心。度假区里的每家酒店，都或多或少养了几头象。我们住的酒店就有两头小象，隔三差五地我们就会拿香蕉去喂它们。度假村里还有一处被称作“运河村”Canal Village 的地方，这里集中了外币兑换点、纪念品商店、超市、酒吧，甚至还有小型的医护室和白色的婚礼殿堂。我们在度假区住了 7 天，常常是清晨去这家酒店的沙滩走走，然后去那家酒店的树荫下读书，再回自家酒店的泳池游个泳，在湖里划个船，然后找处躺椅躺躺……，这么转转逛逛，一天的时间很容易就打发过去了。

2.6 在普吉岛，有几点要提请注意的

1）吃饭

拉古娜度假区一切都好，就是吃饭不习惯。度假区里有十八家各色餐厅，其中只有一家中餐厅，这家中餐厅，只有一款中菜：北京烤鸭，价格是 RMB250 半只鸭。国内全聚德的价格当时是 100 元整只鸭，还是一鸭三吃！试了度假区外面的几家店，也还是吃不惯。好在我们住的房间里就有厨房和全套的餐具，我们最后决定自己做饭——趁着去芭东游览和包车环岛游的机会，去芭东买了大量的食品回来，自己动手做。

2）分时度假

拉古娜度假区有分时度假的讲座，听这个讲座，工作人员会陪同你参观度假村的各项设施，就算最后你不掏钱购买他的分时度假产品，他也有礼品赠送。赠送的礼品里，价值最高的，是五星级的拉古娜假日俱乐部双卧室套房 2 晚免费住宿。度假区门口还有万豪的销售处，一样有分时度假的讲座。这样的讲座，对于喜欢参观酒店的人是非常有吸引力的。比如我，本来就喜欢参观酒店，就算自己打车，我也会去参观这些酒店，更何况现在是免费接送，临了还有礼品赠送。最后，我选择的礼品是主题乐园普吉幻多奇的门票。当然，你如果对普吉岛有好感，想多住几晚，或者想再来一趟的，听两场讲座，就能获得 4 晚五星级酒店双卧室套房的免费住宿。价值，大约在 8000 元以上了吧。所以这个分时度假的讲座，在我看来是不容错过的。

3）SPA

泰国是以SPA出名的，悦榕庄的SPA更是有名，但拉古娜度假区里，无处不在的，却是悦椿SPA：Angsana Spa。SPA刚进入中国的时候，被炒作得奇妙无比，几乎被宣传到包治百病的地步。我们也未能免俗，在酒店做了一次双人90分钟的SPA，价格是1000元RMB。这个价格，相比当时国内畸贵的SPA价格，已经是非常便宜的了。但是后来，我们在巴厘岛的超五星洲际酒店，以1000元RMB的代价，在海边带泳池、带观海阁楼的独栋别墅里做了一次双人4个半小时的“海之恋”的SPA大全套，感受好得一塌糊涂；倒过来对比，就感觉普吉岛的SPA，性价比非常一般了。最近这几年，国内SPA的行情一路走低，上海超五星级酒店的90分钟SPA的价格，甚至低到了500元以下，那么现在去普吉岛做SPA，就要好好谈谈价钱了。

2.7 普吉的离岛和周边景点

拉古娜度假区，是第一次去普吉岛的人非常好的选择。但玩遍了东南亚之后，总觉得普吉岛缺少些特色。住的酒店虽然价廉物美，却并不让人惊艳。也许，普吉岛更好的风景在于他的离岛吧。

普吉的皮皮岛(Phi Phi Island)在资深玩家中非常有名，也是潜水的好地方，岛上的假日酒店可以用积分兑换，非常超值。普吉的帝王岛(Racha Island)，是普吉唯一一家一岛一酒店业态的度假村。酒店拥有70间客房，岛上水清沙幼，酒店远比马尔代夫便宜，却据说拥有不输于马尔代夫的水下生态。这家帝王岛，号称是“重回普吉的唯一理由”。

如果时间有多，可以同时去一下离普吉不远的攀牙湾，那里是007“金枪客”的外景地，也有喜来登、万豪等大型度假村，据说比喧嚣的普吉，更耐人寻味。就是皇家度假地的华欣，更加小众的苏梅岛，或者是游客寻欢作乐的芭堤雅，其实都离得不远。

第三节　华欣篇

3.1　华欣行程

DAY 1：飞抵曼谷机场 BKK，机场大巴到华欣喜来登酒店，休整，充分享受酒店设施。

DAY 2：游拉玛六世行宫，酒店做 SPA。

DAY 3：搭酒店班车到华欣洲际酒店，充分享受洲际酒店设施。

DAY 4：华欣市区半日游，火车站，华欣沙滩，筷子山 Khao Takiap，参观希尔顿和凯悦酒店，星期天夜市 Cicada 晚餐。

DAY 5：机场大巴赴曼谷 BKK 机场，转免费大巴赴 DMK 机场搭乘亚洲航空班机飞清迈。

3.2　曼谷机场攻略

曼谷有两个机场，分别是代码为 BKK 的普万那普机场和代码为 DMK 的廊曼机场。BKK 是国际机场，DMK 则是类似吉隆坡 LCCT 的廉价航空机场，亚洲航空就在 DMK。两个机场之间有免费的穿梭巴士，平均半小时一班，行驶时间 45 分钟左右。

机场其实是开始泰国之行的一个重要补给站，如果你不想支付高额的国际漫游费的话，那么在这里买一张手机卡是非常必要的。需要提醒的是，泰国用的是 GSM 制式的网络，我手上的 Iphone 是中国电信的签约机，中国电信的手机，设置成了 CDMA 网络，这样，泰国的 GSM 制式的手机卡，在我的电信版的手机上不能用，最后只能买了个普通手机卡，装在我的备用机上打电话用。我建议，去泰国，还是全网通的手机，最合适。

泰国物价远比中国的低，但曼谷机场餐饮的价格，却一点不比北京、上海、广州这些一线机场的便宜。在机场等大巴的时候，如果想找一处价廉物美的餐厅，那么 Magic Food 是你不二的选择。Magic Food 类似员工餐厅，但也对外开放，里面的餐饮的价格，只是其他餐厅的 1/5，甚至更低。BKK 机场的 Magic Food，就在一楼去华欣的机场大巴柜台的边上。DMK 机场的 Magic Food，则在候机楼边上的另一栋单独的楼里，距离 200 米，走路 5 分钟，餐厅对面就是停车场，非常容易找。你的曼谷之行，如果安检区以内的机场贵宾厅，你能进入，安检区以外的 Magic Food 你能找到，那么曼谷机场之旅，你就毕业了。

3.3 华欣历史篇

口口相传，一直都说华欣是泰国王室的避暑胜地，然而华欣成为泰国王室避暑胜地的时间并不长，泰国王室选择避暑胜地，有个逐步南进的过程。

最先的避暑地，是在曼谷和华欣之间的碧武里。这里的山中之城拷汪宫 Khao Wang，即由好莱坞电影《安娜与国王》中周润发饰演的泰国国王的原型拉玛四世，于 1860 年建于山巅之上，并命名为“帕那空奇里”(PhraNakhonKhiri)，意即“山中之城”。拉玛五世修建的雨季行宫 Phra Ram Rachaniwet 则位于碧武里城南。

拉玛六世建于 1923 年的行宫“爱与希望之宫” Marukataiyawan Palace，位于华欣以北 15 公里处的七岩。直到 1926 年，拉玛七世的夏日行宫忘忧宫 Klai Kangwon Palace，才在华欣城区北部落成。而在那之前，华欣不过是一处小渔村。可以想见，正是由于道路交通的完善，泰国王室才能将避暑胜地，逐步延伸到曼谷以南 250 公里处的华欣。

然而开发最晚的华欣，却后来居上，豪华度假村云集。时至今日，绝大多数的游客，都是直奔华欣的沙滩而去，已经很少有人听说过碧武里丰富的历史遗存了吧。

3.4 华欣机场交通篇

因为逐步开发的原因，华欣最重要的景点，并不在华欣，而是在它以北 100 多公里处的碧武里。从泰国国际机场 BKK 有发往华欣的机场大巴，网址：http://www.belltravelservice.com/，可以网上购票，网上选座位，价格也只有 305 泰铢。大巴换票柜台，就在 BKK 一楼著名的员工餐厅 Magic Food 的门口。大巴路过华欣喜来登门口，事先同换票柜台的员工说好，可以将你直接送到喜来登门口。而大巴在华欣的终点站，就在华欣洲际的斜对面。可以说我这次的华欣之行，是歪打正着地充分利用了这个机场大巴。

如果你是上午到曼谷机场，时间有多，也可以包一个出租车，顺便转一下碧武里和它周边的景点。其实曼谷和碧武里之间，还有一处更有名的当能沙朵水上市场 Dammnoen Saduak Floating Market，在很多电影里，都能看到这个水上市场的身影。当然，水上市场 + 碧武里，最少也要大半天时间。

专营曼谷机场到华欣的出租车公司的租车网站是 http://www.huahintaxiairport.com/，小车 2200 泰铢，商务车 3000 泰铢。在机场当场招车，价格会更便宜，但你放心把全部家当交代给一个陌生的司机吗?

3.5 华欣市区景点篇

皇室行宫

华欣是以皇室度假地闻名天下的，然而华欣市区的忘忧宫，直到今天仍然由皇室使用，并不对外开放。离华欣最近的可以参观的皇家行宫，是位于七岩，距离华欣喜来登酒店不过5公里的“爱与希望之宫”Marukataiyawan Palace。这是一栋黄金楠木建起的高脚屋形制的宫殿，主体建筑在二楼，长长的回廊，串联起一栋栋宫殿。回廊四面来风，即使在酷热的夏天，这里也异常凉爽。宫殿里，还完好地保留了当年皇室生活起居的场景。看着这座美轮美奂的宫殿，我不禁在想，1923年的时候，我们在做什么？军阀还在混战，黄埔军校还没成立，北伐还没开始，中国还陷于一片混沌之中吧。可以想见，历史上的确有那么一段时期，泰国比我们稳定得多，也比我们富裕得多吧。

然而离喜来登如此之近的景点，又是华欣最有代表性，几乎是游人必到的景点，却没有公交车，自由行的人要想到达，并不容易。如果请酒店安排车，价格是600泰铢往返，相对于5公里的车程而言，无疑是太贵了。我们不死心，直接在街上拦车。去的时候，有运营的小巴从华欣发出，20泰铢一人，到行宫岔路口，从路口走到行宫，还有整整2公里路。参观结束，正是一天里最热的时候，我们不得已，只有招手拦车。结果一辆泰国当地人的车，在已经坐了四个人的情况

下，仍然热情地招呼我们上车，把我们带到岔路口。车去曼谷方向，我们却要去华欣方向，不得已，只能继续招手拦车。路上有不少运营的小巴，但都已经坐满了人，前后 3 辆小巴看到我们，视而不见地呼啸而过。正在我们陷于绝望的时候，一辆当地人的车停在我们面前，车上是一对情侣，在后排座位堆满杂物的情况下，仍然热情地清理出座位，招呼我们上车，还一直把我们送到喜来登的大堂。一方面是泰国政府的不作为，知名景点居然没有公车，一方面是泰国当地中上层富裕人士的热情好客，两相对比，形成了鲜明的反差。这是我第一次在国外搭顺风车，要知道连我之前行走的南印度，每个城市都是有多条公交线路的啊！

火车站

华欣市区的景点，最有名的是华欣火车站。这是一座仍然在运营中的火车站，红色的带有英伦风格的火车站，在蓝天白云下显得煞是美丽。这个火车站，多少让我想起南印度的那几座山中小火车的车站。

沙滩

火车站直行去海边的路，路两边满是卖泳衣、服装和小工艺品的店，希尔顿和由索菲特翻牌过来的 Centara 酒店，就在这条路的两边。这里的沙滩，就是华欣最主要的沙滩：华欣沙滩了。沙滩上，满是兜售海鲜的排挡，排档之多，把沙滩挤得满满当当。吃海鲜倒是方便了，但我很担心在这么喧闹的环境里，希尔顿和 Centara 的住店客人，怎么休闲，怎么度假。

华欣另一处主要的沙滩，是从洲际酒店门口，经过凯悦，一直到筷子山 Khao Takiap 的绵延 5 公里的白沙滩。沙滩上可以坐摩托艇，

可以骑马，玩乐项目之多，是这次泰国之行所仅见。

筷子山

Khao Takiap 是华欣市区主要的佛教景点，这里有多处佛像，最高的佛堂登高望远，也是欣赏华欣市区全景的好地方。

筷子山也是一座猴山，几百只猴子，居然还有人将猴子置于肩头拍照留念，又有人丢面包喂猴，一大群猴抢作一堆，简直是猴山猴海啊。

去筷子山车费也不贵，我们在希尔顿门口招了一辆趴活的车，转了筷子山的各个景点，等我们吃了一顿饭，还顺路去参观了凯悦酒店，前后陪了我们将近 3 个小时，车费也只收了我们 400 泰铢。我想，这才是泰国真正的物价水平吧。

夜市

华欣的夜市，有两处，一处是市中心离火车站不远，天天营业的华欣夜市，另一处是凯悦酒店路口的星期天夜市 Cicada。这个 Cicada，当地人推荐我们是必去的一处景点，我们在华欣，正好最后一晚是周

日，又一次歪打正着地赶上了华欣最有特色的夜市。这个星期天夜市的规模，比市中心正常的夜市，又大了很多倍。有吃的，有卖的，关键这里卖的，不是千篇一律的舶来品，很多是当地艺术家现场制作的工艺品。市中心的夜市，逛的几乎都是外来游客，而这里，呼朋喝友的，却以当地人为多。当地人聚集的夜市，又是一星期只有一次，是无论如何不应该错过的了吧。

3.6 华欣酒店篇

华欣喜来登度假酒店

华欣喜来登，一家酒店有两块招牌，一块是度假村，一块是酒店式公寓。酒店式公寓并不直接靠海，但据说有着比度假村更大的泳池，从酒店大门到大堂，大约还有三四百米的距离，由此也可以想见，这个酒店式公寓的规模有多大了。

按酒店官方提供的资料，华欣喜来登占地 2 万平方米，但身处其间，并不觉得小，这是因为酒店有一个 4000 平方米的巨大无比的游泳池。整个酒店的泳池连成一体，河流形状的泳池和海边无边界泳池无缝对接。巨大的泳池中漂浮了三个岛，第一个岛是婚庆草坪，第二个岛是意大利餐厅，第三个岛是儿童戏水池和滑梯。酒店的客房全部围绕着泳池分布，客房全部都只有两层楼，一楼的客房，直通泳池。说实话，泳池中漂浮着三个人工岛的设计，在这之前，我还真没有见到过。华欣喜来登的泳池，是我们这次泰国之行住过的 5 家酒店里最大的，也是我们使用率最高的一处泳池。在酒店的两天时间里，除了短暂的出门去看了一眼拉玛六世的“爱与希望之宫”，其他时间，几乎都是在这泳池边度过的。

入住时，我用白金会员一年 10 晚的套房升级券，将两晚的住宿都升级到了海滨套房。这家酒店客房有240间，套房却只有12间，套房比例不过5%，因而给我的感觉，在这家酒店，升级套房是非常困难的，即使用套房券，也不能保证升级到套房，但我们还是非常幸运地拿到了酒店最高级别的海滨套房。酒店是2007年开业的，但我们入住的套房，保养得非常好，丝毫看不出岁月的痕迹。我们是结婚纪念日之旅，酒店入住的时候，送了一支香槟，卫生间的地巾，也折出了形状，撒上了花瓣，以至于很长一段时间，我们上厕所都小心翼翼，生怕弄皱了这可爱的地巾。

酒店的大堂，四面通透，也非常有设计感。大堂外有很多公共的沙发，在这里，吹着海风，可以将酒店的全景，尽收眼底。离店的那天，恰逢印度裔富人结婚，酒店张灯结彩，我们也幸运地沾了点喜气。

酒店儿童乐园的规模，也是我一路上看到的最大的，不但有室内和室外的儿童游乐场，甚至还附设了专门的儿童泳池。这样，儿童既可以尽情地嬉闹，又不至于影响休闲度假的成年人。

酒店对会员的待遇也相当好，白金会员给免费的早餐、下午茶和鸡尾酒会。酒店规模大，客房多，大酒店有大酒店的好处，无论是早餐、下午茶，还是鸡尾酒会，都是我们一路上住的酒店里最丰盛的。酒店泰餐厅的价格也不贵，用喜达屋贵宾会的卡打对折后，性价比就更高了。他位于湖心岛上的意大利餐厅，有很多泳池边的用餐凉亭，在这样的凉亭里用餐，一定是非常浪漫的事吧。他海滨的Luna Lanai酒吧，每周三有个酒店管理层和住客的见面会，提供免费的酒水和饮料，说实话这样的管理层和住客的交流会，我以前只在马尔代夫满月岛喜来登见识过一次。

酒店的行政酒廊，全天供应软饮和果汁，在外面转热了，进来吹吹空调，看看报纸杂志，也是一件美事。行政酒廊的工作人员，也非常愿意帮助我们。我遇到的是一位来自德国的服务员，她向我提供了不少当地旅行的建议。我的华欣之行相当圆满，其中有她不少功劳。

华欣喜来登的SPA也非常便宜，我们

选的是客房里主推的一款 1400 泰铢的 60 分钟 SPA，这居然还不是最便宜的，酒店居然还有 1100 泰铢的套餐。这样的价格，已经不比大街上的按摩院贵了。

华欣喜来登有往返华欣市区的班车，到华欣钟楼是 50 泰铢单程，到 Market Village 商场，则是一天两班，90 泰铢单程。这个 Market Village 商场，离华欣洲际不远，司机把我们送到洲际大堂，也没有另外收费。

在华欣喜来登的两天里，阳光普照，即使下雨，也是来得快又去得急。而华欣市区，却是黑云压顶。我们又一次歪打正着地选择了一家最合适的酒店！

华欣洲际酒店

我是洲际的粉丝，去华欣，一个很大的理由就是去住洲际。华欣洲际同华欣喜来登的整体布局非常像，也是一个大泳池贯穿整个酒店，客房则围绕在泳池两边。但一切都小一号，却也更精致。

洲际有两种客房，除了泳池边上两层楼的尊贵客房 Premier Room 之外，他还有两栋分别为 3 层楼和 5 层楼的主楼。主楼呈圆弧形，主楼的客房也更加方方正正。大堂，行政酒廊，健身房，会议室，意大利餐厅和泰餐厅这些功能性的东西，都在主楼。

酒店的整体风格是黄、白、绿三色：黄的是柚木的本色；白的是客房的墙体、走廊；但凡做油漆的地方，基本都漆成了哑光的白色；绿的则是草坪、树木了。这样的装修风格，是非常典型的“清混结合”的风格。不够现代，但却非常耐看。

酒店对高级会员的待遇也非常好。这家酒店，是我们在泰国入住的 5 家酒店里，第一家提前确认了很好的升级的酒店。我们是皇家大使会员，入住酒店，被升级到了行政尊贵套房。房间有 120 平方米，有两个超大的露台。露台上的日间床是我的大爱，常常躺在上面，沐浴着习习凉风，就这么沉沉地睡去。客房里的 Iphone Docking Station 和高品质的咖啡机，在泰国一众高品质酒店里，还是

非常稀罕的。

我们入住的时候，酒店有一个会议，整个酒店基本是满房的，但在酒店里，却听不到什么喧闹声，任何时候去泳池边上，都有空余的躺椅。从喧嚣的城市走进酒店，有一种突然沉静下来的感觉。

酒店去华欣市区的各个主要景点，基本都是3~5公里的距离。比如我们晚上在Cicada夜市吃完晚餐，就是这样慢慢散步回酒店的。酒店门口的沙滩上、摩托艇、骑马，各项活动丰富多彩，价格也都还不贵。所以，华欣洲际，动静相宜，是你探索华欣的最好的大本营。

华欣酒店综述

在华欣，我们还参观了希尔顿和凯悦酒店。希尔顿在华欣最市中心的华欣沙滩。酒店生意非常之好，我们去的时候，前台围了二十来个人，在那里等房间。泳池则如澡堂，人潮涌动，欢笑声不绝于耳。气氛是有了，但度假的清幽就很成问题了。

凯悦在洲际到筷子山绵延五公里的白沙滩的中心位置，就在华欣星期天夜市Cicada的背后，酒店占地达70英亩，约合28万平方米，一个有洲际好几个那么大。酒店里古木参天，泳池和池塘星罗棋布，建筑也非常有泰国的民族特色。要说大，凯悦可能才是华欣占地面积最大的酒店了吧。如果我再去华欣的话，我一定会去住一下这家凯悦的。凯悦酒店虽大，但客人也多，我们去的时候，泳池边上座无虚席、相比之下，还是我们住的洲际更小众、更私密一些。

华欣有名的Dusit，就在喜来登隔壁，安娜塔纳，也离市中心不远，但我们都没有去参观。华欣还有一些中端的酒店品牌，比如最佳西方，比如宜必思，比如还在兴建中的丽笙酒店，也是不错的选择。宜必思，只是一个三星级的品牌，但在华欣，却修得富丽堂皇，花三星级的价钱，获得五星级的享受，可能华欣，能实现这样的梦想吧。

华欣的酒店，单个看都可圈可点，但华欣的酒店，非常明显地存在着各自为政的现象。无论是我住的喜来登、洲际，还是其他什么酒店，这里是低密度只有两层楼的豪华度假村，隔壁就是高达 20 层，甚至 30 层的公寓。这同我们三亚亚龙湾、海棠湾的整体规划，整体开发，就差到不可以道里计了。我们海南的开发，有着明显的后发优势。

华欣喜来登、华欣洲际这样的酒店，造在华欣，我觉得可惜了。但华欣水清沙幼，物价不贵，离曼谷近，交通方便，来这里度度假，也不失为一个很好的选择。

第四节　清迈篇

4.1　清迈行程

DAY 1：傍晚飞抵清迈，宿艾美酒店，参观邓丽君去世的美萍酒店，吃海鲜，和人妖合影，逛星期日夜市。

DAY 2：包车清迈一日游，松达寺 Wat Suan Dok，素贴山双龙寺 Wat Phra That Doi Suthep，大菩提寺 Wet Chet Yot，清迈国家博物馆，参观清迈四季酒店。

DAY 3：参观清迈文华东方酒店。长途车赴清莱。

4.2 清迈攻略

清迈最好的攻略，是泰国旅游局编著的《清迈 STYLE》，这本书里涵盖了清迈的前生今世，衣食住行的方方面面，要说攻略，无论网上还是书刊，没有任何其他攻略能超越这本书的水平。书是非卖品，但在清迈的各大酒店都能找到。我第一次接触到这本书，是在华欣洲际，让我得以在到达清迈之前，对清迈能有一个全方位的了解。我能够在两天的时间里，找出清迈的精华，这本书，功不可没！书精装 12 开，厚厚的 300 页，我非常奇怪，这么一本权威的好书，怎么就没有人组织翻译成中文呢？趁着《泰囧》大行其道的时候，推出这么一本书，不是正好大卖特卖吗？

4.3 清迈景点

清迈的古城

清迈的古城历经兴废，现在留下的，四四方方的古城墙，每边长 1600 米，城外有宽阔的护城河绕城一周，古城的四个角上，各残留了一段土墩，据说是古代卫城的遗存，当地人称之为 Jaeng。清迈整体而言还是一座清幽的小城，到清迈的第二天我们包车绕城一周，古城墙在蓝天白云下显得煞是美丽。但非常可惜的是，我们只是赶路，而没有停下来拍照，没能锁定这瞬间的美丽和感动。

清迈据说有 200 座大大小小的寺庙，古城里就有 38 座寺庙。“南国四百八十寺，多少楼台烟雨中”，真是此言不虚了。古城里 3 处最重要的佛寺是：

泼水节的中心——帕辛寺 Wat Phra Sing
曾经的玉佛存身处——大佛塔寺 Wat Chedi Luang
清迈最古老的寺院——清曼寺 Wat Chiang Man

清迈古城的佛寺，给我的感觉，都不够庄严。这里白天是寺庙，到了星期天晚上的周末夜市时，连接古城门 Tha Pae Gate 到帕辛寺的古城最主要的一条街，化身成了露天市场，当真是人山人海——不但街上都是人，都是地摊，连古城最重要的寺庙大佛塔寺和帕辛寺里，也都是地摊，到处是嘈杂的声音和烧烤的烟雾。

我们已经过了“轧闹猛”的年纪了，只是一种完成欲驱动我们把这个夜市从头逛到了尾。一路上，我们什么也没买，什么也没吃，相机带了也没拿出来拍照，几乎是急行军般地走了一圈就回酒店了。

清迈的古寺

就好像藏传佛教黄教的六大寺，没有哪一座会在市区一样，清迈真正值得一看的寺庙，也都不在清迈城区。来清迈的第二天，我们特地包车，去看了清迈最有特色的三座寺庙：

第一个看的是松达寺 Wat Suan Dok，松达寺在清迈的西南角，同人声鼎沸、几乎走不通路的夜市比，这里几乎门可罗雀。但这里却有着泰国最高大的佛像。松达寺最高大最辉煌的黄铜佛塔 Chedi Luang，里面供奉着佛祖释迦摩尼的真身佛骨。松达寺也是清迈王朝的皇家墓地，庭院里一众白色的大小不一的佛塔，埋葬着清迈王朝历朝历代的王室成员。

第二个看的素贴山双龙寺 Wat Phra That Doi Suthep，号称是清迈最重要的寺庙，有“不到双龙寺，不算到过清迈府”的说法。双龙寺位于清迈西侧 1680 米高的素贴山的半山腰，据说要攀登 360 级台阶才能到达寺庙，也有缆车可以上山。双龙寺中间最大的 Chedi，里面同样供奉着佛祖的真身佛骨。双龙寺建在清迈的制高点，在这里登高望远，整个清迈城尽收眼底，可能这也是双龙寺如此出名，成为游人必到的景点的一个原因吧。双龙寺尽管金碧辉煌，尽管游人如织，但诚心的礼佛者却少之又少，因而这里更像是一个旅游景点，而不是一处虔诚的寺庙了。

第三个看的大菩提寺 Wet Chet Yot，是清迈宗教和考古意义上最重要的寺庙。寺庙有 7 栋形状各异的佛塔组成，分别象征了佛祖释迦摩尼成佛的 7 个阶段，寺院里一株高大的菩提树，据说就是从佛祖成佛的那株菩提树上嫁接过来的。1477 年，第八届世界佛教大会，即在此召开。这里的佛塔，非常古老，给人的感觉仿佛不是在清迈，而是在柬埔寨的吴哥窟一般。大菩提寺是一路上看的那么多寺庙里，最香火鼎盛的一家。很多当地人在这里虔诚地进香礼佛，也有几个当地的学生妹在画素描写生。

清迈寺庙众多，但是避开喧嚣的人群，选择宗教上和艺术上真正有代表性的寺庙参观游览，那么我去的三所寺庙，是非常值得推荐给大家的。

清迈的博物馆

清迈博物馆众多，其中规模最大的是大菩提寺附近的清迈国家博物馆。需要注意的是，这家博物馆周一、周二闭馆。

4.4 清迈的夜市

清迈的夜市有两处，一处在艾美酒店出门左手边的 Chang Khlang RD，街上有多处以“清迈夜市”命名的市场。说实话到现在我也没有弄清楚，哪个市场才是最正宗的清迈夜市。我们选择的是 Let's Relax Spa 隔壁的大型市场 Anusarn Market，里面吃饭、购物一应俱全。在华欣 Cicada 星期天夜市上，没吃到龙虾、膏蟹，在这里补了课。吃龙虾的海鲜店边上的酒吧，晚上有人妖驻场表演，无需门票，买一杯饮料就可以进入。或者像我们这样，直接过去同人妖合影，也就 20 泰铢任拍。同我们合影的人妖，一口流利的普通话，想必来清迈看人妖的国

人，大有人在吧。

清迈另一处星期天夜市，在连接古城门 Tha Pae Gate 到帕辛寺的大街两旁。这个星期天夜市，更是人山人海。

4.5 清迈的 SPA

我们住的艾美出门右拐，Loi Khro Rd，直到护城河边上，大约 500 米的距离，按摩店一家挨一家，但在我看来，所谓的按摩只是一个幌子吧。更有的店，店名是“下一站”——“NEXT STOP”，其中“X”涂成血红的颜色，这样的店，经营的是什么项目，其实是不问可知的。清迈的地下色情行业，全部为黑社会控制，因而这些按摩店，在不确知深浅之前，还是离得远点为好。如果一定要做按摩，我推荐艾美斜对面的 Let's Relax Spa，环境好，价格公道，关键这是一家有 100 年历史的 Spa 连锁店，最起码安全放心。

4.6 清迈的交通

清迈是他信的故乡，他信一度打算造福乡梓，在清迈引进了公交系统，但不久即告停运。目前的清迈是四轮车的天下，城区范围里，打车方便，价格也不贵。但如果走长途，建议还是包出租车。清迈的 7 月阴晴不定，前一分钟大太阳，后一分钟就可能暴雨倾盆。我们包车去素贴山的时候，就遭遇了大暴雨。这样的暴雨中你乘四面通风的四轮车，就免费洗淋浴了。包车的价格也不贵，我们从上午 9 点到下午 6 点，包车 9 小时，司机开价不过 800 泰铢。但在回到酒店的时候，司机坚持他的报价是 1800 泰铢。我一开始以为我听错了，800 泰铢（8 hundred）和 1800 泰铢（18 hundred），的确有听错的可能，但后来司机重复了一遍，是 One Thousand Eight Hundred，我想肯定是司机出尔反尔。最后谈成1200泰铢。当然，1200泰铢也不贵，但这个外表非常憨厚的司机，以低价吸引游客，成交后再三向我们推荐各种收费景点，推荐未果后出尔反尔抬高报价，这同我印象中的泰国司机的形象，无疑有了很大的出入。泰国是很好的地方，但泰国的旅游市场，最近这几年无疑是出了问题。泰国的社会，最近这几年，无疑也出了很大的问题。

4.7 清迈的整体印象

去清迈前，疑惑于清迈有古城墙，有护城河，有丰富的历史文化遗存，怎么竟然还不是世界文化遗产？去了之后，才知道泰国政府因为与柬埔寨争某一处地处边界、归属有争议的古寺庙的所有权，最终愤而退出联合国教科文组织。这样，不但清迈目前不是世界文化遗产，在一个可以预见的将来，也不太可能成为世界文化遗产了。

清迈最大的问题，是游客数量过多了，多到超过了小城的负载，多到打破了小城的宁静。邓丽君的“小城故事多”，据信唱的就是清迈，但如果看到今日清迈的喧嚣，她还唱得出“如果你到小城来，收获特别多”吗？清迈游客多，中国游客尤其多。我去的时候，据说清迈文华东方的住客，有80%是中国人，我去的时候，中国人多到躲无可躲，避无可避：吃个早餐，邻桌是一个团队的上海人；坐个四轮车，一车全是中国人；做个SPA，身边等位的也是上海人；去个寺庙，逛个夜市，更是到处是中国人，到处是上海话；就是去清迈四季，去文华东方，也到处都是中国人。如果你喜欢“他乡遇故知”，你喜欢所到之处到处能听到乡音，那么清迈就是你的菜。如果你觉得飞了那么久，花了那么多钱，怎么还像在国内那样，到处都是中国人？那对不起，你需要另寻目的地了。而我觉得，清莱和金三角，就是远比清迈出色，也远比清迈性价比更高的目的地。

4.8 清迈的酒店

艾美酒店

我们在清迈，住的是艾美酒店。艾美酒店，在清迈最中心的位置；出门左拐就是清迈夜市，有名的Let's Relax SPA，就在酒店的斜对面；出门右拐，就是清迈的按摩一条街，或许称之为红灯区一条街更确切一些。可以说艾美，处在清迈最最便捷的位置上。

清迈艾美2008年开业，但酒店保养得非常好，大堂，客房，感觉都是全新的，丝毫看不出岁月的痕迹。我是喜达屋的白金会员，用一年10晚的套房升级券，将客房升级到了行政套房。我们拿到的客房，正对着素贴山。视野开阔，一览无余。套房面积不大，但各功能区划分明确，居然还有一个不小的进入式衣帽间，行李杂物放入其中，房间就显得格外整洁。

清迈艾美有行政酒廊，有下午茶，有傍晚的鸡尾酒会。下午茶做成了英式的Hightea的形式，放在金属架上端上来，一下子感觉档次提升了不少。鸡尾酒会虽然佐餐的食品不够丰盛，但鸡尾酒却有好多款，可以无限量畅饮。

清迈艾美是这次泰国之行一路上五家酒店里，唯一一家不是度假村的酒店。他更像城市商务型酒店，但商务酒店有商务酒店的好处，网速飞快，是一路上网速最快的一家。之前在华欣洲际，几乎无法上网，手头耽搁的事情，在清迈艾美很快补了回来。

清迈艾美有一个不大但却很精致的室外泳池，也算是酒店的一个亮点。我们入住期间，艾美生意极好，有一个印度公司的大型会议，酒店里里外外都是印度人，恍惚间以为自己来到了印度的哪家酒店呢。但酒店在几乎满房的情况下，也仍然运行得井井有条。参加会议的印度人虽多，但早餐都是在楼上的会议室用餐，并没有和散客混在一起，因此印度人虽多，却也没有给其他客人的入住，带来太大的影响。

如果你去清迈是观光旅游，那么清迈艾美，是非常值得作为探索清迈的大本营推荐给你的。

清迈酒店综述

在清迈，自己包车参观了清迈四季酒店和曾经的清迈文华东方酒店。其实我在清迈参观的第一家酒店，是邓丽君生前的最爱：美萍酒店。美萍酒店就在艾美附近，走路 5 分钟，从我房间的窗户，就能清楚地看到美萍酒店。

清迈是邓小姐的最爱，而美萍酒店则是邓小姐最爱中的最爱。仅她生命中的最后一年，据说就前后三次到过清迈，每次必住美萍酒店，并且不幸于 1995 年 5 月 8 日因哮喘病发作未能及时救治，而倒在美萍酒店 15 楼走廊里，再也没有醒来。邓丽君在美萍酒店最后住宿的 #1502 公主套房，目前被酒店开发出来成为酒店的一个内部景点。你要参观房间，没问题，但你需要在我这里消费——或者用个下午茶，或者做个按摩，或者做个面部护理。而且这个参观是限定时间的，每天的截止时间是下午 5 点，而我们是 6 点多到的美萍酒店。邓丽君过世十八年了，仍然有人打着她的招牌，赚故人的钱，实在是可悲可叹啊。

后来我听说这不是美萍酒店一家的情况，清迈很多高等级的酒店，都以下午茶或者餐饮套餐来吸引游客——你来参观我酒店，没问题，但请你务必同时来我这里做点贡献。据说清迈四季酒店、清迈文华东方、清迈 Chedi 酒店，都有这样的下午茶。看来清迈人是非常精明，也非常务实的。

清迈四季酒店

清迈四季酒店，离开市区 35 公里，进入酒店，先要穿过一片稻田，穿过几个村庄。因而清迈四季酒店的理念，是重现一座泰北的村庄。

清迈四季酒店的大堂在整个酒店的最高处，往下一层是泰餐厅和主泳池，再往下就是他家上过无数杂志的 Lower Pool 和稻田了。

清迈四季的稻田，是整个酒店的“中央绿化带”，也是整个酒店的景观中心。酒店的功能区，都围绕着稻田分布。在稻田外不大的湖边，还有 3 栋外表简朴的小木屋，其中一栋，是酒店明星演员——两头水牛白天休息的所在。这两头水牛，每天上午 9 点和下午 4 点，都会到大堂和餐厅与住客们见面，拍照留念。我去的时候，天下着蒙蒙细雨，还有一对外国父子在那里骑牛呢。另一栋木屋，是瑜伽房，可以在这里边看风景边练瑜伽。还有一栋，则是浪漫下午茶和浪漫晚餐的理想场所。

清迈四季的房型非常简单，分别是 16 栋上下两层双联体的亭阁房、12 栋泳池别墅和 22 栋出

售兼返租的居所 Residences。

他的双联体的亭阁房，按不同的位置、不同的景观，又分为 4 个级别。显然正对稻田、泳池和餐厅的二楼的房间，是景观最好、价格最贵的。我们有幸参观到了其中的一间。有着这样无敌景观的客房，显然只有房号为 #13、#14、#15 和 #16 楼中位于二楼的寥寥几间客房，而又以 #15、#16 楼的景观最好。

泰国的三家四季度假酒店：清迈四季、金三角帐篷四季和苏梅岛四季，都是和 Bill Bensley 的名字联系在一起的。说 Bill Bensley 是靠着泰国的这三家四季酒店起家也不为过。

清迈四季的 12 间泳池别墅，无疑更宽敞。泳池、花园，也布置得很精美。但这些泳池别墅，都看不到什么景观，价格也比亭阁房更贵。

清迈四季的 22 栋居所，当时仍在出售中。据说最便宜的一套的价格，是 1500 万泰铢，约合 300 万 RMB，有兴趣的不妨去参观一下。

清迈四季的 SPA，在居所区域，本来也是一栋 Residence 改建而成的，SPA 楼的外部，有飞龙盘绕。显然这栋楼，是设计成了村庙的格局。SPA 有 5 间护理房，做 SPA，在旺季是要提前预约的。

清迈四季是很好的酒店，尤其是在喧嚣的清迈，走进四季，人能不由自主地放松下来。但清迈本身，显然是一个被过誉了 N 多倍的城市，说清迈怎么怎么好，说清迈怎么怎么值得长期停留、长期居住的人，恐怕都没有到过清莱吧？

清迈文华东方酒店

清迈四季酒店，距离市中心 35 公里，遗世独立，仿佛世外桃源。同样声名显赫的曾经的清迈文华东方，一般人肯定以为也是远离尘嚣的吧。但是同一般人的想法相反，清迈文华东方酒店，距离市中心的清迈古城仅有不到 5 公里，坐车 10 分钟，可以说是闹中取静。

酒店占地 60 英亩或 24 万平方米，在清迈一众酒店里，算是巨无霸的级别了。它的设计也很特别，酒店的中餐厅、泰餐厅和名为 Shopping Village 的仿古购物街，都做在酒店围墙之外。他是既想开门做生意，又不愿打搅住店客人的清静，才想出这样折中的方案的吧。

如果说清迈四季酒店是重现一座泰北的村落，那么清迈文化东方，就是重现一座兰纳王朝时期的泰北的宫殿了。从清迈文华东方的大堂，能非常典型地看出这一特征。

清迈文化东方，有两处大堂，一处是在 SPA 区边上的老大堂，目前仅在有婚宴之类大型活动的时候才使用。另一处则在酒店标志性的塔尖之下。大堂是开放式的，四面通风，同辉煌的外观相比，大堂其实并没有多大。

酒店的 SPA，是另一处集中体现了兰纳王朝宫殿风格的建筑，SPA 区的兰纳风，某种程度上还更浓烈一些。我们去的那天，SPA 馆里供奉的神灵面前，偌大的香案上，摆满了贡品，一问，才知道今天是这位神灵的生日。今天，是 SPA 馆一年里最神圣的一天，我也算是又一次歪打正着地在最凑巧的时间来到了这家酒店。

SPA 的护理房，并没有想象中的奢华，甚至还略嫌简朴，这里的护理床，为了配合泰式按摩的力度，也是做得像榻榻米那样，平放在地上的。但 SPA 馆的硬件，还是可圈可点，这里有一处

单独的浸泡池和偌大的湿蒸室。

清迈四季酒店的精华，是他的稻田。清迈文华东方也不例外，酒店的精华，也在他的稻田。清迈文华东方的稻田有两处，一处在老大堂和法餐厅的跟前，是为北稻田，一处在别墅区，是为南稻田。南稻田规模更大，但很少有人来。听说酒店有把南稻田的一部分，开发成新的房产的规划。

清迈文华东方的房型非常复杂，客房等级达 16 种之多，但基本上分为套房、别墅和居所 3 种类型。

酒店的殖民地套房，靠近大堂、早餐厅和主泳池这些主要的功能区，出入方便。但房间并不大，虽说酒店提供的资料上显示，最小的套房也有 100 平方米，但实际看下来的感觉，并没有那么大。

酒店的别墅，全部是上下两层的复式结构，客厅在楼下，卧室在楼上。我们参观的，是别墅中第四级别的尊贵豪华别墅带浸泡池 Grand Deluxe Villa with Plunge Pool。这个别墅，面积巨大，按理别墅楼上楼下面积应该是一致的，但给人的感觉，一楼的客厅要比楼上的卧室更大得多。除了常规的厨房、餐厅和客厅，一楼居然还配备了一台钢琴。二楼卧室的卫生间，也有着圆形的超大浴缸。更不用说宽广的户外空间了。

酒店的居所是整个酒店级别最高的房型，比一般的别墅还要大不少，居然还有六间卧室的皇室套房。我曾经在某论坛看到有人秀清迈文华东方的客房照片，秀的就是这个居所 Residence 的照片，并且不加说明，让人误以为酒店的总统套房就是普通的殖民地套房，这是非常有欺骗性和误导性的。

酒店有两处泳池，一处是大堂和殖民地套

房楼之间的主泳池，这个泳池，最长处 50 米，最宽处 25 米，但很少有人游，一般人大概是把这里当成一个景点拍照用的吧。别墅区的泳池小得多，却更有气氛，游的人反而比主泳池多。

有人说清迈文华东方，是兰纳文化的博物馆，我则觉得这里更像一处民俗文化村。酒店的手工艺作坊 Crafts Village 和购物街 Shopping Village，都雇佣了当地村民，付给他们工资，让他们来做手工艺表演和售货。带来的副作用，就是不够真诚。你想象一下，如果有一天某家顶级酒店，雇佣了一批人，一天 24 小时表演法事活动给你看，你看到的是宗教的虔诚还是其他什么呢？酒店的中餐厅也是一个不伦不类的例子，这里，上海的旗袍、四川的茶艺、山西钱庄的账台，被嫁接在了一起，显得不那么协调。

清迈四季酒店和清迈文华东方酒店，哪家更出色，这是一个永恒的话题，也是一个没有结论的问题。我的意见，你不妨问一下自己，你是更愿意住村庄还是更愿意住宫殿？这个问题有答案了，那么清迈四季和清迈文华东方之间的选择，也就有答案了。我自己，既不喜欢村庄，也不喜欢宫殿，我更青睐有着现代化设施的酒店，所以我选择了市中心的艾美……

第五节 清莱＋金三角篇

5.1 清莱行程

DAY 1：清迈长途车赴清莱。宿清莱艾美酒店整个酒店最大的套房。

DAY 2：包车直闯金三角毒品交易的核心据点美思乐，参观泰北义民文史馆，参拜段希文将军、雷雨田将军的墓地。

DAY 3：参观亚洲最贵的野奢酒店，金三角四季帐篷酒店，参观鸦片博物馆，缅甸边境小镇大其力半日游。

DAY 4：游览清莱文化村，白庙。

5.2 清莱艾美酒店

吸引我来清莱一住四晚的，是清莱艾美酒店。清莱，如果住市区的话，艾美基本上是唯一的选择。清莱市区，没有第二间可以同艾美比肩的酒店。清莱艾美，是这一路上最大的惊喜，我们在清莱住了四晚，还觉得没有逛够，还觉得没有住够。

客房：清莱艾美酒店有 159 间客房，最小的客房，也有 53 平方米。白金会员通常被升级到最靠近室外泳池和湄公河的尊贵豪华客房 Grand DLX Room，房间面积 65 平方米，带超大阳台。这样的房间，放在其他酒店，已经比开放式小套房的面积都大了。而我们入住的酒店唯一的一间套房，面积更是达到了惊人的 130 平方米，客厅分成就餐区、会客区和工作区三个功能区。同样超大的卧室里，床上和浴缸里都叠起了天鹅，铺上了花瓣。我们这次是结婚纪念日之旅，看来在特别的日子，入住自己有精英会籍的酒店，真是再适合不过了。

酒店的会员待遇也非常好，白金会员送免费的早餐，并且每天可以享用一杯欢迎饮料。一般有行政酒廊的酒店，每天只在特定的时间段享用酒水饮料，而这个欢迎饮料只要酒吧开张就可以享用。这对我们也非常重要，我们在清莱，几乎每天都很晚回酒店，回酒店的第一件事情，就是先到酒吧喝杯酒。清莱艾美酒吧的酒水也非常便宜，每天傍晚 7~8 点还有个买一送一的欢乐时光。我们只要赶上了这个欢乐时光，免费的酒水喝完之后，必定还会再点一杯买一送一的酒水。四天下来，酒水单上的酒，几乎都被我们喝了一遍了。

清莱艾美的最大的亮点是它的花园，这里有两棵百年树龄的雨树，酒店就是环绕着这两棵雨树兴建的。白天，雨树供人纳凉，晚上，雨树又张灯结彩。花园里还开挖有一个偌大的人工湖，贯穿整个酒店。酒店的室外泳池，有上下三层，算上人工湖和湄公河，就有五层了。层层叠叠的池景 + 湖景 + 河景，非常美丽，也非常休闲。

在酒店的最后一天，制遇上了罕见的大晴天，夕阳的光芒洒遍了酒店的每一个角落。兴奋之余，我们围绕酒店又转了一圈，补拍了很多照片。当天酒店雨树下还有一档花园宴会，宴会不像婚礼，却又格外隆重，请来了专业的司仪和歌手，甚至还有一众舞蹈演员表演民俗歌舞。我们忍不住问了一下，才知道是某公司老板的退休宴。这样的宴会，在中国，不多见吧。

清莱艾美酒店距离清莱夜市，不过 3 公里的路程，酒店有免费班车可以到达，交通非常方便。其实酒店本身的餐饮就不贵，我们住了四晚，其中两个晚上是在酒店用餐。餐厅用餐环境极好，外面就是人工湖，这个景色，已经是秀色可餐了。

清莱艾美还有非常丰富的酒店活动，比如在酒店的草坪上放孔明灯，比如乘船去驯象中心骑大象，价格也非常之低廉。但酒店活动的清单，放在礼宾部一个不起眼的角落里，我们在酒店住了四个晚上，直到最后一天预约打车去机场的时候，才非常偶然地看到这个价目表，为时已晚，只有大呼可惜了。

我们这次在清莱，定位的是观光旅游，事先知道酒店出色，但没想到酒店如此出色，事先知道酒店厚道，但没有想到酒店居然将唯一一间套房开给了我们，所以此次清莱之行，最大的遗憾，是留给酒店的时间太少了。我期待能在不久的将来重回清莱，重回艾美，那时，我们要更多地宅酒店，更多地体验酒店的各项活动，包括酒店的 SPA，还有草坪上的帝王餐！

5.3　金三角历史＋探访金三角核心重镇美思乐

吸引我来清莱一住四晚的，除酒店以外，另一个更大更主要的原因，是金三角。清莱的名头，恐怕不是每个人都听到过，而金三角的名头，必定每个人都曾有耳闻。同金三角联系在一起的有毒品、毒枭……，可以说来清莱，如果只是躲进一家豪华度假村，一住几天，而不去近在咫尺的当年毒品交易的大本营一探究竟，那真有进入宝山空手而归的感慨啊。

对于金三角，我有三处魂牵梦绕，所谓必去的景点：

1）缅甸和泰国边境小镇——大其力：历史上金三角的核心区域，国民党残部进入缅甸后，同缅甸政府军打的第一仗，战场就在大其力。此战若败，残军尽为刀下之鬼，也就没有日后叱咤风云的金三角的传奇故事了。

2）美思乐：美思乐是残军后期的大本营，也成了金三角的代名词。

3）金三角四季帐篷酒店：号称全世界最贵的四季，号称亚洲区最贵的野奢酒店。作为酒店控，到了距离酒店咫尺之遥的地方，即使不住，也想去参观一下。

泰国、缅甸和老挝三国边境地区的一个号称金三角的三不管地带，曾几何时，是世界毒品的大本营，鼎盛时期，世界 70% 的海洛因产量来自这里。因而金三角，是一个让人闻之色变的地方，也带有很强的神秘色彩。国内主流媒体，从来没有系统报道过这一地区，这里的历史，也隐藏于层层迷雾中。比如坤沙是金三角势力最大、最有代表性的大毒枭，但关于他的生平，外界绝少得知。坤沙集团的第二号人物，甚至姓甚名谁，都不为外界所知。我就从不同渠道，听到过张书全、张苏泉、张舒权的不同说法，应该是同一个读音，不同的汉字拼写吧。说金三角的历史，离不开一支国民党的残余部队，1950 年大陆江山易手，一支总人数不过 1400 人的国民党残余部队进入缅甸。谁也不曾想到，这些残兵败将，日后居然在金三角，掀起了滔天巨浪。上面提到的金三角毒品集团的头号人物坤沙（中文名字张奇夫）和二号人物张书全，都出自这支国民党残军。

然而这支国民党残军的历史，本身也隐藏在层层迷雾中：

亚细亚的孤儿在风中哭泣
黄色的脸孔有红色的污泥
黑色的眼珠有白色的恐惧

亚细亚的孤儿在风中哭泣
没有人要和你玩平等的游戏
每个人都想要你心爱的玩具
亲爱的孩子你为何哭泣

多少人在追寻那解不开的问题
多少人在深夜里无奈地叹息
多少人的眼泪在无言中抹去

亲爱的母亲这是什么道理
亲爱的母亲这是什么真理

罗大佑的这首《亚细亚的孤儿》，绝大多数人都耳熟能详，但恐怕没有几个人知道，这首歌是根据柏杨的小说《异域》改编的电影的主题歌。歌中所唱的亚细亚的孤儿，指的就是金三角的这支国民党残余部队。更没有几个人知道，最初那本以金三角国民党残部总指挥李弥贴身副官邓克保的名义发表的自传体小说《血战异域十一年》，居然是子虚乌有的假托，作者柏杨，根本就没有踏上过金三角一步！所谓李弥的贴身副官邓克保，更是柏杨的杜撰。而 2009 年 5 月，江程浩先生在和讯博客长篇连载的《逃缅国民党残军纪实》，也延续了柏杨的小说家言。文章的主要观点，全部应袭了柏杨的旧作，就连邓克保这么个子虚乌有的人物，也照抄不误。那个系列的博客，当初引起过很大的社会反响，也正因为如此，恐怕更有必要，正本清源，来说一下金三角的历史。

这次在金三角核心区域——清莱的美思乐，偶然得到的一本书《金三角国军血泪史》，给金三角国民党残部的历史，提供了一个权威的注解。书由台湾出版，作者查阅了 1999 年以来台湾当局陆续解密的大量珍贵档案，亲自走访了当时还健在的、亲身参与过那段历史的百多位当事人，可以说是目前能够获得的关于金三角国民党残部的最权威的一部书了。

金三角的国民党残军，先后经历过李弥主政的初期、柳元麟主政的中期和段希文主政的后期。这段不长的历史，有三种截然不同的版本。版本一，是柏杨《异域》和江程浩先生《逃缅国

民党残军纪实》，这两种书，将李弥描绘成贪污、中饱私囊、将帅无能累死三军。版本二，是美思乐义民文史馆的说法，美思乐是段希文主政的第五军军部所在地，为段希文将军歌功颂德，本来也是题中之义。版本三，是这次偶然得到的《金三角国军血泪史》，书中将李弥描绘成岳飞式的精忠报国、壮志未酬的悲情英雄。或许，这第三个版本，更接近所谓主流社会的主流认识吧。

三个版本，无一例外地回避了两个问题：

1）毒品和坤沙。三个版本，都刻意回避毒品和坤沙，都说国民党残军只是为毒品做武装押运，类似马帮和镖局的角色，是为生计所迫，迫不得已；对于坤沙，更是刻意回避。但当你知道，残军武装押运的抽头，最高可达货值的 40%~50% 的时候，你做何感想？当你知道坤沙的通讯和情报人员，由台湾当局成建制拨给，甚至坤沙集团的二号人物张书全，甚至坤沙本人，都曾经长期在国民党残军中效力，你又做如何感想？当你知道国民党残军在缅甸裂土封侯，要风得风，要雨得雨，鼎盛时期割据了缅甸的两个省，大小土司只知道有残军，不知道有缅甸政府，你又做何感想？当你知道 1950 年残军刚到时，整个金三角鸦片产量不过 10 吨；到残军归顺泰国政府的 20 世纪 80 年代，海洛因产量已然高达 3000 多吨，你又做何感想？

2）残军迅速起家的秘密。国民党残部由大陆溃退入缅甸的时候，人数不过 1400 人，却在短短的一年里，发展壮大到了 1 万余人，这里面除了台湾当局的资助之外，更大的原因，恐怕要归溯到这支部队的番号。这支国民党残军，使用过五花八门各种番号，但当地人却顽强地称呼他们为 93 师。93 师，历史上是一支英勇的部队。1942 年，国民党军队（中国远征军）第一次入缅抗战，所谓的“一寸山河一寸血，十万青年十万军”，应征入伍的，多数是有着初中以上学历的学生军，这在当时的中国，算得上是一支“高大上”的队伍了。第一期入缅抗战的 3 个军，93 师，是其中第六军的主力，当时的作战区域，就在萨尔温江以东，泰缅边境以西，也正是日后国民党残军翻云覆雨的地区。远征军第一期入缅抗战，以失败告终，10 万大军，最后生还的不过 4 万余人。其中第六军出发时齐装满员 3 万余人，退入国境线居然只剩下了 6000 多人，而第六军在缅甸作战时担负的只是侧卫任务，并没有经历过残酷的战斗，撤退途中，也没有什么崇山峻岭的阻隔，高达 80% 的减员，让人觉得不可思议。合理的解释是：第六军，尤其是 93 师的主力，并没有撤退回国，而是在远征军时期，就化整为零，留在了金三角地区。恐怕在那个时候，已经有不少国民党军队，打算在缅甸，在金三角占山为王了。等到 1950 年国民党残军退入缅甸，更是如星星之火一般，点燃了潜伏在那里的火种，遂成燎原之势，一发而不可收拾。

我们到清莱的第二天，包车去了美思乐。美思乐距离清莱 40 公里，在连接清莱到美赛的公路的必经之路上，从路口岔进去，大约还有 15 公里盘山路，这条盘山公路修通之后，美思乐已经失去了往日的险峻，就好像今天站在井冈山的黄洋界上，同样想象不出当年的险峻一样。相反，从山脚到山顶的一路上，风景非常秀丽，还隐藏着两家高品质的度假村。其中一家的餐厅，就建在一大片稻田里，稻田从这座山峰一直绵延到另一座山峰的脚下，目测有几平方公里之多。一直有人争论清迈是四季的稻田更出色还是文华东方的稻田更出色，这样的争论是没有意义的，因为哪家的稻田都没什么太出彩的，真正原汁原味的稻田，居然在美思乐的山脚下啊。

距离山顶大约 3 公里处，是一处华人修建的度假村，想必也是美思乐官方接待贵宾的场所。度假村花园的草木，修剪得整整齐齐，草木形成的图案，居然像极了国民党党旗——青天白日。餐厅是整个度假村的制高点，站在这里，眼前是大片的茶园。我想，这里十五年、二十年以前种的，一定是漫山遍野的罂粟吧。在这里，吃着地道的中国菜，听着录音机里传来的邓丽君的音乐，恍惚间有种时光倒流的感觉。

美思乐，历史上国民党残军后期主力部队第五军的军部所在地。历史上这里，曾经是明哨暗岗密布，15 年、20 年前来这里，要提着脑袋才能来吧。但今天的美思乐，却意外的安定祥和。

美思乐中心 0 公里的标志处，是一处“段将军茶园”，也是纪念品商店。我如获至宝的《金三角国军血泪史》一书，就是在这里无意中购得的。茶园边一条小路上山，就是当年第五军军长段希文将军的墓园。拾级而上，将军的墓边，是将军当年生活历史的一个小型图片展，图片言简意赅地概括了将军毕生的荣耀。

茶园往前一公里，是“泰北义民文史馆”。名为文史馆，其实更像南京灵谷寺无梁殿那样，供奉先烈灵位。领衔的五位，是美思乐，也是国民党残军后期的几位灵魂人物：第五军军长段希文、第三军军长李文焕、参谋长雷雨田以及陈茂修和刘绍汤两位战将。文史馆里，也辟有专门的展厅，展示这支军队以及美思乐的历史。但这段历史，靠看展厅的解说，肯定是不够的吧。

美思乐来之前，最想拜访的，是后期残军的灵魂人物雷雨田将军。雷雨田是金三角的精神支柱，人也长寿，他的传奇一生，是和金三角相始终的。关于他的生平，用三言两语来介绍，是对他的不尊重。打个比方，金三角一代大毒枭坤沙，当初就是他一手提拔起来的。

中国有名的战地记者唐师曾，2000 年的时候采访过雷将军。唐虽然是战地记者，但是对军事

历史，始终有些隔膜，采访中的重心，都没有落在点子上。另一位网上的长篇博客，虽然写得非常动人，但毕竟是小说家言，作者本人，并不是那段历史的见证人，也没有亲身到过金三角。因而我始终有种亲自去一趟金三角的冲动……

没想到真的到了美思乐，寻访雷雨田将军，却成了一件难事。问茶园的主人，一位在美思乐生活了三十年却操一口标准普通话的女士，问义民文史馆门口店铺的店员，居然都说没听说过雷雨田将军或雷雨田参谋长。再三追问，才有人恍然大悟般地说："问的是'雷公公'吧"。雷公公在我到达金三角的前一年，已经驾鹤西去；雷公公的墓地，也是反复询问多人，直到问到一位富商般的中年男子，才指出了具体方位。雷公公的墓，在他生前经营的一处山顶度假村的最上方，但墓地年久失修，去往墓地的石板路，已经长满了苔藓，我们几次差点滑倒。也难怪，墓碑上清清楚楚、明明白白写着"福寿墓"。我猜这里是雷将军的衣冠冢吧。江湖传说雷将军是美思乐第一富豪，他的豪宅，就在美思乐山脚下，那么更大的可能，雷将军真正的墓地，并没在这里吧。

雷将军的墓地虽然年久失修，但风水却是极好。就在雷将军墓地旁相隔不过几百米的另一个小山头上，是现在的泰国皇太后亲自选中的一处灵塔，据说皇太后百年之后，将葬在此处。这也从一个侧面，说明美思乐的吸引力了吧。

5.4　金三角四季帐篷酒店、金三角和鸦片博物馆、大其力和缅甸风情

金三角四季帐篷酒店，是四季集团旗下单晚房价最贵的酒店，没有之一，也是亚洲区单晚房价最贵的野奢酒店。我是酒店控，到了离金三角四季帐篷酒店咫尺之遥的地方，即使不去住，也会去参观一下。

到清莱的第三天，我们来到了金三角四季帐篷酒店。酒店距离我们住的清莱艾美酒店，大约 80 公里，东距古都清盛约 10 公里，西距泰缅边境的小镇美塞约 30 公里，宽敞笔直的大路从酒店门口穿过。店的交通，比我想象的要便利得多。

一直说进出酒店的唯一方式是坐船，其实是酒店的一个噱头。我去的那天，暴雨刚过，天气阴晴不定，我问船夫："酒店有没有 Plan B？"船夫告诉我，其实酒店就坐落在陆地上，当然有陆

路交通，只是为了更好地营造住客的体验，打造私密和遗世独立的氛围，才特意安排住客坐船进入酒店。而所有的酒店员工还有酒店用品，都是通过陆路进出的。当然，在风急浪高、大风大雨的时段，住客也有不得已走员工通道，从陆路进入酒店的可能。

我们还是乘船进入酒店。船行在湄公河的支流竹河 Ruak River 上，两边修竹茂密，船行 5 分钟，金三角四季酒店的帐篷，渐次浮现。金三角四季帐篷酒店，没有传统意义上的大堂，从码头拾级而上，首先来到的是酒店的餐厅。餐厅外宽大的平台，也成了来宾休息的好地方。餐厅的另一边，是酒店的户外泳池，说是泳池，面积不大，更接近国内温泉村的室外泡池吧。

金三角四季帐篷酒店，总共只有 15 间帐篷形态的客房，以码头和餐厅为一头，以日落吧 Burma Bar 为另一头，分布在一公里长的河岸边的崖壁上。日落吧是整个酒店唯一一栋朝向西侧的建筑，也是看日落的好地方。整个酒吧，以 19 世纪缅甸酋长之家的风格装饰，住客可以在这里边品茗小酌，边读书写信，享受一段与世隔绝的慵懒生活。

这段一公里的道路，既可以步行，也可以让酒店用车接送。步行的话，需要经过湿滑的山道，还要经过一条悬索桥，对银发一族的老年游客，并不适合。而酒店接送客人的，并不是一般酒店惯常用的电瓶车，而是类似我们在南非看野生动物的吉普车。车很老旧，但却是路虎 LandRover 品牌，据说，世界上还在运营的第一代老路虎中硕果仅存的几辆，都在这里了。

酒店客房不大，房间的一头，是带蚊帐的大床，另一头被一个硕大的双人黄铜浴缸占据，木质地板，硬木装饰，甚至还有《红灯记》里的煤油灯，客房的一切，充溢着19世纪探险队的情怀。每间帐篷，都带有可以俯瞰湄公河支流竹河 Ruak River 的宽大露台，这是所谓“一眼望三国”的绝好的所在——河的这边是泰国，河对岸是缅甸，远远的山脚下，就是老挝了。狭义的金三角，指的就是这一片可以一眼望三国的狭小区域，而金三角四季帐篷酒店，就在这狭义的金三角最核心的地带。15间客房大小一样，但内部装饰，做出了不同的主题。2010年10月之后，酒店又将其中的5间，增加了户外浴缸，增设了更高一个级别的豪华帐篷 Deluxe Tent。

金三角四季帐篷酒店，由一代设计大师 Bill Bensley 主理，作为全世界最贵的四季品牌的酒店，以及亚洲区最贵的野奢酒店，自然有它存在的理由，但也不可避免有这样那样的缺点：

1）地理位置不够私密：酒店舍弃更便捷的全天候的陆路交通不走，让客人坐船进入酒店，刻意营造了与世隔绝的氛围。但这一切，改变不了酒店身处繁华闹市，大马路就从酒店门前通过的事实，同我日后在南非参观的号称世界顶尖的野奢酒店 Singita 比，在私密性上，有非常大的距离。Singita 可是进了保护区大门，还要开车一个半小时才能到酒店啊。

2）作为一家野奢酒店，金三角四季帐篷酒店，不够野性：酒店日常的活动，只有骑大象和坐船游湄公河两项，对于一住四五天甚至一个星期的豪客而言，难免心生寂寞。

3）客房狭小，舒适度不高：酒店客房，

号称60平方米，但比清莱艾美酒店65平方的尊贵豪华客房Grand DLX Room，明显要小，与南非顶级野奢酒店Singita的全套房带室外泳池的格局比，就更显局促。

因而如果我来推荐，如果你一定要选一家顶级奢华的野奢酒店来住的话，我推荐你住南非的Singita，又或者可以去住迪拜沙漠帐篷酒店AL MAHA，又或者可以去住比尔·盖茨等无数世界名流度蜜月的斐济私人海岛Wakaya。

金三角四季帐篷酒店，周边就有不少景点。离酒店5公里，流经酒店的竹河Ruak River和湄公河的交汇处，就有一尊大佛。这里的观景台，也是真正一眼望三国的金三角最标志性的景点。

酒店周边有两处鸦片博物馆，一处是老馆，就在大佛对面，叫House of Opium。另一处是2005年开馆，耗资千万美金，历时十年建成的新馆：Hall of Opium。新馆规模宏大，说实话我在泰国，还没有看到过比这个馆更大、更先进的博物馆。但这个鸦片博物馆，和我在美思乐看到的义民文史馆一样，刻意回避当年那段不堪回首的鸦片贸易的历史，比如金三角地区的大毒枭坤沙，这里就只字未提。博物馆对鸦片，有个基本的阐述：鸦片无罪，滥用其罪。博物院用大量的篇幅，讲述了鸦片种植的历史以及鸦片的药用价值，与其说这是一个反思的展览，不如说是一个为鸦片开脱，为鸦片“正名”的博物馆！

金三角地区，除了四季帐篷酒店，还有一些其他高等级的酒店，比如鸦片博物馆新馆正对面，就是金三角安娜塔拉酒店。酒店和四季帐篷酒店同为设计大师Bill Bensley主理，而房价，仅仅是四季帐篷酒店的1/5。那么，是不是住安娜塔拉，同时去参观一下四季帐篷酒店，顺便去用个餐，这样性价比更高呢？

金三角往西30公里，就是泰缅边境小镇美塞。美塞本身没什么太特别的，但通过一座桥，对面就是大名鼎鼎的缅甸边境小镇大其力。我既然到过金三角的核心美思乐，当然不会错过这个同美思乐息息相关的国民党残部的发家之地。

持有中国护照，只有单次进入泰国的签证，也能通过泰缅边境进入缅甸一侧的大其力。过关之后，边境上是一个规模很大的露天市场，不时有操着一口流利中国话的缅甸人，围着你兜售这个，兜售那个。街边，有多辆提供半日游的机动三轮车，带你用很短的时间，走遍大其力及其近郊的主要景点。这些景点，包括了市政厅Township、两座佛寺、一座佛塔以及缅甸北部山地民族长颈族聚居的民俗文化村。花不多的钱，去转那么一圈，我觉得是非常值得的。

从美塞到清莱，有直达的豪华大巴。这个大巴，行程110公里，座位宽敞，提供避寒的毛毯，票价只有65泰铢，约合RMB13元。就这样，这个车还几乎没人坐，大家都去坐隔壁又挤又破还没有空调的小破车去了。

美塞到清莱这一路，关卡林立，我们一路上就三次被盘查，要求出示身份证件，甚至还要开包检查。而就在前一天，我们包车去美思乐，也经过了这样的关卡，却没有查验就被放行。看来泰国的关卡，是只查穷人不查富人，出租车尚且不查，富人的私家车，估计就更不会被查了。

5.5 清莱市区及近郊景点

清莱精华的景点在远郊，比如美思乐，比如清盛、美塞、鸦片博物馆，都是距离清莱上百公里的地方。然而事实上清莱市区和近郊，也有不少可圈可点的景点。比如清莱夜市，规模虽然比清迈小得多，但无论是摊贩还是食肆，都更加集中。夜市中心的舞台上，每天晚上 7 点开始，有长达 3 个小时的免费表演，夜市的气氛，反而比清迈更加悠闲。比如清莱市区，有一处山地部落博物馆，对于绝大多数没有时间，或者没有勇气深入金三角核心地带的游客来说，来这里，可以对山地民族有个大致的了解，也是不容错过的一站。再比如山地部落博物馆附设的咖啡厅，居然有一个小小的避孕套的展览，配的图片，也很清新可观。当然，清莱近郊景点，最不容错过的，还属清莱文化村、白庙和黑屋。

在清莱旅游，有一个无法回避的名词：Mae Fah Luang，有多处以 Mae Fah Luang 命名的景点，比如清莱的 Mae Fah Luang 文化村、清莱郊外的 Mae Fah Luang 大学、号称东南亚最美丽的亚热带花园的 Mae Fah Luang 花园。还有更多由 Mae Fah Luang 基金会出资建设的景点，比如大名鼎鼎的鸦片博物馆，就是由 Mae Fah Luang 基金会全资建设的。Mae Fah Luang，据说是“从天而降的皇太后”的意思，为纪念当初皇太后搭乘直升飞机来这里视察而命名。皇太后年轻时在瑞士游学，酷爱瑞士高山凉爽的天气，回到泰国后，对泰北深山中凉爽气候情有独钟，因而皇太后的皇家别墅，就建在泰北。皇太后的种种努力，也一度成了纷乱的泰国政局的一剂镇静剂。

Mae Fah Luang 文化村在清莱的城郊结合部，我们住的清莱艾美，有班车直达文化村门口。文化村占地 21 公顷或 21 万平方米，有湖，有桥，有亭台楼阁，有两个代表泰国北部山地文化和山

地建筑的博物馆；更多的是鲜花、草坪。这里，外来的游客少，本地的游人多。还有大批的学生，在老师的带领下，来这里拓展、野餐的。

著名的清莱白庙，在文化村以南 30 公里处。在绝大多数中国游客的心目中，白庙是清莱的象征，很多不知道清莱、不知道清盛，更不知道美思乐、金三角为何物的中国人，却对白庙耳熟能详。很多中国游客，以清迈为大本营，来回路上 6 个小时，就为看一眼白庙，由此也可以想象，白庙的声名远扬了。白庙名气虽大，但却很年轻。事实上白庙从来就没有真正建成过，也很可能永远不会有建成的一天了。2014 年 5 月 6 日，一场 6 级地震袭击泰北，白庙受到严重损毁，被无限期关闭，据说将改建成地震遗址公园。白庙的美，不在于它的历史文化，而在于它金银两色强烈对比的建筑外观。关于白庙，网上有很多详细的介绍，这里不多赘述了。谨以此文和几张照片，纪念那逝去的白庙和伴随白庙的美好记忆。

黑屋在清莱以北 15 公里处，我们时间有限，没能前往参观。清莱市区也有整个泰国最便宜的骑大象和坐船游湄公河的民族项目，但我们因为种种原因，都没能参加。更为遗憾的是，皇太后的皇室别墅和号称东南亚最美丽的亚热带花园的 Mae Fah Luang 花园，我们因为事先根本不知道，也就没有纳入行程。来泰国之前，很多亲朋好友对我在清莱一住四晚，表示无法理解。而实际走下来，我觉得清莱住四晚，还是太赶。以后有机会，我会从西双版纳坐船或自驾，再次进入泰北，再回一次让我惊艳到魂牵梦绕的泰北清莱。

第六节　苏梅岛篇

6.1　苏梅岛行程

DAY 1：清莱经曼谷赴苏梅，宿苏梅岛最令人惊艳的酒店——苏梅岛洲际酒店。

DAY 2：休整，享用酒店设施——下午茶，做 SPA，鸡尾酒会，沙滩泳池。

DAY 3：包车环岛一日游，参观四季，W，豪华精选和悦榕庄。

DAY 4：酒店休整。

DAY 5：漫漫归途。

6.2　苏梅岛洲际度假酒店

苏梅岛是我们这次 16 日泰完美之旅的尾声，从清莱到苏梅岛，一番颠簸，只有在来到苏梅岛洲际之后，才确信这一趟是值得来的。

洲际位于苏梅岛西端，同灯红酒绿的查武恩（Chaweng）和商店酒吧鳞次栉比的拉迈（Lamai）相比，洲际所在的班达岩地区，还保留着世外桃源般的宁静。

洲际酒店其实是由三部分组成的：酒店大堂所在的主楼，处在半山腰的位置，摩登时尚，犹如 W；亭阁房，双卧室别墅所在的别墅区，处于酒店的最高处，酒店最高等级的三卧室别墅和 SPA，更是处在海拔 120 米的山顶上，一览湖山小，整个别墅区，犹如四季和悦榕庄；而由 12 栋海滨别墅和沙滩泳池、火焰餐厅 Flames 组成的海滨别墅区，犹如一个度假村中的度假村。住一家酒店，可以获得 3 种完全不同的体验。

主楼区包括大堂、大堂吧、图书馆、全日餐厅、空中酒吧、无边泳池和主楼客房区。大堂在主楼的最上方，酒店大堂宽敞而富有设计感。洲际的大堂，可能是整个苏梅岛唯一一间可以称得上“大堂”的地方。我后来还参观了苏梅岛的其他酒店，基本上只有一个小小的接待处了。对于贪大求洋的中国人来讲，洲际的大堂，是苏梅岛唯一一个可以和国内顶级度假酒店比大堂的恢弘气派的地方。大堂吧 Serene 也在这个楼层，在大堂通透的回廊边用上一顿下午茶，看着不远处层

层叠叠的海岛，看着海水在蓝天白云的映衬下不断变幻的色彩，实在也是一种享受。大堂接待处的后面，是一间不小的图书馆，里面有两台屏幕巨大的苹果电脑，书刊、杂志、报纸一应俱全。整个图书馆，也显得非常有设计感。

大堂向下一层是酒店的全日制餐厅 Amber 和酒店标志性的露天酒吧 Air Bar。全日制餐厅 Amber 有十来个户外的座位，这些座位，在早餐的时间段是要抢的——吹着和煦的海风，看着远处的美景，实在是秀色可餐啊。酒店的早餐有生鱼片寿司、椰子和鲜榨果汁，都是我的大爱。而到了晚上，室内的桌子又布置成烛光大餐的模样。Amber 餐厅的泰国菜，口味地道，价格却并不贵，我们一人点一道主菜，人均消费也就 100RMB 的样子。在这样的用餐环境下，这么低廉的价格，实在可以用价廉物美来形容了。

露天酒吧 Air Bar，是整个酒店最炫的地方，入夜时分，吧台变换着迷幻的色彩。这里也是整个苏梅岛看日落的绝佳所在。晚上 6 点到 8 点在 Air Bar 有个鸡尾酒会，点两杯鸡尾酒，和相爱的人相依相偎，看着最后一抹夕阳在天边隐去，一定是一件非常浪漫的事吧。Air Bar 的左右两边，都有很多日间床 Day Bed 和躺椅。同沙滩边的人满为患不同，这里的躺椅，任何时候都是空空荡荡的，其实看海的效果，这里却还更好。酒店有 7 个泳池，其中主要供主楼客人使用的半月形全景无边界泳池，也在这个层面。

洲际的早餐、下午茶和鸡尾酒会，都是非常丰盛的，但我们的管家，每天都替

我们订好了餐厅的座位，我们盛情难却，只好每天用完鸡尾酒会再去餐厅吃晚饭。带来的后果，是我们泰国之行 16 天，我重了 5 斤，我太太重了 3 斤，绝大多数的重量，都是在苏梅岛洲际长起来的吧。

全日餐厅和酒吧再往下走，就是主楼的客房区了。客房区的回廊的墙上，做出了各种装饰品，客房区七拐八绕，犹如迷宫。主楼最基础的客房，面积也有 67 平方米，还有一个宽敞的带日间床 Day Bed 和户外桌椅的海景阳台。这个面积，已经不比苏梅岛其他号称“全别墅”酒店的基础别墅小了。它主楼的全景套房，更是夸张，面积居然有 240 平方米之多——超大的客厅，超大的卧室，超大的卫生间，超大的露台……，一切都是特大号的。

山间别墅区，包括亭阁房、双卧室别墅、三卧室别墅、SPA 和五个不同颜色的户外泳池。整个别墅区，郁郁葱葱，仿佛置身一片原始密林一般。

山间别墅区的主体建筑，是上下两层的独立别墅。亭阁房在别墅的底层，面积 70 平方米，小套房在别墅的上层，面积 120 平方米。两种房型的室内面积相差无几，差别在于室外的空间，别墅上层的小套房，有着宽敞的露台。

双卧室别墅独占了整栋别墅，面积达到了惊人的 240 平方米。房间进门即是二楼的客厅，拾级而下，底层是两间卧室，一间大床，一间双床。这个双卧室别墅，非常适合一对夫妻带两个孩子的家庭旅行。如果是一对情侣入住，这么巨大的空间，显得过于空旷了。而且，同宽敞的客厅和巨大的露台相比，底层的两间卧室，就稍显迷你了，卧室和卫生间的空间感，即使同主楼最基础的客房比，也要小不少。

苏梅岛洲际一共有 7 个大大小小的室外泳池，其中有 5 个在这个山间别墅区，分别是蓝色、黄色、橙色、红色和紫色池。其中紫色池，是酒店最大、最尊贵的三卧室别墅独享的私家泳池。这个五色池，做得非常有特色，比如蓝色池，不但泳池底部的地砖是蓝色的，边上躺椅上放置的毛巾也是蓝色的。酒店海边的沙滩泳池，一天到晚人满为患，而这山间的泳池，平时基本没有人游，一个人独霸一座泳池都不是什么难事。

SPA 在海拔 120 米酒店的最高处，有两个大露台，在这里居高临下，喝一杯欢迎饮料，欣赏一下山海相间的美景，也是人生的一大乐事。酒店的俱乐部待遇里，包含了双人一小时的免费 SPA。我们选择的是酒店最受欢迎的 Oriental Oil Massage：东方油压。也许是平时缺乏锻炼的缘故，做下来，我们觉得技师的手法太重了，但这个，可能才是泰式按摩的真髓吧。

山间别墅的特色是幽静，私密。别墅区中也点缀着不少已经售出的物业，同其他酒店出入必须靠电瓶车不同，这里在山间，修建了一条蜿蜒曲折的木栈道，可以从山顶，一路信步走到沙滩。山间还有几间休闲的凉亭，可坐可躺可练瑜伽。泰国每间酒店必备的酒店的“家庙”，也在这个区域。山间空气清新，充溢着负氧离子，如果像我们这样在酒店连住四晚，时间有多的话，这个山间别墅区，不妨当成一个不收门票的景点来转转，逛逛。

海滨别墅区，包括 12 栋沙滩别墅、沙滩泳池、焰火餐厅 Flames、健身房、水上活动中心和长达 150 米远远深入大海的栈桥：

苏梅岛顶级酒店众多，但真正的沙滩别墅 Beach Front Villa 屈指可数。我们后来参观了几间苏梅岛顶级的酒店，有的连一间沙滩别墅都没有，因而苏梅岛洲际的 12 间沙滩别墅，就更显得弥足珍贵。沙滩别墅室内面积不大，也就 82~99 平方米的样子，但卖价，比 240 平方的双卧室山间别墅还贵。它卖的，就是一个物以稀为贵。沙滩别墅的结构布局，同我们之前在马尔代夫满月岛喜来登住过的海滨别墅，非常像。他的室内外面积，都没有马尔代夫喜来登大，但更加精致，关键是出门就是自家的花园和私家泳池，再往前就是沙滩，大海了。这，在苏梅岛，在整个泰国，都是非常稀罕的。沙滩别墅最大的亮点，是它圆形的按摩浴缸。这样的按摩浴缸，据我们观察，即使是更高级别的三卧室别墅里，也是没有的。我们离店前的最后一晚，酒店送了我们一次花瓣浴和一支香槟，为我们这次的结婚纪念日之旅，画上了一个完美的句号。

海滨别墅区，最初是作为“度假村中的度假村”——a Resort within a resort 的理念设立的，相当于酒店的俱乐部区域。只有享受俱乐部待遇的客人，才可以使用这里的沙滩泳池。但目前这个限制似乎取消了，我们入住的四天，这个沙滩泳池，实际上扮演了酒店主泳池的角色，上座率极高，但又没有到人满为患的地步。在沙滩椅上躺下，服务员会递来两杯漂浮着柠檬片的冰水，会根据客人的需要撑起遮阳伞。这样贴心的服务，这次泰国之行一路走来，这是唯一的一家。

酒店的水上活动，包括划艇和更大型的双体船 Hobiecat，都是免费的。但我们在酒店的那段时间，两艘双体船据说都是舵出了问题，无法使用。

泳池边的焰火餐厅 Flames，主要供应海鲜和烧烤。每周六晚上有个烧烤自助餐，其中 8 点到 8 点半，有半个小时的演员的“玩火”表演。每周二晚上，则是海鲜自助餐。

长达 150 米远远伸入大海的栈桥，是苏梅岛洲际的一个标志，也是拍摄酒店全景的好地方。在无风的夏夜，栈桥灯光亮起，这里也是酒店浪漫晚餐的所在。

酒店活动

酒店有到安通国家海洋公园 Ang Thong Marine National Park 的拼团半日游，价格 2000 铢，约合 RMB400 元。也有到潜水圣地涛岛 Koh Tao 的拼团一日游，价格 5000 铢，约合 RMB1000 元。更有包租酒店游艇的一日游，游艇可坐 12 人，价格 42000 铢一天，约合 RMB8400 元。如果能凑齐 12 个人的话，包租游艇，反而是性价比最高的选择。

班车

酒店有收费班车，一天各三班，发往查武恩（Chaweng）的，300 铢一个人单程，发往那通（Nathon）的，150 铢一个人，不便宜。但你几乎没有选择，如果让酒店安排出租车的话，价格更要贵到离谱。

管家服务

亚太区的洲际酒店，据我所知，目前仅有 4 家酒店提供管家服务，分别是巴厘岛洲际、越南岘港洲际、华欣洲际和苏梅岛洲际。这 4 家酒店，我碰巧都住过，他们彼此之间，还颇有渊源。比如苏梅岛洲际的前任总经理，2014 年 4 月刚调去岘港洲际。苏梅岛洲际目前的总经理，则是从巴厘岛洲际调来的。

这次泰国住的两家洲际里，华欣洲际，仅对入住别墅（酒店仅三间别墅和一间总统别墅）的客人提供管家服务。我虽然住了华欣洲际，但很遗憾，没能体验到酒店的管家服务。而苏梅岛洲际，目前仅对预订别墅的客人提供管家服务。其中预订别墅的皇家大使会员，赠送包括管家服务在内的行政待遇。

越南岘港洲际的管家团队，有十人之多，大家轮班。我在岘港洲际住了六晚，这十位管家，我几乎都打了照面。而苏梅岛洲际的管家，仅有两人，我入住的时候，更是只有一位管家在岗。听起来只有一个人，势必忙到焦头烂额，但酒店俱乐部待遇所需不菲，而酒店的餐饮的价格并不贵，即使是入住别墅的客人，也不见得就有几个购买行政待遇的。皇家大使也不见得有几个人会直接预订别墅，因而虽然只有一个管家，但管家的服务还是无微不至的。特别是在我们刚来的第

一天，为我们指点酒店的各项设施，带我们参观酒店客房，替我们订餐、订位，给了我们很多的帮助。

6.3 苏梅岛包车一日游

我选择的是环岛一日游。第一步先搭乘苏梅岛洲际酒店的班车，来到岛上最大的码头：那通 Nathon。距离洲际五分钟的车程，另有一处码头，亚洲航空车船联运的终点，也在那里。但更加大型的轮船，就只有停靠那通，因而那通也是苏梅岛第一个发展起来的城镇，有着殖民地时期的老建筑和一处颇具规模的中国寺庙：海南公所。我们不禁感慨中国人真是无处不在了。

那通是我们包车一日游的起点，我们找了辆出租车，陪同我们转了四季、W 和豪华精选 3 家酒店，穿越整个岛，最后来到苏梅岛最繁华热闹的查武恩（Chaweng）沙滩。

四季在苏梅岛北部，外来车辆能够到达的 Arriving Pavilion: 欢迎亭阁，在整个度假村的最高点。进入度假村，需要换乘酒店的电瓶车。酒店的整体格局和塞舌尔四季酒店非常类似，但房间小了，室内面积小，室外泳池小，室外凉亭更小，价格却不小。塞舌尔是物价畸贵的地方，泰国是物价低廉的国家，而苏梅岛四季旺季的房价，居然和塞舌尔四季不相上下。价格差不多的话，是不是宁可去住塞舌尔四季呢?

每一间 W 的开业，都会引发一片赞叹声“WOW ！”，苏梅岛 W 也不例外。但我去的那天，阵雨刚过，天气阴晴不定，W 标志性的下沉式户外桌椅被蒙上了一层雨布，也就失去了往日的光辉。酒店是现代式的建筑，绿化少了。别墅虽好，但绝大多数的别墅，并不靠海，只有园景没有海景。酒店的服务生，都是些奇装异服的潮男潮女，接待我的一位男性服务生，耳朵上串着硕大的耳环，脚踩人字拖，委实非常的 W。你是年轻的富二代，你是夜店控，那么这家 W，就是你的首选。但我，显然已经过了那个年龄了。

我们去的时候，苏梅岛 Vana Belle 豪华精选度假酒店刚刚开业，在酒店前台，非常偶然地遇到了一位来自中国河北邯郸的实习生。可能是他乡遇故知的缘故吧，小女生非常热情地带我们转了整个酒店，不同等级的客房和别墅，一间间开给我们看。

查武恩 Chaweng 海滩是苏梅岛夜生活的中心，我们是中午时分到的，显然不太应景。查武恩的道路逼仄，路中间不时有打泰拳的横幅，路两边，则不时有一些色情广告。我们去的时候，查武恩最中心的地带在兴建一座现代化的商城，预期 2015 年交付使用，商城落成后，查武恩的面貌，将会有翻天覆地的改变吧。

酒店有班车往返查武恩，但我们还是选择包车，为的是在返程途中，看一眼苏梅岛顶级酒店之一的悦榕庄。悦榕庄是全别墅酒店，酒店的整体格局和苏梅岛四季非常类似，两者之间，也是直接的竞争关系吧。悦榕庄最令人难忘的是它的服务。我们到店的时候，大堂里开房的，退房的、挤了二十几号人，我们实在不忍心给服务员忙里添乱，又不甘心就这么离开，遂试探着问其中一位服务员，现在这个超级忙乱的时点，有没有参观酒店的可能，没想到这位服务员一口答应，稍微安顿好手中的事物，就陪我们参观了整个酒店。这位服务员的欢声笑语，也是一路上遇到的那么多服务员里，最甜美的。很多年以前悦榕庄刚进入中国的时候，我曾经集中住过不少悦榕庄集团下属的酒店，留下过非常美好的记忆；现在皈依酒店常客计划，悦榕庄旗下的酒店，很少住了，但那一份美好，却时不时地涌上心头。

苏梅岛环岛一周，还是最喜欢自己入住的洲际酒店。

如果我来推荐，苏梅岛我推荐洲际 + 涛岛（外岛）的酒店。洲际是非常好的酒店，到了洲际，你会舍不得离开，你会觉得出门转一圈都是多余的……

苏梅岛除了酒店之外，另一个卖点就是潜水，你如果喜欢潜水的话，我推荐洲际 + 涛岛。你如果喜欢热闹的话，我推荐洲际 + 靠近查文海滩的某家更便宜的酒店，比如洲际 + 艾美。你如果喜欢清静，喜欢宅酒店的话，我推荐洲际 + 洲际。洲际有很多种房型，你可以换几种不同的房型来体验，比如主楼住两晚，山间别墅住两晚，海滨沙滩别墅再住两晚。如前所述，洲际其实是由三部分不同风格的区域组成的，一次换几种房型，单纯宅酒店，也不会感到厌倦。

第七节 曼谷

去泰国，首都曼谷是不容错过的。

7.1 曼谷的酒店

我在新马泰的大城市里，住的性价比最高的，是泰国曼谷的莲花大酒店 LEBUA AT STATE TOWER。这很可能是曼谷最高的一栋楼了，有 65 层，比悦榕庄的那栋楼还高。它 63 层的 SKY BAR，是曼谷的浪漫圣地。这个圆型的空中酒吧，在很长的一段时间里比酒店本身还要出名，曼谷当地的出租车司机，有人不知道莲花大酒店，但却没人不知道这个空中酒吧。酒吧到了晚上人满为患，几乎没有立足之地。去曼谷要看帅哥美女，那这个地方是不能不去的。酒店本身是一个五星级的全套房酒店，最小的房间也有 66 个平方米。我当时住了三晚，订的是住 2 送 1 的促销价格，住的是 #2534、2536 房，RMB705 元，含早餐，含免费的宽带。其中 2536 房是一个小套房，比一般的房间还要大一些，足有 80 多平方米，是一室两厅的格局，有带橱房和全套餐具的餐厅和一个很宽敞的客厅，餐厅和客厅之间，以一张办公桌作为分隔。卧室和客厅各有一个大阳台，宽大的卫生间里，配的是全套宝格丽的卫浴用品。酒店的早餐厅就在泳池边，有风又有景，早餐在我住过的酒店里，算是最丰盛的几家中的一家了。这样的酒店，就在曼谷最繁华的 SILOM 路上，房价居然只有 RMB700 一晚，实在是可遇不可求啊。现在这家酒店的房价翻了一倍还多，已经比同城的悦榕庄还贵了，这也更让人怀念在曼谷的那几天快乐的时光。酒店不是旅游的全部，甚至不是旅游最重要的那部分，但毕竟我们了解一个城市，绝大多数时候是从你入住酒店的那一刻开

始的，酒店可以给我们了解一个城市的第一印象。此后还多次入住过曼谷更奢华的酒店，比如半岛、瑞吉、W、洲际，等等，但那美好的第一印象，始终长留脑海。

7.2 曼谷的景点

普吉岛，其实是一个国际化的度假岛，岛上，并没有太多的泰国特色，要想体验原汁原味的泰国文化，就要去曼谷补课了。曼谷的大王宫 Grand Palace、柚木国王行宫，都是不容错过的景点；中国城金碧辉煌的中式牌楼、满街飘香的鱼翅，都是你不能不来的理由；市中心的四面佛、佛像边泰国特色纪念品的商店、佛像对面号称当时亚洲最大的商场的 Central World 广场，还有湄南河两岸鳞次栉比的豪华酒店、河上穿梭的摆渡船、新开业的曼谷老码头 Asiatique, 也是你一一驻足的所在。

7.3 曼谷的行程

我曼谷的行程如下，供大家参考：

DAY 1：抵达曼谷，以 RMB700 元一晚含双早的价格，入住曼谷最高的莲花大酒店套房。在曼谷最潮的天际吧 Sky Bar 看俊男靓女。

DAY 2：上午游览大王宫 Grand Palace，中午在中国城逛街、吃鱼翅、用午餐，晚上在湄南河两岸看豪华酒店。

DAY 3：游览柚木国王行宫，参拜四面佛，在亚洲最大的 Central World 商场购物。

DAY 4：采购纪念品，回国。

机票签证

机票篇

北京出发：

TG615 PEK1705 —— BKK 2120 北京曼谷

TG614 BKK1010 —— PEK 1550 曼谷北京

上海出发：

TG665 PVG1720 —— BKK 2115 上海曼谷

TG664 BKK1035 —— PVG 1550 曼谷上海

广州出发：

TG669 CAN1440 —— BKK 1700 广州曼谷

TG668 BKK0950 —— CAN 1330 曼谷广州

成都出发：

TG619 CTU1505 —— BKK1720 成都曼谷

TG618 BKK1005 —— CTU1400 曼谷成都

香港出发：

TG629 HKG1500 —— BKK1645 香港曼谷

TG628 BKK1030 —— HKG1420 曼谷香港

签证篇

泰国对中国护照实施落地签，通过完美旅行网预订酒店和当地行程，即可获准落地签进入泰国，每次可停留不超过 30 天。

时差

时区：UTC/GMT +7 小时（东七区）

时差：比中国北京时间晚 1 个小时

货币

泰铢（THB）是泰国的法定流通货币。一些小城镇和偏远山区，主要收取现金。

人种语言

全国人口 70% 集中在河流谷地，20% 在泰国湾沿岸地带，其余分布在高山丘陵区。2014 年 3 月，泰国总人口 6450 万。

全国共有 30 多个民族。泰族为主要民族，占人口总数的 40%，佬族约占 35%，其余为马来族、高棉族及华人等。

泰族主要分布在中央谷地，佬族聚居在北部山区和呵叻盆地，泰国和缅甸，老挝交界的山区，散居着克伦，苗、瑶、傈僳等族。

佛教为国教，信奉人数达 90% 以上。南部马来族多信奉伊斯兰教，还有少数民众信仰基督教、天主教、印度教和锡克教。

泰语为国语。

气候

属热带季风气候。

年平均气温 27℃左右。全国大部分地区有雨季和干季之分，6—10 月份西南季风季为雨季，11 月份至翌年 5 月份东南季风季为干季。

年降水量 1300 毫米以上，东南部最多，达 2370 毫米。

扫描二维码预订：

酒店美食

泰国曼谷半岛酒店

在曼谷半岛酒店，半岛之富丽奢华与繁复的泰式魅力相融合，酒店标志性的半岛专用新能源三轮嘟嘟车，湄南河溯流之旅，以及以世代宫廷厨师使用的秘方烹饪的豪华正宗泰国菜，最终打造出终极文化体验。

泰国 Soneva Kiri

索尼娃奇瑞坐落在泰国东部沿海地区的沽岛上，沽岛是泰国第四大岛屿，以纯净的瀑布，清澈透明的水域和传统的村居生活而闻名。从泰国曼谷国际机场乘坐索尼娃奇瑞的私人飞机飞行时

间 60 分钟抵达索尼娃奇瑞私人机场，再乘坐快艇 5 分钟最终到达索尼娃奇瑞。热带雨林，惊险的瀑布和传统的村居生活与绿宝蓝的海水，白色的沙滩组合把客人带回到远离喧嚣的古老原始的泰国。索尼娃奇瑞的开发理念是以环保，可持续发展的设计和选材的。在开发过程中以保护环境，就地取材，在度假村内用高尔夫电频车和自行车作为运输工具。简单但现代化的别墅由不断创新而带给人们一种特别的体验。

苏梅岛洲际酒店

这是苏梅岛第一家奢华酒店，1993 年开业的时候，是文华东方，其后 10 年由艾美接手管理，之后由业主收回自营，2012 年，经历了彻底的翻新之后，酒店以洲际的品牌重新亮相，相信目前，是酒店历史上最好的时期！

洲际位于苏梅岛西端，同灯红酒绿的查武恩（Chaweng）和商店酒吧鳞次栉比的拉迈（Lamai）相比，洲际所在的班达岩地区，还保留着世外桃源般的宁静。

Part 4

何止奢华之

日本关西

——日本关西 10 日游：京都 + 奈良 + 大阪 + 神户 + 姬路天守阁 + 淡路岛

第一节 攻略篇

1.1 序言

去日本之前，我们做了一次惊心动魄的新藏之旅。新藏线归来一周后的日本关西之旅，则完全是另外一种景象。如果说新藏线是大山大水，天然去雕饰的话，以京都、奈良、大阪、神户为代表的日本历朝古都，则极尽雕琢之能事。很多在中国都没能完整保护的古建筑，能在这里看到；很多在中国已经消失了的传统服饰和传统习俗，能在这里找到。我们是秋分时节到的日本，正好赶上京都一年一度盛大的游行“晴明祭”，也是来得早不如来得巧，近距离体验了一把最能体现日本民族风情的节日。

一直以来都以为日本地少人多，人口密度世界第一，一定拥挤不堪，喧闹不堪。实际到了京都、奈良、神户，公车地铁基本都有座位，晚上 7 点之后街头人烟稀少，同预想中的繁华都市大相径庭。一直以来以为日本物价昂贵，到了日本一看，日本的物价，100 样比中国便宜，也难怪身边经常有朋友抱怨，到了日本，行李额度不够用，有超重了 2000 多元行李费的！

1.2 机票篇

上海飞日本，有多家航空公司可供选择。其中品质最高的是 JL（日本航空），价格最低的是

9C（春秋航空）。春秋航空常年有 9 元、59 元飞大阪的机票，花比去海南更少的时间、更低廉的票价，就能去日本了。

1.3 交通篇

日本的交通，远比我想象的方便，也远比我想象的便宜。

日本关西几个主要的城市，彼此之间以密如蛛网的铁路相连接，其实非常适合自由行。每个主要的地铁站或者火车站，都有大量免费的地图、资料和折扣券。日文有很多日文汉字，即使不懂日文，也能猜出个八九不离十。

城市之间的交通，以铁路为主。铁路点对点的票，直接在自动售票机上就能购买，支持信用卡付款。价格也非常便宜，比如大阪关西空港——京都，单程也就 1880 日元，约合 RMB90 元，如果购买几日通票就更便宜。这还是买的日本最贵的国家铁路 JR 线的价格（JR=Japan Railway），如果购买私铁（私人铁路）的票，价格还更便宜。比如这次行走的日本关西地区，传统上属于日本近畿，那么“近铁”无疑是这个范围里最具有价格优势的。在日本买火车票，去旅行社买票，通常比去铁路窗口买票便宜得多。日本这样的旅行社多如牛毛，差不多每个火车站都有，同时市区、闹市区也有很多这样专卖火车票的旅行社。

日本关西的几个城市，都有所谓的“一日周游券”“二日周游券”，等于是 1 天、2 天的通票，有效期内可以无限次搭乘地铁和巴士。同时，通票中通常还包含很多景点和餐厅的折扣。在日本，善用通票，是个基本功。

城市内部的交通，最佳的选择是购买一日或多日的通票。日本城市内部，最便捷的交通工具不是地铁，而是公交车——地铁还要入站、出站，而公交车通常提供点对点的服务，从这个景点门口，直接到下一个景点

门口。日本“一日周游券”或“多日周游券”上，都有详细的城市公交图。日本城市规模远比上海小，上海大概没有任何一本地图能标出全部公交车线路，而日本的地图，能把各条公交车标得清清楚楚。在国外，学会用当地人的交通方式出行，是自由行的基本功啊。总之，在日本，不需要为交通操心。

最后说一个公共厕所的问题。我在日本的时候，正值香港占中的高潮期，香港人高呼大陆人滚回大陆，其中一个导火索就是某个大陆儿童在香港随地小便。某次我在香港中环站找厕所，偌大的中环地铁站里，居然没有一个厕所。保安把我引导到隔壁的商场，问了商场前台的服务员，才找到厕所。活人不能被尿憋死，我在香港，都有随地小便的冲动。而日本，几乎每个火车站和地铁站，都有不止一个厕所。厕所是小事情，没有香港的占中事件，我也不会特别关注。但从厕所这个小事上，看得出来，日本的发达程度，还是超过我们大陆和香港。这个文明和发达的程度，不是表现在高楼大厦上，而是表现在某些细节上。比如车站配备厕所，比如车站配备免费地图、免费商家打折资料等。可以说日本，是我见过的，最适合自由行的国家了！

1.4 签证篇

一直以来以为日本自由行签证难于上青天，一般人只能跟团，事实上作为上海户籍的游客，只需提供护照 + 照片即可，6 个工作日出签，签证通不过还不收签证费！而目前，日元汇率进一步下滑，日本签证对中国进一步打开了大门，5 年多次往返的签证都已经不是可望不可即的了。“打起背包去日本扫货去”，可能会成为今后的流行语了吧！

1.5 酒店篇

这次在日本九晚，除了大阪洲际两晚，其他都是喜达屋旗下的酒店。

一直以为酒店业一定后来者居上，一直以为中国大干快上、日新月异的酒店业，硬件一定是全世界最好的，但这次日本之行的一众酒店体验，却给了我不一样的震撼。京都威斯汀酒店，是一家有着一百二十五年历史的酒店，一家虽外表不起眼，却在酒店腹地，包容了一座山！神户喜来登，则引温泉入户，有一片半露天的天然温泉。淡路岛威斯汀则更为夸张，酒店是名为“淡路岛梦舞台”项目的组成部分，整个酒店，犹如一座巨大的迷宫。两家商务型酒店：大阪洲际酒店，是大阪最新开业的商业综合体 Grand Front 的一部分，酒店本身就是一道风景；行程最后一晚入住的大阪瑞吉酒店，就在长达几公里的步行街“心斋桥”的起点“本町”，对于打算在大阪疯狂购物的人来讲，瑞吉是你的不二之选，而且房间里，居然还有专门的逃生通道，住了那么多酒店，酒店客房有逃生通道的，还是第一次遇见。

1.6 攻略篇

日本大宝石出版社出版的《走遍全球》，唯独没有日本卷；Lonely Planet 的日本卷，不适合我们的需求。怎么才能在有限的时间里，通过合理的安排，参观最有代表性，也最符合自己欣赏口味的景点，是一个问题。这次出行前，参考了市面上现有的几本日本攻略书，国内能找到的日本关西的攻略，远比预想的少。主要参考了以下 3 种书：

——中国旅游出版社的《大阪，京都》

——中国旅游出版社的《京都，大阪，神户》

——广西师范大学出版社的《搭地铁玩京阪神》

三种书各有侧重。《搭地铁玩京阪神》，侧重景点，而中国旅游出版社的两种书更偏重吃喝玩乐和购物。三种书都很有参考价值，也都有严重的缺陷。比如《搭地铁玩京阪神》，书里居然没有地铁线路图，显然这是出版社严重的疏漏。而中国旅游出版社的两种书，只有京都，没有奈良。你去了京都、大阪，不去咫尺之遥的奈良的话，你的日本关西之行，必然是不完整的。

这些书，还有个共同的问题，就是平均用力，每一个景点，都给予同样的篇幅。这样，一般人就无从分辨哪些是主要景点，是所谓必看的景点，哪些又是次要景点了。最后，我们以这些图书，结合世界文化遗产名录，制定了自己的旅行路线。

书籍之外，帮助更大的是维基百科日本的相关内容。维基百科的内容，远比百度百科详尽，并且给出了相关景点的官网链接和参考书目，使用非常方便。但遗憾的是，在撰稿的时候，维基百科中文版已经无法登陆。好在日文版还能用。维基百科是有很多污蔑诋毁中国的言论，但不分青红皂白，将维基百科整体封杀，难免有因噎废食，泼脏水将孩子一起泼出家门的嫌疑啊。

期待我的游记，能给大家带来全新的日本关西印象！

第二节　京都威斯汀酒店

京都是这次日本关西行最重要的一站，我们在京都连住四晚，选择的是京都威斯汀酒店。我相信京都有大把比威斯汀更贵的酒店，但恐怕不一定能找到比威斯汀更有特色的酒店了。

酒店在京都东郊“蹴上”地铁站的上盖，步行到南禅寺10分钟的距离，处在一处离尘不离城的位置，酒店到市中心的四条和京都火车站，有多班穿梭巴士，是商务和休闲客人的首选。

京都威斯汀酒店，有着一百二十五年的历史，是日本历史上第一家现代化管理的五星级酒店，在商务型酒店的外表下，虽然在酒店腹地，包容了一座山！山腰有日式庭院，山上有酒店自己专属的神社，甚至还有一片山谷可以供客人野餐。酒店其实是由三部分组成：商务型酒店的主楼、提供传统和式住宿的日式庭院“佳水园”，以及最高处犹如一处不收门票的郊野公园的“探鸟路”。

酒店的日式庭院，分为两个部分，位于五楼宴会厅对面的“葵殿”，由三段跌落式瀑布组成，宴会厅，也因而犹如漂浮在水上。由此拾级而上，是日本和式建筑群“可乐庵”和“佳水园”，目前提供复古式的入住体验；入住酒店主楼的客人，也可以来这里寻古探幽——入住一家酒店，获得两种截然不同的感受。这两处庭院，出自日本造园名家第七代小川治兵卫及其长子白杨之手，被评为京都文化财，用中国话来讲，就是京都的市级文物保护单位。

“佳水园”位于半山腰的位置。从这里向上到山顶还有一段330米被称为“探鸟路”的充满野趣的道路，路上居然还有一处“御百稻荷神社”。山间有一片空旷的谷地，可以郊游，可以野餐。最高处登高望远，京都的景色尽收眼底。

作为商务型酒店的京都威斯汀，真是可圈可点。我是喜达屋的白金会员，入住的时候，被升级到酒店行政楼层的小套房。一直

以为日本酒店的客房必定狭小不堪，一直以为日本五星级酒店的价格，必然高高在上。没想到京都威斯汀酒店的客房面积，远比我们预想的宽敞，价格远比我们预想的低廉。我提前预付的价格，仅仅要 13000 日元，按当时的汇率，相当于 700 多元 RMB。这个价格，已经比国内绝大多数威斯汀品牌的酒店低了，几乎是我住过的威斯汀的最低价。

酒店对白金会员的待遇也很好，白金会员的早餐，可以选择在行政酒廊或者在全日制餐厅用餐，也可以选择日式餐厅享用日式早餐——和朝食。这个日式早餐极尽丰盛之能事，也非常符合我们的口味。当然，价格也不菲——和朝食 3000 日元一位，两位就是 6000 日元，而我们的房费，也才仅仅 13000 日元。

酒店有三处行政酒廊：一处是会客室，全天候开放，提供 24 小时上网、打印以及免费的茶和咖啡；一处是阅览室，伴随着窗外的美景，翻几页书，也是人生的乐事；另一处则是提供早餐和傍晚欢乐时光的用餐区，酒店欢乐时光佐餐的小食只能说差强人意，但酒水丰盛，既有气泡酒、葡萄酒，也有各色啤酒，更有日本特色的清酒和威士忌，因而我们每天都会按时赶回酒店，享用这名副其实的欢乐时光。酒店另有一处户外婚庆教堂和一处有着“福如东海长流水”的内庭院。

一直以为日本五星级酒店的餐饮，价格也必然高高在上，没想到威斯汀各个餐厅的价格，都比国内同类酒店便宜。国内传说得神乎其神的“怀石料理”，京都威斯汀的价格，仅仅是 9800 日元，按当时的汇率，不到 600 元 RMB。而国内世博会期间，怀石料理的快餐，开价都在 RMB3000 元以上。京都威斯汀酒吧的价格也便宜，一次品尝 3 种不同的日本本土出产的威士忌，价格仅仅只要 1500 日元，折合 RMB 不到 90 元。

京都威斯汀是我们日本之行的第一站，我们家族有多位亲戚常年工作生活在日本，众口一词，人人说日本物价如何如何之贵，以至于我们来日本之前，有很强烈的畏难情绪，而京都威斯汀给了我们不一样的震撼和信心。

在京都，如果选择欧式奢华，可以选丽思卡尔顿；如果选择现代简约，可以选择凯悦；如果选择和式风格，有一大批当地精品酒店。但如果要选择一家融合了现代化商务酒店的便捷和日本传统住宅的精髓，更有山林野趣相伴，我不太相信在京都，有比威斯汀更好的选择。

京都威斯汀酒店的电梯按钮上，没有任何提示，日式庭院、“探鸟路”，甚至行政酒廊、游泳池、餐厅这些功能区在哪里，这就需要你有一颗探索发现的心。酒店也有不适合的人群。住店期间，我们就遇到一个杭州女生，带了父母来日本自由行，他们在京都威斯汀连住三晚，却始终不曾知道酒店还有一处日式庭院，这就有进入宝山、空手而还的嫌疑了。

第三节　京都景点篇

3.1　推荐行程

DAY 1：抵达京都，入住酒店，游南禅寺、哲学之道、银阁寺、花间小径、建仁寺。

DAY 2：东寺，西本愿寺，晴明神社看晴明祭，御所。

DAY 3：金阁寺，仁和寺，龙安寺，天龙寺，岚山。

DAY 4：奈良一日游——东大寺，春日大社，唐招提寺，法隆寺。

DAY 5：二条城，四条，清水寺，下午退房离开京都。

京都是日本的千年古都，也是日本宗教、文化中心，京都的特色，是“政、教、俗、景”：政是和政治相关的皇宫幕府（御所，二条城）；教是佛教、道教的千余所寺庙和神社；俗是以祇园、清水寺为代表的民俗，以怀石料理为代表的美食；景是以岚山为代表的自然风景和春秋两季吸引无数游客的樱花和枫叶。

3.2　京都的皇宫幕府

京都自公元 794 年成为日本首都，称“平安京”，到 1869 年迁都东京，京都作为首都的时间长达 1075 年；其中京都御苑很长一段时间是紫禁城的地位，一般人无从接近。而今天，这片长 1300 米、宽 700 米、遍植 50000 多株古树名木的土地，绝大多数地方已经开放成为市民公园，只有御所，需要提前预约登记。御苑的范围内，居然还有一间酒店：京都迎宾馆，这可能才是京都真正的首善之地，这可能才是京都唯一最好的酒店了吧。

二条城是幕府将军的办公和居住地，占地虽然没有京都御苑那么广大，但无论是建筑还是庭

院，都更加精致。可能只有日本，才会出现幕府超越皇宫，幕府是世界文化遗产，而千年古都的皇宫反而不是世界文化遗产的咄咄怪事。导致幕府时代谢幕的“大政奉还”，也正是发生在二条城的二之丸御殿。

3.3 京都的寺庙神社

京都有所谓三祭、五山、十刹、22 社、33 所。三祭指的是葵祭，祇园祭，时代祭；五山指的是天龙寺、相国寺、建仁寺、东福寺、万寿寺，以及位居五山之上的南禅寺。更不用说还有 17 处世界文化遗产。对于普通游客而言，只能挂一漏万地参观其中的一小部分。

3.3.1 东寺

东寺的五重塔，号称日本现存最高的古塔。五重塔历史上曾经先后四次被火烧毁，可能是因为这个缘故，五重塔目前大门紧闭，并不对游客开放，里面精美的佛像，也就无缘一见。其实东寺除了五重塔，还有一些不为世人熟知的精美文物，比如东寺主要的两个大殿：主供药师如来和十二神将的“金堂”，主供大日如来和立体曼陀罗的“讲堂”，里面的塑像，就异常精美。东寺还有一处面积颇大的池塘，有乌龟在石头上懒洋洋地晒太阳，样子煞是可爱。

3.3.2 西本愿寺

西本愿寺，号称京都最大的寺院。寺庙中央的两座木结构的大殿，号称日本最大规模的全木结构的建筑；寺庙一隅的单独一个庭院的飞云阁，和金阁寺、银阁寺，并称为京都三阁。寺庙的镇寺之宝，是“唐门”，顾名思义，恐怕是唐朝时期一直遗留下来的原物吧。京都我们参观的其他寺庙，多的都是游客，唯独西本愿寺，多的是本地的香客，寺庙香火鼎盛。我们去的时候，就有两个大型团队在举办法事。其中主殿御影堂是一个家族的法事，男男女女衣物华贵，仪态端庄，明明白白写着几个字：非富即贵。

3.3.3 南禅寺及其周边景观

京都仿禅宗传统，有五山十刹的称谓。南禅寺以皇家寺院之尊，位居五山十刹之上。南禅寺是京都赏枫叶的名所，其枯山水庭院，在京都也颇负盛名，但我们去得不巧，都没能看到。总体而言，南禅寺体量不大，位居天龙寺等寺庙之上，更多的是出身华贵；寺庙本身，比世界文化遗产名录上的那几家寺庙，还是颇有不如。

南禅寺到银阁寺之间大约两公里的石板铺成的小径，就是有名的哲学之路。小径和日本历史上第一条现代意义上的引水工程——琵琶湖疏水工程平行，一路小桥流水，景致颇为清幽。但说这个小径，是日本最浪漫的小径，恐怕是过誉了吧？

汤豆腐是京都的特色美食，而京都威斯汀对面通往南禅寺必经之路上的“顺正”，则是京都最有名的一家专营汤豆腐的料理店。店由有着170多年历史的书院改建而成，里面小桥流水，曲径通幽，不像餐馆，更像是一处景点了。顺正环境虽好，但料理却是一般。所谓的汤豆腐，就是煮熟的豆腐蘸着酱油品尝，说实话淡而寡味，价格还不菲，很少几样料理，索价RMB300余元。要知道威斯汀早餐时段同样供应汤豆腐，口感并不比顺正的差，关键是免费的，还无限量供应。

3.3.4 金阁寺

金阁寺是京都旅游的名片，如果只选一张照片代表京都的话，相信绝大多数人都会选择金阁寺。金阁寺一度成为足利义满将军的私人别墅，足利义满和一休哥的诸多恩恩怨怨，正是以金阁寺为背景的。然而尽管贴有金箔的金阁无比壮美，却也有独木难支的遗憾——整个寺院，除了金阁，再没有其他值得一看的地方。这也让金阁寺，难免沦为“到此一游”而已。

3.3.5 龙安寺

龙安寺方丈前的石庭，长 25 米，宽 10 米，不借一草一木，仅由 15 块石头和白砂构成，据说可由方寸之间想象出宇宙的无穷，这也是日本最负盛名的枯山水庭院。龙安寺石庭而外，另有一处名为“镜容池”的池塘，池塘中有几处湖心岛，景色也清幽可观。寺中还隐藏了一家高品质的餐馆。只是龙安寺枯山水庭院的名气太大，无形中掩盖了其他出彩的地方。

3.3.6 仁和寺

金庸《天龙八部》中大理段氏历代君王均会至寺庙舍身出家，这样的说法，并非没有现实的佐证。仁和寺就是这样一处日本历代君王出家的地方，因而仁和寺的建筑，带有非常浓烈的“大内”印记：它的殿，称为“宸殿”；它的门，同京都御所的宫门别无二致；甚至它的“金堂”，直接就是从京都御所紫宸殿搬迁过来的。

3.3.7 天龙寺

岚山脚下的天龙寺，位居京都五山十刹之首。寺内的“曹源池”，由幕府将军足利义满的国师梦窗疏石所营建，被日本政府第一个指定为国家史迹特别名胜。参观天龙寺，一般由南门入，由北门出，可以走捷径直驱岚山。而我们不知道，还是原路返回，走上大路，绕了一个很大的圈子，才找到岚山的入口。

3.3.8 晴明神社晴明祭

晴明神社，是纪念日本历史上最知名的

道家——阴阳师安倍晴明的神社。神社中有一口井，据说是洛中名水，茶道三千家之祖千利休曾用此水沏茶；据信一代名臣丰臣秀吉绝命时喝的水，也是由这口井的圣水泡制而成。

我们到日本，正好是秋分时节，是日本的国定假日，也是一年一度“晴明祭”巡游的日子——几百人的队伍，从神社门前经过，既有古装骑马的，也有多名少儿侧身其中。最有特色的，是十余名壮汉，以颠轿的方式抬神社的吉祥物；神社门前的一条街，也装点成了古时庙会的样子，贩售各类纪念品；甚至还有一名艺妓，为游客表演茶道。在一年里最有特色的一天来到京都，躬逢盛典，我想我们是幸运到了极点。

3.4 京都名俗：祇园，清水寺

京都有两条主干道：南北向的乌丸通和东西向的四条通。四条通以跨越鸭川的四条大桥为界，桥西是城市商务中心 CBD，银行、高档酒店食肆、名品店，鳞次栉比。而桥东则完全是另一片景象——从这里，经过祇园到清水寺，短短 3 公里的距离，是京都最有传统特色的文化街区了，如果有时间的话，建议徒步走一走，感受一下日本传统文化的氛围。

祇园是传说中的京都艺妓汇集地，我们还专门走了一趟京都的花街柳巷：祇园的花间小路通，从三条通的小路入口处，一直走到小路尽头的建仁寺，算是把这条号称日本最高规格的风化街，走了个遍。但走下来，多少有些失望——日本的风化街，做的是关门生意，门口帘幕低垂，没有任何指示牌和报价单，陌生人来此，根本摸不到深浅，大概也不方便贸然闯入吧。小路边上有一处演艺会馆，晚上 6 点到 7 点之间，有 1 小时的舞姬表演，估计都是初入行的小女生，在这里实习，真正当红的艺妓，估计是不会出现在这样廉价的秀场的。

经过八坂神社门口的东大路通，可以转向通往清水寺的主要参道：清水坂。然而高台寺门口有一条名为二年坂、三年坂的石板铺就的步行街，路两边都是各色纪念品商店和吃食点，无疑更有韵味、我们就这样，这家买个小吃，那家买个冰淇淋，一路吃吃逛逛，走了很久，才走到清水寺跟前。

清水寺顾名思义，据说寺中的泉水有神奇的功

效，泉水分成三股，分别代表长寿、健康和智慧。清水寺更有名的，是搭建于悬崖上的全木结构的“本堂舞台”，舞台危乎高哉，以致于“从清水寺的舞台跳下去”，成了日语中表示决心的谚语。清水寺，也是京都最适合看和服美女的地方。

3.5 岚山

岚山的嵯峨野观光小火车，在欧美游客和日本人中，有很高的人气，但中国人去岚山，更多的是去寻访周恩来的诗碑的吧。这是我平生第一次近距离拜读周恩来的《雨中岚山》。

诗碑和小火车之外，岚山也有不少其他可圈可点的风景，比如竹林，就是嵯峨野岚山的一张名片，很多当地人特意来此拍婚纱照呢。

3.6 京都旅游小结

这次的日本关西之旅，在京都整整五天四晚，比一般旅行团的行程，不知道放慢了多少倍。即使如此，这仍然是一次遗憾之旅，京都 17 处世界文化遗产，看了其中的 9 处，另有 8 处偏远的景点，没来得及看；其他更多的名胜古迹，没来得及探访，比如一休主持修建并最终圆寂于此的大德寺，比如改变了日本历史走向的“本能寺之变”的织田信长被刺杀身亡的本能寺。我是酒店控，走访参观各个酒店，是我的一大爱好，而这次在京都，除了自己入住的威斯汀酒店，没有来得及走访任何一家酒店。也许正是这些遗憾，提醒我应该再回日本，重续这未尽的缘分吧。

第四节　奈良景点篇

4.1　推荐行程

DAY 1：奈良市区一日游，东大寺——春日大社——兴福寺——元兴寺——奈良町（老街）——奈良国立博物馆——平城宫迹。

DAY 2：奈良郊区一日游，药师寺——唐招提寺——法隆寺。

日本古称“大和国”，大和国的政治、经济和文化中心，就在奈良。公元 710 年日本定都奈良，称为“平城京”，此后公元 710 年至 784 年是奈良的黄金时期，与中国多达 19 次之多的遣隋使、遣唐使，全部发生在这一时期。中国鉴真和尚东渡日本，带去了上千卷经书，开启了佛教文化在日本的萌芽。鉴真和尚登坛为日本天皇讲经说法的，正是奈良东大寺。日本第一处登上世界遗产名录的，正是奈良西南郊的法隆寺。可以说，奈良在日本历史上，有着举足轻重的地位。

奈良的景点，也集中，也分散。集中的是它市区的景点，占地 660 公顷的奈良公园内，分布着东大寺、春日大社、兴福寺、元兴寺等四处世界文化遗产。这里是奈良的核心和精华。景点之间距离很近，步行可及。

药师寺、唐招提寺位于奈良“西之京”站，距离奈良市区 30 分钟车程，法隆寺更在 1 小时车程之外。奈良有往返以上景点的一日通票。奈良距离京都和大阪，都是 1 小时左右的车程。当然如果想要看完以上全部景点的话，最好安排两天以上的时间，同时建议在奈良住一晚。

4.2　东大寺

东大寺的大佛殿，面宽 57 米，进深 51.5 米，高

46米，为世界最大、最高的木结构大殿。殿内供奉的卢舍那佛坐像，高16.21米，重452吨，一度是世界上最大的金铜佛像。佛像精美，人气也旺。东大寺的游客，是日本关西行一众景点里，人数最多的。还有老师、家长，让孩子从大殿朽空的立柱中爬过。据说顺利穿越的孩子，能保一生的聪慧。

东大寺东侧半山上的二月堂、三月堂，是东大寺最古老的建筑群，居高临下，奈良的全景尽收眼底。

奈良梅花鹿遍布，东大寺尤多，常常几头鹿围着游客乞食。太太买了鹿食，开始很兴奋，很有成就感；但当一群鹿将她包围的时候，太太将鹿食一扔，落荒而逃了。

4.3 春日大社

春日大社，是日本关西地区所谓二十二社中“上七社”中的一家。春日大社最有特色的，是遍布各处的3000多盏“永代常夜灯”。这些灯，或为石制，或为铜铸，都是日本全国各地的信徒自发捐赠，为逝者祈福的。

春日大社的主殿，是国宝级的大宫“御本殿”，御本殿中最神秘的，是被称为“藤浪之屋”的小黑屋。小黑屋漆黑一片，唯有无数铜灯，发出幽冥之光。据说春日大社一年中有3次，分别于2月的节分、8月14日、8月15日的夜间，举行上万盏灯笼的游行，而“藤浪之屋”，能让你想象一下，万灯笼的盛况。

春日大社创立至今已有1400年的历史，古树盘根错节，紫藤横于路中间，阴雨天行走其间，有一种穿越阴阳的感觉，令人不寒而栗，毛骨悚然。春日大社身后的山林，禁

止砍伐，1000 多年来保护完好。这片“春日山原始林”，也成了世界文化遗产的一部分。

4.4 唐招提寺

唐招提寺最初由唐朝高僧鉴真和尚创立，鉴真和尚最终圆寂于此，中国佛教协会前主席赵朴初先生，也埋骨于此。可以说唐招提寺，是奈良最有中国缘的一处寺庙了。

唐招提寺也有不少名胜古迹，寺庙主体建筑“讲堂”，原为建于 8 世纪初的平城宫中朝堂，建寺时迁入寺内，是平城宫现存的唯一建筑。但我们参观的时候，唐招提寺主体建筑，全都大门紧闭，不对外开放，也就无从想象其中文物的精美了。

4.5 法隆寺

法隆寺远离奈良，通常并不归属“古都奈良文化财”。去法隆寺，是出于强烈的好奇，我们很

想知道，是什么让法隆寺脱颖而出，成为日本第一处世界文化遗产的。

法隆寺最大的特点是“古”。法隆寺分为东西两部分，西部伽蓝的核心建筑金堂和五重塔，被称为日本最古老的木质建筑；东部伽蓝的“梦殿”，则被称做法隆寺最有灵性的地方，这里供养着与寺庙创立人圣德太子等身的观世音像，而圣德太子，正是传说中观世音的化身。东西伽蓝之间，还有一处别院，建设成了现代化的圣德太子纪念馆，以此纪念这位法隆寺，乃至整个奈良古建筑群的最初创立人。

4.6 奈良其他景点

平城宫迹地表建筑全毁，更多的是考古学上的遗址，且远离奈良核心区，在时间有限的情况下，坐在火车上远远望一眼，也就可以了。

药师寺毗邻唐招提寺，但人气和排场比唐招提寺大得多，它门口就是一处超大的停车场。这么一家游客如织的寺庙，在中国几乎无人提起，这也是非常奇怪的现象。

其余几座世界遗产名录上的寺庙：兴福寺，据说类似中国的少林寺，是一座武寺；元兴寺，在奈良市区商店街。这两座寺庙，在中国知名度不高，去的中国游客也少。

奈良是我和我太太一路上最喜欢的城市，如果有机会，我会再回一次奈良，住个三五天，慢慢品味日本的传统美。

第五节　神户喜来登

神户喜来登，位于神户最大的人工岛“六甲岛”上。六甲岛方圆 5.6 平方公里，今天见识过迪拜填海造地的我们，恐怕不会对六甲岛有太多的震撼，但是在 1990 年六甲岛完工的那会儿，肯定是创造奇迹、创造历史的壮举了吧。六甲岛靠海一侧是集装箱码头和堆场，岛中央则是高尚住宅区、写字楼、酒店和多家美术馆，岛上绿树成荫，到处是时尚的雕塑。六甲岛以一趟单轨列车和大陆相连，这样的单轨列车，我在新加坡圣淘沙和迪拜亚特兰蒂斯酒店，都坐过。可以说六甲岛，开创了世界上一众人工岛的先河。

一直以来，大家众口一词，都说日本的酒店房价贵、房间小。但这次来日本，非常意外地发现，日本的酒店的价格，远比想象中的便宜，日本酒店的房间，远比想象中的宽敞。来到日本的第 7 天，入住的神户港喜来登酒店，是一路上房价最便宜的酒店，客房面积却是最大的，会员待遇也是最好的。官网提前预订的周末的价格，10800 日元，约合 RMB600 元一晚。平时价格更便宜，提前预付的价格，只要 10000 日元，约合 RMB560 元一晚。这么便宜的价格，升级到的客房，有近 100 平方米，几乎是之前入住的京都威斯汀和大阪洲际酒店套房面积的一倍。会员待遇也很好。酒店提供白金会员免费早餐、下午茶和鸡尾酒会，酒店附设的价值 5000 日元一人的温泉，白金会员可以免费无限次进入。话说住了那么多次酒店，酒店附设的温泉，可以免费进入的，以前

只有在腾冲悦椿温泉村遇到过，但那是每晚 RMB2600 元一晚的酒店，而神户的这家喜来登，只有 RMB600 元！

神户是以海港兴市的港口城市，并没有什么太特别的历史文化遗产和太出色的自然景观。要说神户的特色，那么号称日本三大夜景之一的神户夜景和号称日本三大温泉之一的有马温泉，可以说是神户旅游的两张名片，而神户湾喜来登，恰好可以一次包揽夜景 + 温泉这两大特色。

神户的夜景，我一直以来推荐市区港湾地区的夜景，但“不识庐山真面目，只缘身在此山中”，要想更好地欣赏神户的夜景，只怕喜来登所处的港湾对面的位置，才是欣赏神户夜景的最佳位置。喜来登的温泉，虽然不如有马温泉那么有名，却也是真眼温泉。在神户选择喜来登，更大程度上是出于对喜达屋集团的归属感和对喜来登品牌的偏爱，入住之前，并不知道酒店有如此壮丽的夜景，更不知道酒店居然还有温泉，可以说我们是又一次歪打正着地做出了神户住宿的最佳选择。

神户喜来登的全日制餐厅，早餐供应的五分熟的温泉蛋是我们的大爱。餐厅挑高三层，通透明亮，在这里用餐也是一种享受。喜来登的裙楼，有商场，有超市，有多家餐厅，不用出店门，衣食住行就能一站式搞定。

第六节　姬路城天守阁 & 神户景点篇

6.1　推荐行程

DAY 1：参观姬路城天守阁，入住神户酒店。
DAY 2：神户一日游——北野异人馆，海滨区，旧居留地，南京町，元町，经明石海峡大桥，前往淡路岛。
DAY 3：游览梦舞台，明石海峡公园。

京阪神三位一体，神户是日本关西地区海上交通的门户，日本第一大港口，以港兴市。同保持着千年古风的京都、奈良不同，神户是移民城市，带有非常浓烈的外来文化的印记。比如神户，很可能是日本最有异国风情的城市，在北野异人馆，在海滨区和旧居留地，留有大批西洋风格的建筑，漫步其间，仿佛置身于上海的外滩或青岛的八大关。神户也是日本华人华侨最多的城市，神户的唐人街“南京町”，是日本规模最大的唐人街。

神户是兵库县首府，兵库县除了神户之外，另有两处标志性的景点：一处是号称“日本第一名城”的姬路城，另一处是号称世界上最长吊桥的明石海峡大桥。明石海峡大桥另一头，连接淡路岛，也是非常意外，非常值得一看的景点。

6.2　姬路城天守阁

姬路城与法隆寺，同于1993年被评为日本的第一批世界文化遗产。完工于1618年的姬路城，即将迎来400岁华诞，因而我们去的时候，姬路城最有代表性的天守阁，还在做最后的整修，并不对外开放。好在外部工程已经完工，远远地能看到姬路城天守阁“天空之白鹭”翱翔般的英姿。

姬路城目前最有特色的，是两个专题展：一个是在由长廊连接的多个箭楼组成的一道坚固的城墙——“西之丸”内举行的姬路城历史复原展，另一个是“黑田官兵卫”主题展。姬路城的历史，是同织田信长、丰臣秀吉、德川家康这些大豪的名字联系在一起的，也是同“千姬”这位出身名门，却又命运多舛的一代美女联系在一起的。我一直疑心“姬路城”的“姬路”，应该也是由“千姬”而得名的吧。“黑田官兵卫”我更是第一次听到这个名头，受此影响，后来还在淡路岛威斯汀酒店，专门品尝了“黑田官兵卫”套餐。

姬路城是典型的中世纪城堡式建筑，但姬路市本身，却是一个现代化的城市，说它是大阪的缩小版都不为过。

6.3 神户

海滨区：神户是海港城市，而观光塔“神户塔”是欣赏海港乃至神户全景的绝佳选择。神户塔高 108 米，外形非常像朝鲜族的腰鼓。站在神户塔的最高处，可以清楚地看到神户填海造地的两大人工岛：完工于 1981 年，号称世界上第一处人工岛的港岛，以及完工于 1990 年，规模更大的六甲岛。我们入住的神户喜来登大酒店，就在六甲岛上。

神户的“南京町”，是全日本规模最大的唐人街，到处是中文招牌，“北京饭店”“四川饭店”……鳞次栉比，甚至还有上海生煎馒头。这里的餐饮，价格都不贵，但口味实在一般。在日本，品尝日本料理才是正道；在神户，品尝神户牛肉才是正道啊。

南京町一街之隔的“元町”，类似大阪的“心斋桥”，是绵延 2 公里的购物街。兵库县 0 公里的“里程元标”，就在元町门口，这里还保留了当初神户开埠时期的海关旧址。

北野异人馆在神户北部一片山坡上，有多栋西洋风格的独栋别墅，从滨海区或者市中心，搭乘神户环形旅游观光专线可以到达。市中心旧居留地，则有多间花岗石贴面的西洋古典主义风格的建筑。这些西洋建筑，都是神户旅游的名片，但对于到过青岛八大关或者见识过上海万国建筑博览会的人而言，这里的建筑，缺少足够的杀伤力。

神户海港区的夜景，号称日本三大夜景之一，号称价值 1000 万美金。我们住的喜来登酒店，正是观赏夜景的最好位置。

第七节　淡路岛威斯汀酒店

淡路岛是濑户内海的第一大岛，通过明石海峡大桥和本州相连，通过大鸣门桥与九州相通，是连接本州和九州的咽喉要道。明石海峡大桥 1996 年建成的时候，号称世界最大的悬索桥，现在随着中国一众跨海大桥的建成通车，明石海峡大桥的这个第一，多半是保不住了。但大桥依然是兵库县的一大风景，在兵库县的旅游版图上，江湖地位仅次于姬路城天守阁，还在神户之上。当然，吸引我们舟车劳顿辗转来到淡路岛的最大的理由，是淡路岛威斯汀酒店。

淡路岛威斯汀，是规模宏大的淡路岛梦舞台项目的一部分。这个梦舞台项目，包含了威斯汀酒店、国际会议中心、百段苑、观光长廊、温室 / 植物园、露天剧场六个部分，整个梦舞台，犹如一个巨大的迷宫。

淡路岛威斯汀本身是典型的会展配套的商务型酒店，但由于得天独厚的周边配套，酒店有大片的草坪，有大面积的喷水池，有室外、室内泳池，有 180 度的海景，甚至可以借用温室 / 植物园办一场奢华婚礼，酒店也因此具备了度假村的一切元素。也难怪酒店在 MICE 之外，主打婚庆牌，酒店大堂有多处婚宴的推荐，甚至还有一处专属的婚庆教堂。

我们的房间在走廊最顶头，恐怕也是一个楼面里唯一的一间套房。房间面积并不大，但胜在景观无敌，拥有 270 度的观海角度，可以将周边的山山水水一网打尽。

酒店的餐饮并不贵，我们头一天刚去了姬路城天守阁，对姬路城历史上的“黑田官兵卫”的故事，颇有兴趣。非常凑巧，淡路岛威斯汀就有“黑田官兵卫”套餐，我们就当仁不让地选了一份。当年王宫贵族才有福品尝的丰盛美食，今天进入寻常百姓家，价格也只有 4800 日元，约合 RMB240 元。而酒店隔壁观景长廊底楼，更有多家食肆，有海鲜排挡，有西餐，甚至还有正宗广东料理。

梦舞台是实现人工植树，重造森林之梦想的舞台，“奇迹之星植物园”就是这梦舞台变梦想为现实的核心景区。植物园分六个展馆和多个天井，在这里，能看到多种其他地方难得一见的珍稀植物，还有巴厘岛风格的雕塑！

连接酒店和植物园的，是山坡上如梯田一般的“百段苑”，由上百个一米见方的模块组成，分别种植五颜六色的不同植物，煞是艳丽动人。这里居高临下，处于整个梦舞台的制高点，也是拍摄酒店全景的好地方。

“百段苑”和植物园之间，另有长长的观景长廊。观景长廊有五层楼高，底下两层是停车库，地面层是餐饮和各类店铺，上面两层是观光层，顶部则是屋顶花园。长廊中间有很大一片挑空的露天空间。这个观景长廊和“百段苑”的建筑，很多地方的墙体里嵌有厚厚的钢板，钢板的极端厚度，我看有 70 厘米之多，这是防核辐射、放生化武器的规格。整个梦舞台，游客稀少，门可罗雀，在这样一处偏僻的角落，花如此大的代价，建造类似国防工事的建筑，是非常蹊跷的。

梦舞台还不是故事的全部，就在梦舞台前方，穿过一道边门，就能进入范围更加广大的国营明石海峡公园。公园由安藤忠雄事务所担纲设计，据说这里原来是一片开山取石后留下的矿坑，看到眼前绿树成荫，花团锦簇，想必设计大师们，颇费了一番苦心吧。公园以人工湖为核心，充满了山林野趣。湖中有鸭子形状的划船，湖边有毛毛虫形状的小火车，想必这里也是小朋友们的最爱吧。

淡路岛梦舞台和明石海峡公园，国内没有任何一本旅游书籍介绍过它们，这也是非常奇怪的现象。

第八节　大阪洲际酒店

因为日本经济长期不景气的缘故，大阪已经很久没有大型商业综合体开业了。2014 年 6 月，大阪火车站附近的大型商业综合体 Grand Front 的开业，成了当年大阪的一件盛事。Grand Front 由四栋高楼组成：其中两栋写字楼，一栋业主楼、估计是可出售的高尚住宅吧；另一栋，则是我们入住的大阪洲际酒店。四栋楼的裙楼，由走廊相链接，并且一直联通到大阪 JR 火车站。裙楼中的商家，估计也是大阪奢侈品的聚集地了吧。

大阪洲际的大堂在 20 楼，全日制餐厅、大堂吧，也都在这个楼层。印象中柏悦、君悦喜欢开在摩天大楼里，大堂常常位于五六十层的高空；而洲际品牌的酒店，即使是商务型酒店，也多数“脚踏实地”，大堂规规矩矩地位于一楼。我住过世界各地 40 来间洲际品牌的酒店，如果没有记错的话，这是我入住的第一家拥有空中大堂的洲际品牌的酒店。

入住的时候，我们被升级到一室一厅的行政套房。套房面积不大，估计也就 55~60 平方米的样子，但布局紧凑合理，在不大的空间里，做出了办公区、起居区，甚至还有一个不小进入式的衣帽间。窗外，则是东梅田一带繁华闹市的景象。

大阪洲际最大的亮点，是它的行政酒廊。酒廊居高临下，淀川河以及河上的桥梁，组成了一道靓丽的风景。

酒廊欢乐时光的出品也异常丰盛，不但有多款

冷盘、热菜和甜点，更有气泡酒、洋酒，甚至还有人头马 XO。说大阪洲际的行政酒廊，是洲际品牌酒店里最出色的行政酒廊，恐怕都不为过。

大阪洲际开业后，成为大阪的时尚圣地，很多新人以在此举办婚礼为荣，酒店也非常重视婚宴，酒店三楼，甚至有一个专属的室内婚庆教堂。

入住大阪洲际，也有遗憾。我们在大阪以观光为主，每天清早出门，晚上很晚回家，最大的遗憾，是留给酒店的时间太少了，酒店很多设施都没有享受到。比如我们住了两晚，却说不出来酒店的室内泳池和 SPA 在哪里。这也是不应有的疏漏了吧。

第九节　大阪瑞吉酒店

大阪瑞吉酒店，一直以来号称大阪最高等级的酒店，没有之一。酒店位于大阪绝对市中心：本町，延绵数公里的步行街“心斋桥”的起点，就在酒店门口。可以说，大阪瑞吉，是在大阪疯狂购物者的不二之选。

瑞吉虽然是典型的城市商务型酒店，却在大堂所在的楼层，有一个不小的空中日式庭院。这一方白沙铺地的日式庭院，也让酒店有了城市度假村的意味。

酒店对高级会员的待遇也相当好，我是喜达屋的白金会员，入住的时候，被升级到酒店的

UME Suite，房间大厅小卧室，客房有非常浓烈的设计感和现代感：它的电视和迷你吧都是隐藏式的，隐藏在橱柜中；床头的中控开关，也是隐藏式的，隐藏在床头柜中，将现代化的高科技，隐身于传统的典雅范中。客房里，甚至还设有专门的逃生通道。住了那么多酒店，有逃生通道的客房，这还是第一次入住。这，恐怕也从一个侧面，显示出我入住的这间客房的非比寻常吧。

酒店的公共区域，经典典雅，大块的石材，大扇的实木门，给人以沉稳厚重的质感。酒店的餐饮也可圈可点，酒吧里代表性的“血色玛丽 Bloody Mary”自不必说，早餐时提供的和式早餐，也富有特色。一路上提供和式早餐的，京都威斯汀是一家，大阪瑞吉是第二家。想必即使在日本，提供和式早餐的酒店，也是不多见的吧。以这样一家酒店，结束我们的 10 天日本关西之旅，我们是非常满意的！

第十节　大阪景点篇

大阪推荐行程：

DAY 1：抵达大阪，入住酒店。

DAY 2：港湾地区——坐游轮，乘摩天轮；大阪城，大阪历史博物馆；动物园，通天塔，观光台。

DAY 3：白天闲逛中之岛，夜游心斋桥、千日里。

DAY 4：离开大阪。

大阪是日本仅次于东京的第二大城市，也是日本关西地区仅次于神户的重要港口。大阪首先是海港，大阪城市的一切，都是以海港为依托，逐步发展起来的。大阪的港湾地区，无疑也是大阪最值得探索的一站。而摩天轮和游船，无疑是大阪港湾地区，最有特色的两大项目了。这两个项目，都可以凭“大阪 1 日周游券”或“大阪 2 日周游券”免费游览。

号称世界上最大的摩天轮的天保山摩天轮，比我之前在新加坡乘过的摩天轮，貌似更大。关

键是景观无敌——大阪港区层层叠叠的多座桥梁，远处大阪市中心高楼大厦组成的天际线，尽收眼底。

仿照哥伦布发现新大陆的帆船“圣玛利亚号”并放大两倍的观光游轮，更是港湾区必做的项目。仿古帆船将游客依次带向港湾的三个不同的方向巡游，在海上从一个与众不同的角度审视大阪港湾的全貌。

大阪古城“大阪城”和城中制高点的“天守阁”，是大阪历史的代表和象征。非常可惜的是，大阪古城早就毁于战火和硝烟，目前看到的“大阪城”和“天守阁”，都是后期复原的，虽然美轮美奂，但毕竟是假古董，也就难以侧身世界文化遗产的行列。但假古董有假古董的好处，大阪“天守阁”目前开发成了博物馆，游客可以登楼远眺大阪城的全景，可以穿越古今，了解大阪“冬之战”“夏之战”的来龙去脉。

大阪城边上的“大阪历史博物馆”，是另一处不容错过的景点，这里也是拍摄大阪城全景的绝佳位置。

如果说大阪城天守阁，代表的是中世纪丰成秀吉时代大阪的辉煌的话，那么天王寺附近的动物园和通天塔，则代表了近代大阪的荣光。

天王寺动物园，是大阪唯一的一家动物园，也是日本第一家现代意义的动物园，占地广大，有北极熊等其他地方难得一见的珍惜动物，即使用今天的眼光来看，也不无可观之处。

始建于1912年的通天阁，是当时全日本最高的建筑，也是日本一众观光塔的始作俑者。以通天阁为中心，塔下鳞次栉比，都是大阪的各色小吃。

大阪古称“难波”，中之岛附近的“难波桥”，大约是大阪现存最古老的桥了吧，对于大阪，有着特殊的意义。中之岛范围不大，但却是大阪政府机关和高档写字楼聚集之处。也有不少历史老建筑，蓝天白云之下，一群学生围着画素描呢。

一直以来，大阪都以市井文化著称，而最能体现大阪市井文化的，莫过于以“心斋桥”为代表的长达数公里的步行街。大阪“心斋桥”之类的步行街，大约类似国内的“中央商场”，而规模远远胜出。这里的物价，衣食住行，100样比国内便宜。有的国际连锁的品牌，比如H&M，据太太说，只有国内同款式的一个零头。步行街到底，则是美食一条街了。我们这个也想吃，那个也要尝试，结果一个晚上，换了三家店铺用餐，肚皮吃到滚圆。

今后，说不定“去日本过周末”，会成为流行语吧？

Part 5

何止奢华之

毛里求斯 + 留尼汪：顶级海岛下一站

第一节　攻略篇

1.1　序言

毛里求斯和留尼汪，同大溪地、斐济、塞舌尔、马尔代夫，并称为世界六大顶级海岛，之前我到过另外四处，由我来完成顶级海岛的大满贯，是最顺理成章的事了吧。

毛里求斯和马尔代夫、塞舌尔，并称为印度洋的 3 颗明珠，但这样的称谓，稍显勉强——马尔代夫属于亚洲，毛里求斯和塞舌尔，属于非洲；马尔代夫和毛里求斯、塞舌尔之间，并没有直达的航班。可以说将马尔代夫、塞舌尔、毛里求斯拼凑在一起，组成所谓的印度洋的三颗明珠，可能是国内某些媒体不负责任拍脑袋的说辞吧。

事实上，毛里求斯、留尼汪、塞舌尔和马达加斯加这四个岛国之间，有所谓的香草协议：只要经其中任何一个岛屿前往另一个岛屿，即可办理香草签证，效果相当于落地签、免签。换句话说，要想一次玩转毛里求斯、留尼汪、塞舌尔和马达加斯加，并没有任何技术上的难度，只要有钱有闲，任何人都可以轻松完成此任务。

印度洋 3 颗明珠中，此前我到过马尔代夫和塞舌尔，由我来完成毛里求斯 + 留尼汪之旅，为之做一次全方位的推荐，恐怕我是最适合的人选了。

1.2　机票篇

中国去毛里求斯，有毛里求斯航空从北京、上海、广州、成都、香港出发的直飞航班，也有南方航空从深圳出发的直飞航班。这中间，以香港始发的价格最为低廉，并且香港始发的航班，香港—毛里求斯—留尼汪往返的价格，多飞了一个目的地，票价反而比单去一个毛里求斯更为低廉。我买的价格，是 HKD9500 元多，约合 RMB7500 元经济舱含税往返。这个价格不算便宜，但正好赶上毛里求斯航空的里程促销，一个来回，我们夫妻每人累积了 30000 多里程。飞一个来回，就获得了毛里求斯航空的银卡，里程是有价值的。毛里求斯航空的 5000 里程，价值 35 欧元，30000 多里程，约合 210 欧元。里程拿来换票，价值更高——毛里求斯航空的 30000 里程，可以兑换毛里求斯去南非或肯尼亚的往返经济舱的票，或者可以用来升舱，可以将香港到毛里求斯的往返机票，从经济舱升级到商务舱。把这些计算进去，这张票，就物有所值、物超所值了。

毛里求斯是典型的小国寡民的社会，但毛里求斯国际机场，却是一众顶级海岛中，最大、最现代化的。毛里求斯航空的机场贵宾厅规模之大，可以和任何机场的贵宾厅相媲美。贵宾厅分上下两层：楼下的贵宾厅，餐食酒水丰盛，已经足可令人满意；楼上的贵宾厅，面积更大，装饰风格也更现代化，居然还有一片儿童乐园，专供孩子们戏耍。这个贵宾厅，PP 卡可以进入。

毛里求斯机场还有一家规模颇大的免税店，店里香槟的价格，只有中国市场的 1/3；中国市场上高大上什么的巴黎之花 Perrier Jouet、罗兰百悦 Laurent Perrier、酩悦 Moet &Chandon，这里统统只有 RMB300~500 元的地摊价。因而到毛里求斯度假，或者经毛里求斯转机去留尼汪的话，建议先在这个免税店一次买齐各类酒水。毛里求斯市区超市的价格也并不贵，但这些品牌的香槟，一般超市就没有了，有的只是当地的气泡酒。

留尼汪东距毛里求斯 190 公里，空中飞行时间 40 分钟，每天从毛里求斯飞往留尼汪的航班，多达 10 多班，因而去留尼汪，搭乘毛里求斯航空是一个最佳的选择。

留尼汪机场规模比毛里求斯小得多，毛里求斯航空一天有十几个航班飞留尼汪，但是留尼汪机场，并没有毛里求斯航空的贵宾厅；有的几个贵宾厅，平时并不开放，PP卡也无法进入，这也算是一个小小的遗憾了。

1.3 酒店篇

毛里求斯虽然有两处世界文化遗产，有七色土之类的自然景观可以看，也有丰富的印度教文化可以参观。我曾先后环岛三圈，到达毛里求斯各地代表性的景点，但毛里求斯最为出色的，无疑是它的酒店。

毛里求斯，面积2040平方公里，人口140万；中国的海南岛面积35400平方公里，人口1000万；毛里求斯的面积，只有海南岛的6%，人口只有海南岛的15%；但毛里求斯拥有的五星级酒店的数量，却有65家之多，比海南已经开业的五星级酒店的总和还多。毛里求斯每天进出港的航班数量也远少于海南，但我在毛里求斯的几天里，毛里求斯的各家酒店，都是满房的状态；海南的酒店，近年的入住率可谓惨淡。面积小、人口少、航班少、酒店数量多的毛里求斯的酒店，常年满房；面积大、人口多、航班多、酒店数量远未达到饱和的海南，酒店入住率反而惨淡——这里面，显然有很多可以吸取经验教训的。

毛里求斯号称印度洋中的酒店岛，去之前，期望很低，主要是因为毛里求斯太便宜了，五晚住宿含机票含早晚餐的套餐，也不过RMB10000元左右一个人。这样的价格，很难让人将毛里求斯同顶级海岛划等号。然而去了之后，却有着不一般的惊喜。我们海南的酒店，主体建筑和酒店客房离海太远，住店客人和大海之间，很难有太多的互动；而毛里求斯绝大多数的酒店，多是直接建在沙滩上，开门就是沙滩、大海。海南的酒店，有个三四百米的私家沙滩，已经足可夸耀；而毛里求斯几乎每一家酒店，都有700米至1公里的沙滩。在毛里求斯，有的酒店，私家沙滩居然达到了惊人的7公里！有的酒店，比如于2015年翻牌成香格里拉的洛克酒店Tousserok，一家酒店居然带有两个很大的私人海岛。其中一个海岛，像三亚西岛那样，是对公众开放的游乐的岛，但住店客人上岛免费（往返的船费也免）；另一个则是酒店的私人岛，岛上的餐厅、沙滩和泳池，只对住店客人开放。这样的排场，若不是亲眼所见，实在是很难令人置信的。

我是洲际的铁杆粉丝，在有洲际的地方，必住洲际。毛里求斯的洲际酒店，可能是全世界最便宜的洲际品牌的度假酒店了——总统套房不过RMB3000元一晚。我是乘早班飞机到酒店的，洲际的大使会员身份可以让我早上8点提前入住，周末还可以使用大使周末买一送一券，凡此种种，都让我将洲际作为自己的第一选择。

另外五晚，本来已经预订了瑞吉酒店，按我最初的理解，瑞吉的开业，将改变毛里求斯酒店业的版图，将当仁不让地坐上毛里求斯酒店的头把交椅。这次又是赶末班车，用Starchoice的7000分，兑换到了平均房价高达800欧元一晚的房间，性价比高到了极点。但是在入住之前，正巧遇到威斯汀酒店119欧元的开业特价，威斯汀酒店前身是大毛里求斯人豪华精选，也是毛里求斯一家传奇性的老牌酒店，三年前一场大火，正好给了酒店一个全面翻新的理由，这次是重装开业。而毛里求斯是 LUX* 丽世度假村及酒店的大本营，单毛里求斯就有六家 LUX* 丽世系统的酒店，即使不能一一入住，至少也想去体验一二。对于我，最终一次体验多家不同酒店的好奇心，占了上风。这样，毛里求斯住宿的最终安排：两晚洲际，两晚威斯汀，两晚瑞吉，一晚美岸丽世度假村 LUX * Belle Mare。同时参观了七家代表性的酒店：

传奇丽世度假村 LUX * Grand Gaube

莫纳山丽世度假村 LUX * Le Morne

Beachcomber 旗下三家酒店——皇家棕榈 Royal Palm、罗宾酒店 DinaRobin、天堂酒店 Paradise

Sun Resorts / 香格里拉一家酒店——洛克酒店 Tousserok

唯一酒店 One & Only St Geran

每一家酒店，我们都留下了深刻的印象和美好的回忆，也带回了很多第一手的情报。

留尼汪既是法国的海外省，又是独立的大区，号称南半球唯一的纯正欧洲风情的地区，比法国本土安全，比法国本土便宜，比法国本土更有特色。

更为重要的是：留尼汪全岛 40% 的面积，是世界自然遗产。这是一处火山岛，有世界上唯一一处可以抵近观察的活火山，目前正在喷发中。另有 3 处火山喷发形成的天坑地陷景观，当地称之为“冰斗”。其中深度最深为 600 米的一处冰斗，不通公路，只有徒步才能进入。另外世界上最长的长跑线

路 The Grand Ride，在留尼汪，全程 170 公里，相当于 4 程马拉松。国内跑马拉松要托关系、要排队，而这个世界最长、难度最大的长跑项目，去年仅有一个中国人参赛，还没有跑完全程，跑到一半就被淘汰了……

留尼汪虽然贵为法国的领土，整个留尼汪岛的面积也比毛里求斯稍大，但留尼汪的五星级酒店，我去的时候却仅有区区两家：丽世度假村 LUX * Ile de la Reunion 和棕榈酒店 PALM HOTEL & SPA。物以稀为贵，酒店价格高昂，旺季还一房难求。这次在留尼汪，我们定位的是观光游，因而在留尼汪的前四晚，入住的是首府圣丹尼的最佳西方酒店。最佳西方在中国的绝大多数物业是五星的，留尼汪的这家虽然只有三星，但酒店全新装修，关键是地段无敌，酒店处在海边相当于上海外滩的位置。把最好的留到最后，我们在留尼汪的最后一晚，入住五星丽世度假村，为整个旅程，划上了一个完美的句号。

1.4 签证篇

毛里求斯和留尼汪都对中国护照免签，区别是毛里求斯是直接彻底的免签——白本护照，一个签证没有，买张机票就能出行；而留尼汪留了个尾巴，必须通过旅行社预订酒店和当地行程才

能取得免签资格。我 10 月 2 日买的机票，10 月 12 日就动身去香港，中间还有国庆长假，就是想做法国海外省的签证，也来不及了。我这个一向标榜自由行、自驾游的人，也不得不在现实面前低下头，为了能顺利进入留尼汪，向留尼汪当地旅行社预订了行程。这也歪打正着地和当地的旅游局挂上了钩。

在我到达留尼汪的第一天，就被邀请参加了当地华商会的一场晚宴。宴会上，中国驻留尼汪总领事、留尼汪旅游局负责人以及当地华商会会长都有出席，可谓是名流毕集——当地华人圈子的头面人物，恐怕都到齐了。一开始以为自己来得早不如来得巧，恭逢盛宴，碰巧遇上了这次盛会。相谈之下，发现总领事和旅游局负责人，居然是以我的名义邀请来的，而总领事和副总领事，居然都是我的同乡加校友。我何德何能，受此礼遇，不胜感激，也不胜惶恐。

留尼汪华人虽然只占人口比例的 5%，但却几乎垄断了当地的百货业。华商会的能量也很大，就在本文面世之时，华商会居然促成了留尼汪第二大城市圣皮埃尔市和浙江丽水结成友好城市。签约仪式特意选在中国的元宵节，从前方发回的照片看，留尼汪大区区长、省长、高官政要，尽数出席；名流毕集，仕女如云，还特意安排了舞龙、舞狮子和京韵的歌舞表演。留尼汪开拓中国市场的决心，表露无遗。

1.5 攻略篇

毛里求斯是非常成熟的旅游目的地，每年有大量中国游客进入“毛球”（毛里求斯），但非常奇怪的是、毛里求斯的攻略，少之又少，市面上能找到的，只有孤独星球 Lonely Planet 出版的《毛里求斯、留尼汪和塞舌尔》合集。这个合集我手上的是英文版，但据说中文版也已经面世，建议大家读一遍再上路。

留尼汪的攻略，无疑更少，我第一次听到留尼汪这个名字，是在 2011 年。去塞舌尔之前做功课的时候，偶然拜读到某位千万级博主的系列帖子，对留尼汪心向往之。这位博主半年时间内两赴留尼汪，为留尼汪旅游的推广，可谓尽心尽力。之后的几年里，也陆续有各路媒体、各路旅行社登陆留尼汪，但效果却并不明显，几年过去了，去留尼汪的中国人，一年也依然只有区区千把人。我希望我的书，能为中国人了解留尼汪，带来一个全新的视角。目前全世界的旅游胜地，先后被中国人攻陷和占领。如果说有一处特别的景观，如果说有一处只此一家别无分店的景观，如果说还有那么一处“养在深闺人未识的”景观的话，那留尼汪，即使不是绝无仅有的一处，最起码也是非常罕见的几处世外桃源之一了。

第二节　毛里求斯行程

我们这次在毛里求斯八天七晚，通过合理的安排，游览了毛里求斯环岛的各个主要景点，参观了毛里求斯几家主流酒店。我们的行程，很值得作为一条线路，推荐给大家：

毛里求斯行程：

DAY 1：早上 8 点入住毛里求斯洲际酒店，酒店休整。

DAY 2：South West Tour 西南线一日游——火山，圣湖，黑河谷，瀑布，七色土。

DAY 3：搬家，洲际——威斯汀，酒店休整。

DAY 4：North Tour 北线一日游——首府圣路易港，植物园，大湾，红教堂。

DAY 5：搬家，威斯汀——瑞吉，参观皇家棕榈酒店 Royal Palm 和传奇丽世度假村 LUX * Grand Gaube。

DAY 6：与海豚一起游泳 Swimming with dolphins，瑞吉酒店休整，参观罗宾酒店 DinaRobin、天堂酒店 Paradise 和莫纳山丽世度假村 LUX * Le Morne。

DAY 7：搬家，瑞吉——美岸丽世度假村 LUX * Belle Mare，参观洛克酒店 Tousserok 和唯一酒店 One & Only St Geran，游览鹿岛 Ile aux cerfs。

DAY 8：离开毛里求斯，飞往留尼汪。

毛里求斯、塞舌尔和留尼汪，都由法国人率先开发、率先殖民，岛上的绝大多数的地名，都还顽强地保留着法语的名称和法国人殖民时代的印迹。1793 年法国大革命，之后拿破仑取得政权，整个欧洲大陆陷入连绵战事之中，英国人趁法国人泥足深陷、无暇东顾之际，用武力夺取了这三处海岛。可能是不为已甚吧，英国人将已经吃到嘴里的肥肉：留尼汪，又吐回给了法国，但却在毛里求斯和塞舌尔建立了殖民统治。当初，统治毛里求斯和塞舌尔两处海岛的总督府，就设在今天毛里求斯的首府圣路易港。因而同塞舌尔和留尼汪相比，毛里求斯更多了一份历史的厚重。时至今天，在毛里求斯漫长的海岸线上，还星星点点散布着一些有着二三百年历史的碉堡，也算是对那段倥偬岁月的纪念吧。

毛里求斯有两处世界文化遗产——中国要是某个景点被评上了世界遗产，肯定是方圆十里张灯结彩，远远地就拦起来收个门票什么的——但毛里求斯显得异常低调。毛里求斯的两处世界遗产，几乎可以用默默无闻来形容，介绍毛里求斯的游记攻略里，几乎无人提及，仿佛毛里求斯根本就不存在什么世界遗产一般。这也难怪，毛里求斯的两处世界遗产，并没有开发成为景点，一般人也无从寻访。

毛里求斯的两处世界文化遗产，一处是位于毛里求斯首都路易港的被称为阿普拉瓦西·加特（印地语：Aapravasi Ghat）的劳工中转站，一名苦力中转站“Coolie Ghat”。苦力，据说是印度泰米尔方言中 Coolie 的对音，意思是“契约工”。在苏伊士运河开通之前，往来东西方的船只，必须绕行非洲大陆最南端的好望角，而毛里求斯的首都路易港，是连接东西方航路的必经之地，也是历史上苦力贸易的中转站。这一段历史，奠定了今天毛里求斯印巴人种为主体的基调。毛里求斯有着印度本土以外规模最大最宏伟的印度庙，有着纯正的印度教文化，对于既对印度教感兴趣，又对印度本土的脏乱差视为畏途的人来讲，毛里求斯让人感到意外的是一处可以以奢华酒店为依托，体验纯正印度风情的目的地。

毛里求斯的另一处世界文化遗产，是岛屿西南角的莫纳山。莫纳山的出名，也是和奴隶贸易相始终的。据说这里因为地势险要，而成了奴隶逃避追踪的最后避难所。在奴隶制度废除后的 1835 年 2 月 1 日，大批军警包围了莫纳山，大声呼叫山上的奴隶：“你们下山吧，保证给你们自由！”奴隶们却以为是末日来临。这也难怪，如果有一群黄鼠狼围着鸡圈大声喊：“出来吧，保证不吃你们”，鸡们会有什么样的反应呢？被包围的奴隶们做出了悲壮的选择：大家纷纷从悬崖上跳下。莫纳山，也就成为名符其实的舍生崖。今天，莫纳山脚下奢华酒店林立，包括新开业的瑞吉、老牌酒店罗宾酒店 DinaRobin、天堂酒店 Paradise 和莫纳山丽世度假村 LUX * Le Morne。风流总被雨打风吹去，今天度假村中的人们，恐怕早就不记得不远处还曾发生过如此悲壮的一幕吧。

毛里求斯有三条经典的一日游线路和两处特殊的海上游玩项目，分别是：

——北线游：包括首府圣路易港、中央市场、要塞、唐人街、植物园、糖业博物馆、大湾和红教堂

——西南线游：包括火山、印度教圣湖、黑河河谷、瀑布、七色土等

——南线游：包括莫纳山、野生动物园、鳄鱼园、大浪湾等

——东线游：鹿岛 Ile aux cerfs

——与海豚一起游泳 Swimming with dolphins

在毛里求斯的 7 天时间里，我有幸参加了全部这些活动。下面来逐一介绍一下。

2.1 北线游

北线游的第一站，是被称为 Citadel Fort Adelaide 的要塞。这是一处殖民地时期的城堡，城堡的大炮，居高临下，俯瞰着首府圣路易斯港面前的洋面。今天，昔日的城堡，已经变身成一处时尚中心，昔日的弹药库，成了酒窖和名品店。身在其中，有一种不胜今昔的感慨。

圣路易斯港，是我到过的一众顶级海岛的首府中，规模最大、最现代化的一处。圣路易斯港以滨海公路为界，分为新旧两个部分，临海的一侧，是圣路易港的核心，被称为 WaterFront 的海滨时尚区。这里商场、食肆林立，既有当地人的水果摊，也有做成一艘海盗船模样的赌场，更有毛里求斯首屈一指的博物馆：The Blue Penny Museum。这里的物价也不贵，更何况还有这海港的美景，以至于后来的几天，我都再三要求我们的司机，把我们送到这个海滨时尚区，用过午餐再做后面的行程。而公路对面，穿过一条人行地道，则是圣路易斯港的老城区。老城区以中央市场为核心，拥挤嘈杂，恍惚间仿佛回到了印度。

圣路易港以北半小时车程的皇家植物园西沃萨古尔·拉姆古兰爵士植物园——Sir Seewoosagur Ramgoolam Botanical Garden，同机场一样，都是以有着毛里求斯之父赞誉的毛里求斯第一任总理拉姆古兰爵士的名字命名的。这里据说是这位总理生前办公的所在，总理身故之后，就葬在他的办公楼外。植物园里古木参天，碧水萦绕，最有名的据说是王莲池，池里的睡莲，直径最大可达 3 米。

毛里求斯最北边的大湾 Grand Bay 和红教堂，水清沙幼，海水的颜色，是整个毛里求斯环岛一周最美的，因而也是婚纱摄影的圣地，是新人的最爱。我们在红教堂亲眼看到一对中国夫妻，不远万里来到毛里求斯，就为了拍摄一辑异国风情的婚纱照。

大湾边上是当地人的鱼市场，市场上的鱼，差不多都是我们这辈子没见过的，更别说吃过了。市场对面是一家颇具规模的中餐厅，在这里，吃一顿新鲜出海的海鲜，一定是一件人生的乐事吧。

大湾边上，有两家毛里求斯颇有影响力的酒店，一家是 Beachcomber 集团的旗舰店：皇家棕

榈酒店 Royal Palm，另一家是传奇丽世度假村 LUX * Grand Gaube。其中皇家棕榈酒店，就在大湾边上，从鱼市场和中餐厅出发，举步可及。这家也是号称六星级的酒店，是毛里求斯唯一最好的酒店。北线游时间太过匆忙，到了大湾，已经是夕阳西下的时分了，我们为了参观这两家酒店，后来又专程重回了一次大湾，也算得上是精神可嘉了。这段参观酒店的经历，就留到后面的毛里求斯酒店综述里再说吧。

2.2 西南线游

西南线的自然景观，包括一处名为 Trou aux Cerfs 的死火山。火山直径不大，火山口的积水不深，说实话并没有太大特别，但对于从来没有近距离接触过火山的人来讲，这里不失为一处容易到达且可以触摸的火山。从这里可以看到周边小镇和远远的三姊妹峰的全景。我们是包了辆丰田出租车来的，在火山顶上，遇到了一对银发夫妻，坐的是百万豪车保时捷卡宴，陪同的是身着宾馆工作服、戴着白手套的司机兼导游，一见之下，大为感慨：这不就是我们想要的生活吗？一打听，才知道，他们住的是于 2015 年 4 月翻牌成香格里拉的洛克酒店 Tousserok，这才有了后面的系列参观酒店之旅。

西南线有一处印度教的圣湖：Grand Gassin Sacred Lake，湖边的寺庙供奉的是湿婆的林伽，据说是印度本土以外唯一一处供奉湿婆林伽的印度庙，在毛里求斯的印度教徒心目中，地位尊崇。

西南线的黑河河谷 Black River Gorges，

有多种濒危动植物仅此可见，毛里求斯于2011年为之申请世界自然遗产且成功。

距离黑河河谷不远处的夏马尔地区 Chamarel，有着毛里求斯最大的朗姆酒博物馆，来有和美国自由女神像同样高度的毛里求斯最高的瀑布，更有大名鼎鼎的七色土。

西南线也是一处购物之旅，司机兼导游不时带我们进这样那样的店铺。但这些店铺，也并非一无是处，比如一路上参观的船模店的船模，就颇为精美。而某处山中大宅，若非司机指引，我们就算到了门前，也不敢贸然闯入的。

2.3 南线游

南线的重点是野生动物园，游客可以坐在四驱的车里，看狮子、大象，甚至可以在向导的陪同下和狮子一起散步。对于从来没有到过南非，没有到过肯尼亚，没有在半野生的状态下近距离看到过大型动物的人来说，这个野生动物园，是不容错过的一处景点。由于我们年初刚从南非回来，到了世界上首屈一指的南非克鲁格国家公园，这个野生动物园，也就忽略不看了。

100 M
75 M
50 M
25 M
2nd flow
1st flow
CASCADE WATERFALL
Chamarel Waterfall is a testimony to the volcanic activity that lasted several million years. It highlights two lava flows of different ages.
The first flow of the breccia core set (10 to 8 million years), altered on the surface upon which rests a second flow. The altered part being thick, is proof that this first flow remained exposed to air and weather during millions of years before being covered by the flow of the intermediate series.
Its fall is 100 meters high.
La cascade de Chamarel témoigne de l'activité volcanique qui a duré plusieurs millions d'années et met en évidence deux coulées de lave d'âges différents.
La Première coulée de la série bréchique de base (10 à 8 millions d'années), sur laquelle repose une 2ème coulée a été altérée en surface . La partie altérée étant épaisse, est une preuve que cette première coulée est restée exposée à l'air et aux intempéries pendant plusieurs millions d'années avant d'être recouverte par la coulée de la série intermédiaire.
Sa chute fait 100 mètres de haut.

南线游的另一个重点是毛里求斯的世界文化遗产莫纳山，貌似这里并没有开发成为景点，只可远观，不可亵玩。我们在莫纳山脚下的瑞吉住了两天，天天同莫纳山为伴，这处景点，也就没有去看。

毛里求斯环岛一周，都为珊瑚礁围绕，惊涛骇浪远远地被珊瑚礁屏蔽，近海的水域常年风平浪静，整个珊瑚礁链，只在毛里求斯南部名为 Gris Gris 的地方留了一个缺口。可能物以稀为贵吧，这里的大浪，也就成了一处景点。但说实话，这个大浪湾的浪，同留尼汪南部的浪比起来，那就是小小巫见大大巫了。

南线近机场处的蓝湾 Blue Bay，是毛里求斯的潜水圣地，附近的双可可岛 Ile Des Deux Cocos 上，有丽世集团整栋出租的一栋百年老宅。不租不住，也可以花不多的钱，上岛做个一日游，体验一把百年前英国总督才能享有的私家海岛的风情。

2.4 东线游：鹿岛 Ile aux cerfs

鹿岛是毛里求斯旅游的名片，鹿岛本身是类似三亚西岛的一个游乐岛，有皮划艇、浮潜、深潜等各式水上活动。岛上有三家餐厅：一家印度餐厅，一家海鲜餐厅，一家沙滩吧。我特别推荐名为 Paul & Virginie 的海鲜餐厅，它们家的海鲜披萨，是我迄今为止吃过最好吃的。

探索鹿岛的最好方法，无疑是入住于 2015 年 4 月翻牌成香格里拉的洛克酒店 Tousserok，住店客人上岛免费（往返的船费也免），各种水上活动免费，岛上有个 18 洞高尔夫球场，住店客人只要花上很少一点钱就能去打一场高尔夫，往返球场的船费也是免费的。

2.5 与海豚一起游泳 Swimming with dolphins

毛里求斯可以和海豚一起游泳的地方很多，其中最著名的是西岸的 Tamarin。这是一处宁静的港湾，有多条快艇经营这个线路，所谓的和海豚一起游泳，就是在海豚出没的海域，跳进海豚群中，和海豚追逐戏耍。我看很多青少年就特别兴奋，看到海豚靠近了，就迫不及待地跳下水。我们船上的船老大，也忍不住下水一试身手。

与海豚一起游泳的价格，上下浮动很大，有单纯和海豚一起游泳的，有游泳 + 浮潜的，有游泳 + 浮潜 + 午餐的。午餐本身价格相差也大，吃海鲜生蚝也是吃，吃蔬菜水果也是吃，喝香槟也是喝，喝啤酒矿泉水也是喝。因此和海豚一起游泳，不能光看价格，而应该将价格包含些什么，先问问清楚。

我之前写过这样一段话：到中国的三亚这样的海边城市，说实话，酒店的风景，远好于什么

天涯海角，什么寿比南山。那些景点，去一次也就可以了，但三亚可以一去再去，好的酒店可以一住再住。三亚给人印象最强烈的、最吸引人的，正是它的豪华酒店。中国三亚如此，有着酒店岛美誉的毛里求斯，就更是如此。

中国人的旅游，大部分还停留在走马看花的阶段，比如我们经常在一些旅游达人的签名栏里看到这样的情况：

国家：1**/200

世界遗产：7**/1000

就是说世界上200来个国家里，到过100多个，1000个世界遗产里，到过700多个。而我们在毛里求斯，听到最多的完全是另外一种说法：在我入住和参观的酒店里，不止一家自豪地对我说，他们这里有的客人，从三十五年前第一次来毛里求斯，之后每年都会来三四次，一有假期就会带上全家来毛里求斯度假。显然吸引客人一而再、再而三重回毛里求斯的最大动力，绝不仅仅是它的景色。

第三节　毛里求斯洲际酒店

前面介绍过，毛里求斯洲际酒店，恐怕是世界上房价最低的洲际品牌的度假酒店了，总统套房不过 RMB3000 元一晚，周末还能使用大使的买一送一券。中国到毛里求斯的航班，清一色是凌晨到达，我是洲际的“皇家大使会员”，可以提前到早上 8 点入住，凡此种种，都让洲际成了我在毛里求斯的首选。

洲际的客房，都是八联体，如一只开屏的孔雀，中间两间向外突出，两侧的房间像孔雀的羽毛一般，向后收缩；而总统套房，则位于孔雀头部的位置。洲际这样八联体的客房一共有 10 栋，因而总统套房也就有 10 间。毛里求斯洲际，也很可能是总统套房数量最多的酒店了吧。

总统套房分上下两层，面积足有 300 平方米，楼上是卧室、主卫和两个超大的露台，楼下则是超大的客厅和同样超大的阳台。一楼的厅，功能区分明确，有餐桌，有吧台，一楼的阳台上，有两张躺椅和一桌四椅配置齐全的户外家具，这样的阳台，显然是让你点客房送餐用的吧。楼上的大露台则更为夸张，其中一个露台，有户外的按摩浴缸，底部自带灯光，露台本身地上也做出

了满天星的灯光效果——夜深时分，灯光亮起，那是何等的浪漫！此前我们也住过一些面积更大的别墅，但主楼的房间面积达到300平方米，还是非常罕见的。

酒店有两个泳池，主泳池在自助餐厅前，另一个稍小一些的嬉水池，就在我们楼下，靠近酒店的栈桥和水上活动中心。相对于酒店的体量而言，这两个泳池都不算大，也很少有人游。人们更青睐的，是面前风平浪静的大海，那不就是一处天然大泳池吗？

酒店最大的特色是它的沙岛，通过一座木桥和酒店相连，这里是欣赏日落的好去处。沙岛围合而成的一片泻湖，是孩子们的最爱，浮潜的、学深潜的，忙得不亦乐乎。

酒店有5个餐厅和2个酒吧，全日制自助餐厅在主泳池前。餐厅有5个临水的亭阁，直接面对主泳池，因而这5个亭阁的座位，犹如岘港洲际那5个标志性的悬空餐桌一样，在早餐时段是要靠抢。泳池的另一边是供应饮料和简餐的甘蔗吧。酒店和隔壁

威斯汀酒店交界处，则是印度餐厅和亚洲风味餐厅，但这两个餐厅，貌似只供应晚餐。酒店所谓需要正装出席的经典餐厅就在我们楼下，供应烧烤和海鲜。洲际酒店房价低廉，但餐饮并不便宜。我们在海鲜餐厅吃的第一顿晚饭，每人一份主菜，花了 120 多欧元，因此住洲际的话，建议通过代理预订包含早晚餐的套餐，性价比更高。

毛里求斯洲际酒店，如果一定要说有缺点的话，那就是不够大方。我们是“皇家大使会员”，入住总统套房也没有免费早餐，客房里的迷你吧空空如也。连一听软饮都没有，“皇家大使会员”的免费迷你吧也就无从谈起。我们让酒店补充酒水，酒店说补充的酒水，都必须立刻收费。但总的来讲，毛里求斯洲际，可以称得上是毛里求斯的性价比之选。

第四节　毛里求斯威斯汀酒店

毛里求斯威斯汀酒店，前身是豪华精选大毛里求斯人酒店。这是一家带有传奇色彩的老牌酒店，三年前一场森林大火波及酒店，酒店被迫歇业。"但塞翁失马焉知非福"，一场大火，也带来了酒店整体重装的契机。2014 年 9 月，酒店如凤凰涅槃般浴火重生，以崭新的面貌出现在世人面前，我就在这个时候，预订了酒店的开业特价。

毛里求斯威斯汀酒店就在洲际酒店隔壁，两者鸡犬之声相闻，却老死不相往来。两家酒店的交界处，各有一名保安，从洲际进入威斯汀，威斯汀的保安会上前盘查，从威斯汀进入洲际，洲际的保安也一样会来盘问。由此可见我以前住海滨度假酒店，住一家酒店，同时逛逛看看其他酒店的爱好，在毛里求斯不适用。这也就有了后来通过当地旅行社安排看房，进而同当地旅行社结下不解之缘的渊源。

威斯汀酒店，是我们在毛里求斯的最爱。酒店是全新的，酒店大，有着硕大的泳池和硕大的草坪，酒店的沙滩，我看足有 1 公里长。

酒店以大堂为中心，分为左右两个部分：左边是前台、大堂吧、行政酒廊、主泳池和两个几乎是漂浮在泳池上的餐厅和酒吧，右侧是自助餐厅、环礁湖泳池、沙滩吧和水上活动中心。

酒店的大堂，以三段跌落式的水景直通大海，在第二和第三个水池之间，还修建了木质的通道，显然是让人在这里摆 POSE 取景的吧。

酒店的自助餐厅，是一路上离大海最近的自助餐厅，在这样的环境里用餐，清风拂面，吃的什么大概已经不重要了。

自助餐厅对面的大堂吧，则是黄昏欣赏落日的好去处。酒店永远是越到夜里越美丽的，夜晚时分，华灯初上，大堂中轴线的水景和两侧的餐厅酒吧，被灯光映衬得分外美丽。

环礁湖泳池和它面前的沙滩、大海，是酒店最具活力的地方：泳池里不时有小孩在戏耍，也

有情侣在亲热；沙滩上有人骑马，有人跑步；大海上不时有快艇和帆船驶过。也难怪，酒店的水上活动中心就在这个区域。再往前，就是当地人的游艇会了，也难怪有那么多的游艇聚集于此。

酒店的主泳池，是我们毛里求斯＋留尼汪这一路上见识过最大的泳池，足有 50 米长，游起来颇具挑战性。泳池前则是伸入大海的长长的栈桥，栈桥尽头的凉亭，是浪漫晚餐的地界。

我们的房间在大堂右侧，紧挨着自助餐厅，是四联体客房的边套。房间号称有 130 平方米，它的格局，非常类似越南岘港洲际酒店的半岛套房，室外有个超大的露台，室内的面积并不大，但却非常精致。阳台上的吊椅和卧榻是我太太的最爱，常常在阳台上一待就是半天，翻几页书，吹吹海风，就这么半梦半醒地睡去。

威斯汀酒店对“白金会员”的待遇也非常好，客房有丰盛的欢迎水果，开夜床的时候还会赠送一些小点心。酒店也是我入住过的为数不多的有行政酒廊的海滨度假酒店，每天晚上两个小时的欢乐时光，酒水丰盛，灯光暧昧，我们每天都会在这里流连很久。

离开威斯汀的下一站是瑞吉，按理应该充满期待才对，但我们在威斯汀却住到了不想走，一家酒店，能让一位酒店控恋恋不舍，想必它是成功的。

第五节　毛里求斯瑞吉酒店

瑞吉酒店在毛里求斯西南角，背靠世界文化遗产莫纳山，面朝大海，可以说是一片风水宝地，或者如瑞吉标榜的那样，是所谓的首善之地吧。

我入住过上海、北京、天津、拉萨、三亚，以及大阪，曼谷，阿布扎比和西班牙马略卡岛的瑞吉酒店。毛里求斯瑞吉，是我入住的第 7 家瑞吉品牌的酒店，也是目前整个非洲唯一一家瑞吉酒店。对于喜达屋的忠实粉丝而言，毛里求斯瑞吉，甚至是可以为了瑞吉专门安排一次旅行的。事实上吸引我来毛里求斯的最初的动力，正是这家瑞吉酒店。

瑞吉酒店拥有 700 米的私家沙滩，整个酒店呈长条形，主要功能区，集中在酒店最右侧。瑞吉酒店走的是小而奢华的路线，没有传统意义上的大堂，以到达亭阁 Arriving Pavilion 以及亭阁面前的景观水池为中心，整个功能区，分为左右两个部分：左侧是 SPA 区、日本餐厅和亚洲风味餐厅，右侧是酒店主楼 Manor House、全日制餐厅、印度餐厅和大堂吧。主楼面前，则是主泳池、沙滩吧和水上活动中心。

来到到达亭阁前，先要走过一段长长的回廊。同威斯汀不谋而合的是，瑞吉接待处所在的到达亭阁面前的景观水系，也由三个水池组成，水池之间，同样做出了木质的通道，显然是让人在这里摆 POSE 取景的吧。

酒店的主楼，是一栋法国乡村风格的两层楼

大宅，楼下是自助餐厅、印度餐厅和大堂吧，楼上是图书馆和客房区。主楼正对主泳池，在这里，无论是用餐、阅读还是居住，都是一场视觉的盛宴。

酒店的自助餐厅，分室内室外两个区域，室外的座位，尤其是主泳池跟前第一排的座位，是要靠抢的——所有人都宁愿选择离食物最远，而离风景最近的座位。

酒店的印度餐厅，是所谓需要正装出席的经典餐厅，貌似只在晚上营业，并且需要提前预订。印度餐厅同样分室内室外两个区域，入夜时分，餐厅门前的花园里张灯结彩，摆放了户外桌椅。在这里，可以安排一顿浪漫晚餐了。

酒店的沙滩吧，从吧台到桌椅到立柱，都由原木做成，非常原生态；两个藤编的吊椅，又画龙点睛般凸显出酒吧的现代感。这家的瑞吉招牌鸡尾酒“血腥玛丽”，有辣和不辣两种口味，我点的是辣的那款，味道浓郁，回味悠长。这杯酒，我喝了差不多一个小时才喝完。

海滨度假酒店最大的特色，永远是它的泳池。瑞吉有两个泳池，餐厅这边的主泳池无疑更大，也更喧闹。客房区的中心位置另有一个副泳池，离大海更近，更安静，风景也更秀丽。

一路上入住的酒店里，瑞吉的沙滩，沙质是最细软的，水上活动也是最丰富的。出海和海豚一起游泳，我们就是在瑞吉报的名，从瑞吉的水上活动中心坐船出发的。酒店也有众多的免费项目，比如免费的瑜伽、免费的浮潜之旅、免费的水上运动，等等。

瑞吉的硬件设施也明显高出一筹。瑞吉的 SPA 在单独的一栋楼里，我们参观的那间 SPA 房，无比宽大，还带了一个超大的露台。SPA 附设的按摩浴缸，干蒸、湿蒸的设施，也都是一流的。

主楼二楼的图书馆，规模之大，堪比书店。图书馆隔壁的休息室的面积，也堪比一般酒店的宴会厅了。

酒店的客房区，由一栋栋两层楼的小别墅组成。每一个组团，都有自己的组团绿化，有的还做出了小桥流水的效果。每一个组团，也有自己独立的管家室，为附近的住客，就近办理入住、退房等各种事宜。

酒店对白金会员的待遇相当好，一般都能升级到一线临海的小套房。这个房型虽然名为小套房，但面积一点也不小，目测足有100平方米以上。客房的结构布局，同大阪瑞吉几乎一模一样。卫生间超大，淋浴喷头居然有两个，我住了那么多酒店，带有两个淋浴喷头的，这恐怕还是第一次遇到。

瑞吉酒店也有这样那样的缺点和不足：

1）酒店占地过于狭长，进深过窄，绝大多数的房间，都不临海，也看不到什么海景。酒店的先天条件和自然禀赋，比不上先期开业的老牌酒店。

2）房价过高：瑞吉的房价，常年在800欧元以上，在毛里求斯这个整体消费并不算高的海岛，显得鹤立鸡群。

3）民族特色不明显：我们是在印度教光明节之夜（Divali Night）入住的瑞吉，光明节是印度教一年一度最盛大的节日，地位相当于西方的圣诞节和平安夜，光明节印度本土放假5天。毛里求斯也是印度后裔为主体的国度，我们前一天参观LUX* 传奇丽世度假村的时候，酒店上下张灯结彩，一派喜庆的气氛，丽世度假村的工作人员告诉我们，酒店在光明节之夜，会邀请全体住店的客人，一起参加盛大的庆典。而瑞吉酒店上上下下对光明节显得异常淡漠，整个酒店几乎看不到一丝一毫的节日气氛，只是在SPA区的地上，拼出了几个吉祥物的造型，算是对光明节，致以小小的敬意吧。

第六节　美岸丽世度假村 LUX* Belle Mare

LUX* 丽世度假村及酒店，是毛里求斯本土知名品牌，在毛里求斯就有四家五星级酒店、一家四星、一家三星和一个私人海岛。我们这次入住的美岸丽世度假村是 LUX* 丽世集团在毛里求斯全新翻新、重装上阵的一家酒店，我们去的时候，开业不过半个月，一切都是全新的，酒店一房难求。我也是打招呼、托关系，才拿到一间房的。

整个酒店的基调是白色的：大堂是白色的，客房是白色的，建筑的外墙是白色的，花园里停放的老爷车是白色的，沙滩椅也是白色的。感觉来到了一个白色的世界。

我们入住的客房，被升级到最靠海的那栋楼顶楼的小套房，房间在毛里求斯，算是很宽敞的了。房间的风格，清新明快，非常符合 LUX* 丽世度假村及酒店标榜的更轻盈、更明亮的特色。房间的景观也好，正对着酒店的大草坪，前面就是沙滩、大海了。

酒店有着一个 2000 平方米号称毛里求斯最大的户外泳池，泳池边是全日制餐厅、中餐厅、印度餐厅和酒吧。这家的中餐厅，装饰典雅，非常有中国特色，想在这里用餐，请一定记得提前预约。

酒店的沙滩，非常有气氛，有沙滩排球，有骑马，有各种水上活动，甚至还有当地人在海钓。我不得不怀疑这里的沙滩，是不是公共沙滩。

酒店的草坪上，停着一台老爷车：1933 年版的劳斯莱斯。这台老爷车，现在变身成了卖甜点的餐车，也算是酒店的一个标志了吧。

美岸丽世度假村有着丰富的各类活动，可谓动静相宜，适合男女老少各种人群。每一个到店的客人，都会被给予一份 LUX* Belle Mare Weekly：一周活动安排的小册子，里面会详细告知客人酒店的活动安排：

——年轻运动型的人，这里有瑜伽，有太极，有沙滩排球

——喜欢水上运动的，这里上下午各有一次玻璃底船出海和浮潜之旅

——喜欢探索的，这里有骑自行车到当地市场，有坐船到丽世旗下的私人海岛双可可岛一日游

——喜欢蒲夜店的，这里的酒吧，每天晚上都有不同的主题

——喜欢热闹的，这里有毛里求斯民俗歌舞和玩火表演

——想家的，这里有红色的电话亭，可以免费拨打国际长途给你思念的人

——想做 SPA 的，这里的 SPA，在毛里求斯声名远扬，SPA 的精油，还是 LUX* 丽世度假村和酒店自制的

——带儿童的，这里有酒店自制的低脂冰淇淋，晚上还有沙滩电影

——喜欢宅酒店的，这里每天有一次参观酒店之旅，每周一晚上 7 点还有一场酒店管理层和住客联欢的鸡尾酒会

这么丰富的活动，这么贴心的安排，可能你在这里连住一个星期，都还感觉意犹未尽吧。

第七节　毛里求斯酒店综述

我们参观了毛里求斯七家代表性的酒店：

北线：皇家棕榈 Royal Palm, 传奇丽世度假村 LUX * Grand Gaube。

西南线：莫纳山丽世度假村 LUX * Le Morne，Beachcomber 旗下 2 家酒店——罗宾酒店 DinaRobin, 天堂酒店 Paradise。

东线：Sun Resorts / 香格里拉 1 家酒店：洛克酒店 Tousserok，唯一酒店 One & Only St Geran。

7.1　北线酒店

7.1.1　皇家棕榈 Royal Palm——毛里求斯最出色的酒店

皇家棕榈 Royal Palm 位于毛里求斯最北边的大湾 Grand Bay，这里水清沙幼，海水的颜色，五彩斑斓，是毛里求斯环岛一周最美的。酒店是立鼎世 The Leading Hotels of the World 的成员，也是毛里求斯 4 家立鼎世酒店之一，长期以来，有毛里求斯唯一一家六星级酒店的美誉。酒店也是毛里求斯当地酒店集团 Beachcomber 酒店集团的旗舰店，Beachcomber 在毛里求斯有八家酒店，是毛里求斯当地酒店业三巨头之一（另两家是 LUX* 丽世度假村及酒店，以及 SUN Resort），但非常惭愧的是，自诩为酒店达人的我，在到达毛里求斯之前，居然从来没有听到过皇家棕榈或 Beachcomber 的名头。

酒店最令人震撼的是海水那层层叠叠的颜色，酒店面前海水之美，超越马尔代夫，直逼大溪地。毛里求斯环岛一圈，再找不出第二家酒店的海水，能有如此绚丽。

酒店本身的品质也非常出色，我们到酒店的时候，正是酒店全面翻新后开业的第一周，可以说是来得早不如来得巧，整个酒店是全新的。

这是一家全套房酒店，我们参观的客房，面积非常宽敞，酒店的价格并不贵，最便宜的小套房 Junior Suite，淡季的价格仅仅只有 700 欧元。相比较酒店的品质，这样的价格，算得上价廉物美了。

酒店有 3 处泳池：一处在大堂和餐厅之间，一处在海边，另一处在 SPA 区。酒店只有 66 间客房，SPA 区的护理房达到了惊人的 20 间，还配有不同的主题，有的适合做印度按摩，有的适合做泰式按摩。不同的主题，还配备了不同的装备，比如这一间，就做出了“醍醐灌顶”的效果。酒店的健身房由 3 间独立的亭阁组成，一间有专做各种无氧运动的器械，一间专做有氧运动，还有一间单独的瑜伽房。我住过那么多五星级酒店，这家酒店的健身房，是配置最高、最全的。很多拥有 300 间、500 间客房的酒店健身房，都远远无法同这家相媲美。酒店的网球场也有 3 个。对于这么一家只有 66 间客房的精品酒店而言，配套设施做的，太过夸张，也太过浪费了。

酒店处在一个离尘不离城的位置，酒店门口就有鱼市场和中餐厅，以至于酒店专门针对中国市场推出了不含早餐的价格。据说这家酒店，原来只卖半餐 Half Board 的，但很多中国客人，宁可放着已经花了钱的半餐不吃，而去吃门口的中餐馆和海鲜排挡。

Beachcomber 集团还有自己的酒店杂志，这个杂志，貌似还是公开发行的，做的一点不比专业的旅游杂志差，完全可以当成《毛里求斯指南》来看。从杂志中看出，Beachcomber 集团经常冠名当地的体育赛事和各项活动。我奇怪的是，这么出色的酒店，这么主流的酒店集团，怎么在中国，就默默无闻呢?

7.1.2　传奇丽世度假村 LUX * Grand Gaube ——体量最大的丽世度假村

这次在毛里求斯和留尼汪，我们一共入住和参观了五家丽世品牌的五星级酒店，如果没有记错的话，这家传奇丽世度假村，是其中体量最大的一家，酒店处在“陆家嘴”“尖沙咀”这样的向外突出的位置，三面环海，有 3 处沙滩、4 座户外泳池，酒店的海岸线，我看足有 3~5 公里长。

酒店的客房分两种，一种是殖民地风格的建筑，一种是海滨排屋。我参观的房型，室内面积已经足够宽敞，更有一个带躺椅和户外沙发的超大的露台。这个房间，已经比得上我在毛里求斯威斯汀住的露台套房了。

酒店的 SPA 区体量也大，更有一个超大的花园。这家我虽然没有入住，却是一路上我最喜欢的一家 LUX* 丽世品牌的酒店，酒店价格也是我入住和参观过的 5 家 LUX* 丽世品牌的五星级酒店中最便宜的——淡季房间，居然从 USD135 元起价。凭酒店超大的体量和超高的性价比，就值得去体验一把。

7.2 西南线酒店

7.2.1 Beachcomber 旗下复合型酒店：罗宾酒店 DinaRobin+ 天堂酒店 Paradise——7 公里沙滩，自带高尔夫球场，毛里求斯体量最大的酒店

罗宾酒店 + 天堂酒店是 Beachcomber 集团旗下，仅次于号称六星级酒店皇家棕榈 Royal Palm 的第二、第三号酒店。这两家酒店，本来不在我的参观清单上，说来惭愧，我到毛里求斯之前，

根本就没有听到过 Beachcomber 的名头，更不用说它旗下的酒店了。但当我提出参观号称六星级的皇家棕榈酒店的时候，Beachcomber 总部知道我即将入住瑞吉酒店，就提出希望我同时参观瑞吉附近的这两家酒店。我盛情难却，就勉为其难，去参观了一次。参观之前，期望值很低，我入住的是全新开业的瑞吉酒店，按我最初的理解，瑞吉的开业，将改变毛里求斯酒店业的版图，将当仁不让地坐上毛里求斯酒店的第一把交椅，但参观完这两家酒店，我却大大地吃了一惊。

一直以为只有中国才有复合型酒店，一直以为像长白山柏悦 + 凯悦、长白山威斯汀 + 喜来登、海棠湾豪华精选 + 喜来登、海棠湾康莱德 + 逸林、神州半岛喜来登 + 福朋，还有很多地方皇冠假日 + 智选假日之类的组合，只有中国才有，却不曾想这样复合式酒店的源头，说不定就在毛里求斯。

罗宾酒店 + 天堂酒店组合而成一个巨无霸的复合式酒店，两家酒店加起来，共有绵延 7 公里的白沙滩！有 9 间餐厅，无数泳池（很多别墅自带泳池）。还有一家酒店附设的 18 洞高尔夫球场，背后是世界文化遗产莫纳山，周边三面环海。这样的高尔夫，称得上真正的山海相间了。

预订酒店套餐的客人，还可以不限次数免费畅打高尔夫！

酒店本身也非常有特色，罗宾酒店更加典雅，酒店的建筑，富有殖民地风格，酒店也是毛里求斯为数不多的拥有真正意义上的行政酒廊的酒店。行政酒廊一天供应5餐，并且有多款酒水免费畅饮。这在毛里求斯，即使不是独此一家，也必定是非常罕见的。我一路上入住的酒店，就只有威斯汀有行政酒廊，也只在傍晚时分供应免费的酒水和很少一点的小点心。一天五餐，是想都不用想的事。

罗宾酒店的SPA，充满了东南亚的元素，感觉是来到了海天佛国的印度或泰国。

罗宾酒店和天堂酒店之间，有几间大体量的别墅，最起码是四卧三卫。这样的别墅，放在两家酒店中间，是为了方便VVIP客人，就近使用两家酒店的设施吧。

相比之下，天堂酒店就更年轻，更充满活动。两家酒店共同拥有的水上活动中心，在天堂酒店这边。酒店的客房，风格也更清新更明快。酒店的餐厅，还有一条客人捕获的350公斤重的超级马林，制成了标本，悬挂在空中。可能是一山看着一山高吧，经常有住了罗宾酒店的客人，要求搬去天堂酒店，为的是水上活动更方便。也经常有住了天堂酒店的客人，要求搬去罗宾酒店，为的是更宽敞更典雅的客房和那毛里求斯难得一见的行政酒廊吧。

7.2.2　莫纳山丽世度假村 LUX * Le Morne

莫纳山丽世度假村，在中国名气很大，一年前炒作得沸沸扬扬的“分手大师”片头部分，就是在这家酒店取景的。酒店体量不大，客房不多，占地却不小。一家酒店，独占了600米的白沙滩，因而酒店几乎每一间客房都是海景房，每一间客房，都能或多或少看到无敌的海景。但是，同毛里求斯另两家丽世度假村比，这家酒店的装饰风格偏古典，不够轻盈，也不够明亮。可能不是酒店不够出色，而是它的左邻右舍太过出色了，就好像在姚明面前，大家都是矮子了吧。

7.3 东线酒店

7.3.1 唯一酒店 One & Only St Geran：毛里求斯最老牌的五星级酒店

唯一酒店，顾名思义，就是物以稀为贵。酒店创立至今已经有三十五个年头了，但是它在全世界各地的酒店加在一起，也还是个位数。在很多国家，甚至很多大洲，都只有这么 One & Only 唯一的一家酒店，可能这也是酒店名称的由来吧。但是在毛里求斯却是例外，毛里求斯一度拥有两家唯一酒店，另一家，就是下面要介绍的洛克酒店 Tousserok。这么说的话，在毛里求斯，一度曾经是 Two & Not Only 了吧。

唯一酒店发源于南非，据说很久以前，博彩业在南非是非法的，因而南非的投资商选中毛里求斯，开设了这么一家集度假村、赌场和高尔夫于一身的酒店，并且一开就是两家。唯一酒店当年登陆毛里求斯的时候，整个毛里求斯也不过只有两三家五星级酒店，酒店的总经理，江湖地位尊崇，不但是酒店的高管，也是社交圈的红人，某种程度上，成了毛里求斯旅游业，甚至是毛里求斯国家的代言人。这位总经理，在位置上一坐就是三十多年，甚至做到了唯一酒店全球总裁的宝座。三年前他从唯一酒店功成身退，加盟 LUX* 丽世度假村及酒店，推行了一系列大搞阔斧的改革，让一家老牌的当地酒店集团，又重新焕发了青春。这，就是保罗·琼斯 Paul Jones——毛里求斯酒店业的传奇。

但是，风流总被雨打风吹去，用今天的眼光看，这家唯一酒店老旧了，酒店公共部分和客房，都长久没有翻新了。但是，酒店胜在地段无敌，用酒店的话说，酒店开业的时候，整个毛里求斯还没有什么五星级酒店，酒店可以选择开在它想开的任何位置。在那样的情况下，酒店选择在此地开业，一定是有它的道理的，可能是胜在风水无敌吧。

7.3.2 Sun Resorts / 香格里拉 1 家酒店：洛克酒店 Tousserok

洛克酒店 Tousserok 一度是唯一酒店序列的成员，业主脱离唯一集团单飞后，又成了当地酒店业巨头 Sun Resorts 的旗舰店。酒店一度也是立鼎世集团的成员。

酒店拥有两个私人海岛，其中一个就是已经成为毛里求斯旅游名片的鹿岛。住店客人上岛免费（往返的船费也免），各种水上活动免费，岛上有个 18 洞高尔夫球场，住店客人只要花上很少一点钱就能去打一场高尔夫，往返球场的船费也是免费的。而另一个则是只有酒店住客才能进入的更私密的海岛，岛上的餐厅、沙滩和泳池，只对住店客人开放。如果要说大，这家洛克酒店，才是毛里求斯最大的酒店了吧。

洛克酒店以及背后的 Sun Resorts 集团，虽然拥有得天独厚的条件，但经营不善，举步维艰，到了最后靠出卖集团最优质的资产，以换取资金，对集团下属其他酒店进行全面的翻新。但这对消费者，未始不是一个福音。2015 年 4 月起，酒店停业半年，经过全面翻新后，酒店将以香格里拉的名义重装开业，对于酒店控而言，又多了一个去毛里求斯的理由了吧。

第八节　毛里求斯旅游小结

去之前，对毛里求斯的期望值很低，主要是因为毛里求斯太过便宜了，早已经被旅行社卖成了地摊价。但实际走下来，毛里求斯的酒店，远比预想的出色。虽然我们环岛几圈，走遍了毛里求斯经典的各条旅游线路，毛里求斯的自然风光和人文景观，都没有给我们留下太多的震撼，但游览毛里求斯的最好的办法，还就是“躲进酒店成一统，任他东西南北风”。事实上吸引很多人几十年里一而再、再而三回到毛里求斯的最大的理由，正是它的酒店。可以说在毛里求斯，选择入住六十几间五星级酒店中的任何一间，都不会感到遗憾。

自然风光给人的震撼，就留给留尼汪了。从某种角度讲，将毛里求斯和留尼汪组合在一起，才是一次真正意义上的完美旅行。

机票签证

机票篇

北京出发：北京 — 毛里求斯

MK687 PEKMRU 0045 0845（每周一、周五出发）

上海出发：上海 — 毛里求斯

MK689 PVGMRU 2245 0605+1（每周一、三、五出发）

香港出发：香港 — 毛里求斯

MK641 HKGMRU 0130 0715（每周二、六出发）

广州出发：2015 年 9 月，留尼汪航空将开辟广州直飞留尼汪的航线，每周二班，敬请期待！

签证篇

毛里求斯对中国护照免签，通过完美旅行网预订酒店和当地行程，即可获准免签进入留尼汪，每次可停留不超过 15 天。

时差

时区：UTC/GMT +4 小时（东四区）

时差：比中国北京时间晚 4 个小时

经纬度坐标：南纬 20° 、东经 57°

货币

卢比 是毛里求斯的法定流通货币。一些小城镇和偏远山区，主要收取现金。

人种语言

印度裔毛里求斯人约占总人口 2/3，克里奥尔人（黑白混血后裔）占 1/4，华裔占 3%，法裔占 2%等。

居民 51%信奉印度教，31%信奉基督教，余信奉伊斯兰教。多通行印地语、克里奥尔语或法语。官方语言是英语。

气候

属热带海洋性气候。受东南信风、热带气旋和地形影响，高地凉爽多雨，低地湿热。

毛里求斯岛东南迎风坡的居尔皮普年平均气温 20℃，年降水量 3400 毫米，而西北部的罗斯希尔则为 22℃和 1600 毫米。

主岛 31%为森林覆盖，高地森林茂密，多桃花心木、黑檀等名贵树种。

扫描二维码预订：

酒店美食

毛里求斯洲际酒店

这家瑰丽的度假村酒店坐落于俯瞰巴拉克拉瓦湾的著名白色沙滩上。值得一提的便利设施有：广阔的室外滨海泳池、网球场、提供全方位服务的水疗馆以及五个精选餐厅，供应从亚洲综合菜系到地中海菜肴的各种美味。这家毛里求斯酒店处于理想的地理位置，在风景如画的天然奇观海龟湾（Baie aux Tortues）潜泳或潜水，在路易港购买手工艺品，或者游览庚巴区（Grand Baie）皆十分便利。

毛里求斯威斯汀

毛里求斯威斯汀海龟湾水疗度假村位于毛里求斯西北岸，距离国际机场约 60 公里。度假村可以方便抵达周围的购物及娱乐场所，距离 Grand Baie 仅 15 公里。毛里求斯威斯汀海龟湾水疗度假村紧邻毛里求斯自然海洋公园，您可在此欣赏到当地独有的各种海洋生物。酒店房间以当地风格装饰，房间宽敞明亮，给人舒适之感。度假村的餐厅提供各种当地美食、亚洲风味和欧式菜肴。酒店 SPA 经验丰富的按摩师可以帮助客人在幽雅的氛围中放松肌体、恢复活力。入住毛里求斯威斯汀海龟湾水疗度假村为您提供了一处充满毛里求斯迷人魅力、享受假日的理想的度假场所。

毛里求斯瑞吉

毛里求斯瑞吉酒店位于毛里求斯西南海岸，是宾客远离喧嚣、享受静谧的理想之地，亦将成为印度洋上首屈一指的度假胜地。酒店是岛屿上最后的海滨酒店之一，位于 Le Morne，这里是联合国科教文组织的世界遗产，拥有田园诗般美妙的白沙滩，且毗邻绿松石泻湖，坐拥最美海岸线。在酒店，可欣赏到印度洋和 Le Morne Brabant 山全景。这家豪华度假酒店拥有 173 间豪华客房，其设计均保留了传统的岛屿殖民风格，并融合本土与现代风情，同时还配备了高科技设施；特色管家服务，超丰富的免费无动力水上活动；所有宽敞客房、套房和别墅都拥有 i Pod 基座、42 英寸液晶电视和免费无线网络连接。大型私人浴室拥有圆形的石头浴缸、优雅的洗脸盆和双人步入式淋浴间。St. 酒店提供各种亚洲、印度、法国和当代美食。Boathouse Grill 餐厅和酒吧提

供牛排和海鲜，1904 酒吧提供鸡尾酒和小吃。宾客能享受许多运动，如网球、骑自行车和潜水。酒店内拥有水上运动设施。黑河谷国家公园和 Chamarel 村相距酒店不到 25 分钟车程。

毛里求斯美岸丽世度假村

倚靠静谧的贝尔马尔村庄，坐落于葱郁的热带花园之中，美岸丽世度假村犹如一颗璀璨的宝石镶嵌在毛里求斯东海岸上。

由载誉无数的伦敦设计女王 Kelly Hoppen 打造设计，呈献毛里求斯最独一无二的度假体验。从毛里求斯传统茅草屋别墅到特色套房，舒心的白色内饰展现一派明亮而轻快的感觉，而所有房间均可观赏到白沙滩海岸如诗如画般的绝美海景。波光粼粼的蔚蓝海面，洁白绵密的白色沙滩，椰林树影在微风中轻轻摇曳，一切使得这里无疑成为毛里求斯最具魅力的瑰丽海滩。

占据美岸丽世度假村中心位置的游泳池乃岛上最大的游泳池，陶醉于泳池畔的明媚阳光或是于晚间沐浴一屡宁静月光，前往 LUX* Me 水疗感受香郁的舒缓理疗，在三家世界级高尔夫球场酣畅挥杆，在 ICI 复古吧台来一勺自制冰淇淋。伴随绵延细软的白沙滩，碧蓝晶莹、透彻似水晶的海水散发出令人窒息的美。

毛里求斯传奇丽世度假村

在毛里求斯的这家豪华酒店以其壮丽的海洋景色，结合了浪漫和自然风光。本沙滩酒店离毛里求斯北海岸宁静的渔村格兰德高贝不远，提供真正海岛游的所有悠闲静谧。酒店各餐厅和酒吧

都有当地音乐人和舞者，随着他们的节奏体验岛上生 活。参加毛里求斯环岛一日游，感受庚巴村热闹非凡的夜生活，或 Goodlands 熙熙攘攘的集市。或者，就在 LUX* Me 水疗或晶莹剔透的游泳池放松休息。入住本毛里求斯沙滩酒店，体验真正岛上生活的全部乐趣。

毛里求斯莫纳山丽世度假村

此坐落于毛里求斯的五星级沙滩酒店，由莫纳山屏蔽着——这座山被联合国教科文组织列为世界文化遗产。

位于毛里求斯西南角雄伟的莫纳山脚，有联合国教科文组织世界遗产的崎岖莫纳山伯本峰阻挡信风，莫纳山丽世度假酒店沙滩酒店在目光所及之处都由绵延的白色长沙滩接壤着。此五星级酒店拥有精品酒店的静谧魅力：诗般的天然景在日落时刻更相应衬托出极动人的水景。

令人心情愉快的园景、4 个游泳池、水疗中心和可供选择的餐厅与酒吧，提供应与岛上特色的菜肴相衬的美味新世界葡萄酒，增添了此沙滩酒店带来的独特经验。

享受位处岛上较静谧的一隅，此沙滩酒店具有其惊艳之处。在其翠绿色的沙水中，您可以和沙豚同游或探索 One Eye 这个世界知名的风帆冲浪和风筝冲浪点。深入内陆，黑河山国家公园生长着丰富的本土植物和动物。莫纳山丽世度假酒店都能展现毛里求斯其自然、文化和风 味的多元化。

第九节　留尼汪旅行前的准备

9.1　序言

留尼汪是法国的海外省，号称南半球唯一的纯正欧洲风情的地区，全岛 40% 的面积，是世界自然遗产。这是一处火山岛，有世界上唯一一处可以抵近观察的活火山，有 3 处火山喷发形成的天坑地陷景观，当地称之为“冰斗”，还有世界上最长的长跑线路 The Grand Ride——全程 170 公里，相当于 4 程马拉松，真正称得上“Out of the World”。但就是这么一处遗世独立的室外桃源，并没有得到太好的宣传，相比较香草协议四国的其他三个国家，留尼汪可以说是冷门中的冷门，大多数的中国人，可能根本没有听到过留尼汪的名头，更不要说选择去留尼汪旅行了。

9.2　机票篇

留尼汪机票并不贵，事实上如果是毛里求斯 + 留尼汪两地联动的话，搭乘毛航飞机，经毛里求斯到达留尼汪的价格，和单去一个毛里求斯是一样的，甚至更低一点也说不定——多飞一个目的地，价格反而便宜，那为什么不一次去毛里求斯 + 留尼汪两处顶级海岛呢？

9.3　签证篇

2014 年 6 月起，留尼汪对中国人免签，中国护照可以免签停留 15 天。但是留尼汪留了个尾巴，一定要通过旅行社预订当地行程才能享受免签。为了如期顺利进入留尼汪，我也参加了当地旅行社的 5 天的行程。安排我们地接的是一位华裔美女，人非常 Nice，但安排的行程，实在不敢恭维。后来发现，留尼汪当地地接社的行程都是大同小异的，不是地接社的行程不对，而是 5 天的时间，根本不足以欣赏到留尼汪的精髓。

9.4 攻略篇

留尼汪攻略，国内少之又少。孤独星球 Lonely Planet 出版的《毛里求斯、留尼汪和塞舌尔》合集，留尼汪部分的作者，很多留尼汪经典的线路都没有亲身走过，写出来的东西，错漏百出，看了这本书做行程规划，那是要栽大跟头的。我这次留尼汪之行，最大的收获，就是知道了什么是对，什么是错。希望我的经验教训，能对后来者有所助益。

第十节　留尼汪景点篇

我们这次在留尼汪的 5 日行程，可以作为留尼汪一个入门级的行程，推荐给大家：

DAY 1：到达留尼汪，入住酒店，游览留尼汪首府圣丹尼。
DAY 2：游览世界上少数可以抵近观察的喷发中的活火山——富尔奈斯火山，参观火山博物馆。
DAY 3：游览萨拉济冰斗 Salazie，参观法国最美乡村 Hell Bourg。
DAY 4：环岛一日游，狂野南部之旅。
DAY 5：入住留尼汪唯一一家海滨五星级酒店 LUX* 丽世度假村，参观同一集团下的三星级酒店 Le Recif。
DAY 6：直升机环岛游览，返程。

10.1　留尼汪首府圣丹尼

留尼汪首府圣丹尼的面积并不大，主要的看点，集中在两街一滩上。两街是十字交叉的两条街。一条是圣丹尼主干道巴黎街 / 胜利街，街从自然历史博物馆一直延伸到海边，以一次世界大战纪念碑为界，碑的一头为巴黎街，另一头是胜利街。街两旁有多座富有历史感的标志性建筑，包括以前的市政厅和多家博物馆和名人故居。

另一条则是步行街，街两旁有多家商店、食肆，还有留尼汪最高大的清真寺，不远处则是中国寺庙。不长的步行街，集中体现了留尼汪民族大融合的背景。

一滩则是外滩，海滨临海一侧，矗立着多年前遗留下来的炮台。边上的广场，周六的时候变身成当地人集会的周末市场，好不热闹！炮台对面，有留尼汪民族英雄，历史上第一个驾机横跨大西洋的功勋飞行员 Carros 卡洛斯的塑像，边上则是留尼汪数的过来的高尚餐厅。

我们在留尼汪停留 5 天，前四晚，就住在塑像背后的最佳西方酒店。酒店只是三星的，客房不甚出彩，但胜在地段无敌。酒店也刚全新装修过，作为一家城市商务型酒店，还有一个不小的室外泳池，每晚 RMB800 元的房价，在旺季的留尼汪也还算亲民，因为也就成为我们在留尼汪的首选。

10.2 富尔奈斯火山之旅

形成于 30 多万年前的富尔奈斯火山，是世界上最为活跃的活火山之一，1650 年人类有观察记录以来，富尔奈斯火山总共喷发了 300 多次，平均每年喷发 2 次，号称世界上少数可以抵近观察的喷发中的活火山。通往富尔奈斯火山的一路，砂石遍布，一切都还保持着千万年前火山喷发后的场景，整个现场，犹如月球表面，都是世界自然遗产和国家公园的组成部分。富尔奈斯火山，不是世界上最大规模的火山——就在不远处的南非，就有世界上最大的火山喷发形成的直径 300 公里的火山口——但这里，胜在人烟稀少，人迹罕至，因而火山喷发的遗迹保存完整，有着非常高的科学价值。

富尔奈斯火山，从停车场到火山口，徒步一个往返，需

要五六个小时，而地接社留给我们的时间，仅仅一个小时！真想攀登火山口，建议头天晚上就住在停车场附近的山间小屋。关于富尔奈斯火山，国内有多家媒体报导过，但从来没有任何一家给出过攀登富尔奈斯火山口所需时间的介绍，等我们发现徒步需要五六个小时的时候，就面临艰难的抉择：去攀登火山口的话，接下来的火山博物馆势必没有时间参观；更为关键的是，攀登火山口的这一路，没有任何补给站，而我们也没有预备干粮，因而只能放弃。这次火山探索之旅，就变成了一次遗憾之旅。

离火山口不远的火山博物馆，全面翻新后刚刚开馆，里面的介绍内容翔实。但非常可惜的是，博物馆的解说，只有法语，没有英文，难免让人有雾里看花之憾。

10.3 冰斗萨拉济 Salazie

冰斗 Cirques 是留尼汪火山喷发后遗留下来的天坑地缝式的景观。留尼汪的冰斗有三处，萨拉济是其中最容易到达的一处。穿过“新娘的面纱”瀑布群，经过小镇的教堂和宾馆，来到有“法国最美乡村”称誉的 Hell Bourg 地狱谷。Hell Bourg 核心区域不过 500 米长的一条街，街两边是历史上达官贵人的山中豪宅，当地人颇以此为荣。

说实话，我们对于冰斗的期望，比眼前看到的要高得多。出发前，从明信片上看到多条瀑布汇入深谷的壮丽景象，无比向往，特意穿上专业的登山鞋，等着攀登这一人迹罕至的景点。但我们却被带到了小镇的咖啡馆，被告知我们将在这条500米的小街上停留5小时之多！我们当时就同司机兼导游发生了激烈的争执。导游无奈地告诉我们，他在留尼汪生活了两年，却并不知道明信片上那些景点的确切位置，更不知道从何接近。可见，在留尼汪，真想要看到那些明信片上的景观，一位专业的山地徒步的向导，是必不可少的。

回程的路上，我们参观了留尼汪最大的香料园。香料也是留尼汪主要的出口产品，据说相当名贵，价格不菲。但非常可惜的是，我们来自中国，中国人的食谱里，大约并没有香料的一席之地吧。

10.4 环岛一周：狂野南部之旅

狂野南部之旅，意外地成了留尼汪整个行程中最难忘的一程。一路上宏伟的教堂，古色古香的斜拉桥，都让我们流连忘返。非常奇怪的是，这些我们认为非常出色，值得仔细把玩的景点，并不在预定的行程中。如果不是我们再三坚持，司机就这么一路开下去，直接忽略这些景点了。

狂野南部之旅的关键词是岩浆和巨浪。富尔奈斯火山喷发后，熔岩沿东坡奔流到海，凝固的岩浆，绵延十几公里，非常壮观，并不断改变着留尼汪的海岸线，留尼汪也因此成为了一个不断

成长中的海岛。这样的景色，也是在其他地方很难遇到的。

留尼汪南部有一路上最大的大浪湾，掀起的巨浪，有几层楼高，这里风急浪高，巨浪的级别，远胜毛里求斯的大浪湾。

10.5 直升机环岛之旅

把最好的留到最后。直升机环岛之旅，是整个行程的最高潮，能让人在很短的时间内，从空中俯瞰留尼汪的全景，欣赏到平时汽车和徒步难以见到的绝世美景。直升机环岛价格不菲，我们选的是最贵的45分钟的大全套，319欧元一个人，按当时的汇率，两个人将近5000元，也是我们迄今为止做过的最贵的一日游项目了。

之前看过某位千万级博主留尼汪航拍的系列帖子，对直升机环岛之旅充满期待，实际飞了一次，才发现航拍是包下整个直升机，才能将舱门打开，自由自在地拍摄。而普通的环岛之旅，是6个人挤在狭小的机舱里，我身边又是一位足有300斤的大胖子，所以我手上的70~200的长焦镜头，根本无从施展，反而是Iphone，还更有用武之地。

留尼汪旅游，可以说是颇多遗憾——无论是火山口徒步，还是探索冰斗，还是直升机航拍，都没能达到预期的效果。这也给了我重回留尼汪的理由，期待下一次重回留尼汪，能够弥补今次的遗憾。

第十一节　留尼汪丽世度假村 LUX* Ile de la Reunion

丽世是留尼汪唯一一家海滨五星级酒店，“把最好的留到最后”，我们整个毛里求斯 + 留尼汪行程的最后一晚，就安排在这家酒店。酒店在留尼汪的西海岸。毛里求斯环岛一周都为珊瑚礁环绕，而留尼汪，只在西海岸有大约 20 公里长的海岸线，被珊瑚屏蔽。这里风平浪静，因而也是岛上高星级度假酒店扎堆的地方。丽世集团在留尼汪的两家酒店，就都在这里。

我们入住的五星级丽世度假村，和我们住过的毛里求斯美岸丽世度假村一样，整个酒店是白色的：白色的大堂、白色的客房，整个酒店，充溢着一股浓浓的法式风情。

酒店有一些留尼汪其他酒店不具备的特色：

1）中文服务：酒店有多位会说华语的服务生，酒店客房里的宣传资料、餐厅的菜单，都有中文。在这个几乎所有的地方仅通行法语，连英文菜单都难得一见的岛国，是非常难能可贵的。

2）噱头实足：酒店花园里有一处神秘酒吧，只在特定的时间打开，住客可以在“芝麻开门”的时候，尽享美酒佳酿。酒店的某个角落，散布着神秘的“漂流瓶”，里面的小纸条，能给发现者带来意外的小礼物：可能是一瓶美酒，可能是

一次晚餐，也可能是一次 SPA。这些，就等着有心人去探索发现了。

3）户外设施：酒店 SPA 的按摩床设在花园里，花园里还有配有国际象棋的凉亭。

我们住的房间在海边第一排直通沙滩的小套房，房间在留尼汪，算是非常宽敞，也非常现代的。

酒店拥有号称留尼汪面积最大的户外泳池。

酒店的沙滩也非常热闹，留尼汪的沙滩貌似都是公共沙滩，热闹的同时，私密性就没有毛里求斯的酒店那么高了。

酒店有圣诞树，据说火红的鲜花在圣诞前后开得最鲜艳，故名。酒店还有一种果实酷似棉花的树，海风轻拂，棉絮漫天飞舞。这里也是看夕阳西下的绝佳场所。

第十二节　留尼汪酒店综述

12.1　留尼汪丽世旗下三星级酒店 Le Recif

Le Recif 是丽世旗下三星级酒店，距离五星级的丽世度假村不过三公里的距离，但却更加热闹。酒店门口就是赌场和夜总会，也有多家当地人的超市和饭馆，因而酒店也是很多家庭度假者的最爱。

酒店虽然只是三星级的，但客房的面积，并不比我们住的五星级的丽世度假村小，套房面积就更宽敞。

在留尼汪，如果预算有限，又希望能体验当地主流酒店的风采和服务，那么这家酒店，是你的首选。

12.2 棕榈酒店 Palm Resort & Spa

棕榈酒店，是留尼汪仅有的两家五星级酒店之一。酒店在一处山坡上，可以俯瞰狂野南部的整个海滩。

酒店体量不大，仅有 60 多间客房，却有着 4 个餐厅和 4 个户外泳池：一个 25 米的竞技泳池、一处家庭泳池、一个悬崖边上的按摩泡池，以及 SPA 区附设的泡池。餐厅和泳池的数量，已经无形中说明了酒店的等级了。

酒店的客房面积宽敞，3 间悬崖别墅，室内面积更是达到了 100 平方米以上，更有宽大的带有按摩泡池的露台，可以躺在浴缸里，俯瞰整个海湾。

留尼汪的两家五星级酒店，风格迥然不同，海滨的丽世度假村，动感实足。据说住丽世度假村的客人，白天很少待在酒店里，都去各个景点观光游览了；而棕榈酒店的客人，却是来了就不想走，舍不得离开酒店半步，可能在这些住客的心目中，酒店，就是最好的目的地了吧。

第十三节　留尼汪旅游小结

留尼汪有着独特的喷发中的活火山景观，有着犹如月球表面的熔岩砂石地貌，拥有多条有着国际声誉的徒步线路，也是滑翔伞等极限运动的发源地，上天遁地入海，可以说是户外爱好者的天堂。但与此同时，留尼汪的旅游，也有不少不足之处。比如整个留尼汪通行法语，英语尚且不通用，遑论汉语。比如留尼汪面积比毛里求斯更大，整个留尼汪的经济发达程度，也在毛里求斯之上，但留尼汪仅有两家五星级酒店，而毛里求斯有酒店岛之称，毛里求斯的五星级酒店保有量，达到了 65 家之多。可能是物以稀为贵的缘故吧，留尼汪酒店价格高昂，旺季一房难求，酒店品质虽好，但同毛里求斯的顶级酒店比，还是有着不小的差距。因而对于一般游客而言，留尼汪旅行的性价比，颇可疑问。

留尼汪是户外天堂，徒步圣地，绝大多数的景点，需要你徒步深入，才能品其精华。我在毛里求斯 7 天，自信看到了毛里求斯方方面面，而我在留尼汪 5 天，却只看了一些皮毛。要想深入品味留尼汪，没有十天半个月的时间，恐怕是不行的。这里就有一个问题，留尼汪的知名度，远远比不上它的邻居：马尔代夫、塞舌尔和毛里求斯。目前中国人去马尔代夫一般是两沙两水，去塞舌尔和毛里求斯，一般也不会超过一个星期。你怎么说服中国人，花比马尔代夫、塞舌尔和毛里求斯更多的时间，更多的金钱，更多的精力体力，去一个中国人几乎闻所未闻的留尼汪呢？

机票签证

机票篇

北京出发：北京 — 毛里求斯 — 法属留尼汪

MK687 PEKMRU 0045 0845 / MK218 MRURUN 1030 1115（每周一、周五出发）

上海出发：上海 — 毛里求斯 — 法属留尼汪

MK689 PVGMRU 2245 0605+1 / MK218 MRURUN 1030 1115（每周一、三、五出发）

香港出发：香港 — 毛里求斯 — 法属留尼汪

MK641 HKGMRU 0130 0715/MK218 MRURUN 1030 1115（每周二、六出发）

广州出发：2015 年 9 月，留尼汪航空将开辟广州直飞留尼汪的航线，每周二班，敬请期待！

签证篇

留尼汪对中国护照免签，通过完美旅行网预订酒店和当地行程，即可获准免签进入留尼汪，每次可停留不超过 15 天。

时差

时区：UTC/GMT + 4 小时（东四区）

时差：比中国北京时间晚 4 个小时

经纬度坐标：南纬 21°、东经 56°

货币

欧元（EURO）是留尼汪岛的法定流通货币。一些小城镇和偏远山区，主要收取现金。

人种语言

主要为法国血统居民，还有印度人、马达加斯加人和非、欧混血种人等。居民 85%信天主教。民间通用克里奥尔语，官方语言是法语。

气候

热带海洋性气候，气温年较差小。盛行东南信风，在印度洋热带气旋活动范围内。

向风的东部和南部年降水量在 4000 毫米以上，内日峰东坡达 8000 多毫米，是世界多雨区之一，森林茂密；背风的西部和北部较干旱。

扫描二维码预订：

酒店美食

留尼汪丽世度假酒店

酒店坐落于茂密的火山岛上，白天有闪闪发亮的海滩，夜晚有波光粼粼的圣吉尔环礁湖。散落着迷人的克里奥尔别墅的花园、椰子树和麻黄树构成了本独特留尼汪海滩酒店的理想环境，可以独家观赏到环礁湖 L'Hermitage 的全景。探访花园里的网球和排球场，还有宽大的游泳池。一旦有了胃口，去海滩度假村的各色餐厅与酒吧享用新鲜的当地海鲜。去花园练瑜伽发现自己的禅根，或享受私人室内水疗。细细观赏留尼汪的原始之美、世界遗产 Pitons、Cirques 和 Ramparts 引人注目的火山峰与飞流直下的瀑布。在这豪华的留尼汪海滩酒店，每时每刻都是一次感受难忘体验的机会。

留尼汪棕榈度假酒店

酒店设有 Spa 设施和 2 座室外游泳池，距离圣皮埃尔市（Saint-Pierre）仅有 10 分钟车程，拥有 2 间全景餐厅。Palm Hôtel 酒店地处岛屿南部荒野的中心位置，拥有带平面电视的空调客房。所有现代化的客房都配有私人浴室和迷你吧。客人可以在酒店的餐厅享用早餐、午餐和晚餐，同时也可欣赏大海和 Piton Grand’ Anse 美景。酒店的露台是您悠闲地品尝饮料的理想场所。酒店距离富尔奈斯火山（Piton de la Fournaise）仅有 30 公里，拥有一个带浴室和 5 间传统按摩室的 Spa 中心，还设有一座可供放松休闲的热带花园。

留尼汪星礁度假酒店

酒店坐落于占地面积为三公顷的芬芳热带花园，掩映在鲜花和成荫的树林里，与壮丽的 Hermitage 环礁湖接壤。不远处就是圣吉尔 (St Gilles) 村的购物场所和繁华夜生活，想象一下，装饰色彩明快的克里奥尔式别墅、宁静的沙滩和可供选择的游泳池。这家留尼汪沙滩酒店的氛围友好、有趣且轻松愉快。典型的热带游惯例：傍晚在沙滩上放电影、日光浴、盛满热带鸡尾酒的托盘，一应俱全。慢慢来，细细品味留尼汪岛的原汁原味，享受吧。

Part 6

何止奢华之

最令人惊艳的英语国家：南非

第一节　南非攻略

南非之行，看齐了非洲五大：狮子、豹、大象、犀牛和河马；看到了南非八大世界遗产中的四处：人类的摇篮 The Cradle of Humankind，弗里德堡陨石坑 Vredefort Dome，圣卢西亚湿地公园 The Greater St Lucia Wetland Park 和开普植物王国 Cape Floral Region，另四处是：马蓬古布韦国家公园 The Mapungubwe National Park，乌坎兰巴—德拉根斯堡公园 The uKhahlamba Drakensberg Park、罗本岛 Robben Island 和理查德斯维德文化植物景观 Richtersveld Cultural and Botanical Landscape；到访了南非三处最大的国家公园中的两个：克鲁格国家公园、圣卢西亚湿地公园（另一处是德拉根

斯堡公园)。可以说，我们的南非之旅，通过合理安排，真正体验到了南非的精华和南非的特色。

前大英帝国殖民地，世界上主要的英语国家，我到过澳大利亚、新西兰、印度、南非，不用说还有香港、新加坡。这中间，以南非，给我的印象，最为震撼。

震撼之一，来源于巨大的反差：出发前，听到的、看到的，都是对于南非的诋毁之词——有说南非治安差的；有说南非艾滋病感染率高的；有说南非种族冲突严重，百万南非白人移民海外的；有说南非经济水深火热的。出发前我曾力邀两位好友结伴同行，一位是上海律师协会的副会长，一位是年长我几岁的网友，都是江湖历练无数、老跑码头、久闯江湖的前辈了。即便如此，他们也没有胆量不跟团，去南非做自由行、自驾游。然而我们看到的南非，经济发达，市面安定，人民热情而友好。我们在南非前后租车 8 天，行程 3000 公里，也没有任何意外。南非自然生态好到令人艳羡。一直以为，经济发展必然以牺牲环境为代价，但南非的现实，颠覆了我的成见。从南非的任何一座大城市的市中心，向任何方向驱车 30 分钟，就是青山绿水；而从上海市中心的人民广场驱车 30 分钟，高峰时间，只怕连徐家汇都到不了吧。

震撼之二，是价廉物美的 Safari 体验：safari 在中国，一直头顶着种种光环，有人说 safari 贵，国内同 safari 相关的报价，动辄上万元一天；有人说 safari 易，看到真正想看的动物不易，据说央视短短 15 分钟的动物大迁徙之旅，前后拍摄了两年半，方才剪辑而成。而我们，在南非，看到了野生状态下的全部非洲五大，所花的代价，也低到令人难以置信。比如我们在克鲁格公园的 Safari 之旅，居然只有区区 RMB100 多元!

震撼之三，是南非的酒店：非洲的酒店，一直以贵出名，国内代理给出的非洲顶级酒店的报价，动辄上万。但这次我们实际体验下来，南非的酒店，品质超乎想象，价格也超乎想象：超乎

想象的便宜！比如这次南非最令人难忘的费尔蒙酒店的价格，比起酒店的品质，完全可以称得上“奢华不贵”：Luxury for Less!

1.1 缘起

非洲一直是我梦想的旅行目的地，但由于传说中的旅费高昂，而被一再推迟。同绝大多数中国人一样，非洲之行的首选目的地，一直是肯尼亚——期待去肯尼亚看动物大迁徙，一直是心中的梦想。然而，机缘凑巧，非洲大陆的第一站，最终选择了南非。这里面，有机票和酒店两方面的机缘。

1.2 机票篇

国内飞南非，主要有南非航空北京直飞约翰内斯堡、国泰航空香港飞约翰内斯堡，以及新加坡航空新加坡转机飞南非。这些航线，经济舱往返含税的价格，通常在 RMB9000~12000 元之间。而在我们去南非的 2~3 月间，阿联酋航空，有多个日期，有 RMB5800 元的特价，可以说是前所未有的优惠。这样，阿联酋航空就成了当仁不让的选择。

1.3 酒店篇

选择在这个时点去南非，一个重要的理由，是洲际集团 Points Breaks 大促销，平时需要 30000 分兑换的南非约翰内斯堡洲际 Sandton Tower 酒店，此刻只要 5000 分就可以兑换到。洲际的 5000 分，大约价值 USD35 元，这样，等于用 RMB200 元的成本，可以住到平时官价高达 RMB2500 元一晚的洲际酒店，实在是难以抵御的诱惑。这样，机票 + 酒店的大促销叠加在一起，也就促成了我的这次南非之旅。

最终我们酒店的选择，八晚 PB 的约翰内斯堡洲际酒店，两晚世界自然遗产地保护区内的酒店，三晚德班费尔蒙酒店，三晚开普敦现金 + 积分 C+P 兑换的威斯汀酒店，每一家酒店，都给我们留下了美好的回忆。在去克鲁格公园的途中，我们还专门造访了号称南非奢华酒店之巅的 Singita 集团下属的两家酒店。这两家酒店，之前我从未在中国媒体上看到过相关的报导，也算是第一次为大家揭秘顶级奢华的南非酒店了。

1.4 行程篇

我们的行程，约翰内斯堡八晚，德班五晚，开普敦三晚，这个行程的制定，有几个关键点：

1）将开普敦放在整个行程最次要的位置

一般中国人的南非之旅，置重点于南非最南端的开普敦和花园大道一线：一来开普敦自然禀赋优越，碧海蓝天，有世界自然遗产的桌山，有世界文化遗产的罗本岛，花园大道又有多处酒庄；二来开普敦治安良好，大部队前往，不会有太大的安全隐患，因而开普敦也成了中国旅行团的最爱。但在我眼里，开普敦的风景，恐怕与澳大利亚、新西兰和西方发达国家过于类似，如果只是去看碧海蓝天、品酒品龙虾的话，是否一定要去南非才能体验到这一切，恐怕就很成疑问了吧。你去南非，更吸引你的，一定是南非当地的特色吧；而南非的特色，一定是非洲五大和当地的民俗民风了吧。这些，恰恰是开普敦无法给予的。有鉴于此，我们把开普敦列在了行程的最后，安排了三晚。

2）不去太阳城

一般中国人南非之旅，如果去南非北部的话，必然会去太阳城。这是一处二十年前开发的沙漠中的赌城，号称六星级，但二十年的光阴，足以将经典的铅华洗尽。何况，经历过澳门赌城的洗礼，我对南非二十年前的赌城建筑，缺乏一探究竟的热情，遂放弃。

3）克鲁格公园——去与不去之间的艰难选择

克鲁格公园，是南非最大的动物保护区，南北最长近 400 公里，东西最宽近 90 公里，是 Safari 的圣地。但国内旅行社给出的克鲁格公园 Safari 之旅，动辄近万元人民币一天，看了难免让人望而却步，因而最开始，我并没有打算去克鲁格，而是计划去德班附近号称 Safari 发源地的世界遗产地 Hluhluwe 保护区里的 Safari。德班费尔蒙酒店给我的一日游含酒店接送的报价，是 6600 兰特，约合 RMB4000 元，已经比国内动辄上万元的报价，低了一半多了。等到了约翰内斯堡洲际酒店，酒店给出的克鲁格公园内 3 天 Safari，含住宿、含早餐和晚餐的价格，也还不到 6000 兰特，又比费尔蒙酒店的报价，低了不少。而等我们实际到了克鲁格公园的接待处，住宿 + 双人 1 早 1 晚两场 Safari 的价格，加一起，不过 2000 兰特。可以说，旅行社和南非当地酒店，赚的，是一个信息不对称的钱。南非的 Safari，即使是克鲁格国家公园内能一次将非洲五大一网打尽的 Safari，价格也低到了令人发指的地步。

当然，犹豫再三的另一个原因，是担心“Safari 易，看动物不易”，担心劳师以远，却看不到真正想看的动物。出发前，几位先前去过南非的同学、朋友，再三劝我们降低预期，据说他们的 Safari，除了看到几头斑马和长颈鹿，其他一无所获；而运气更差的，连这些还看不到呢。最终，是我们在世界文化遗产地“人类摇篮”遇到的一位美籍华裔美少女改变了我们的想法，她力劝我们无论如何应当去一次克鲁格。克鲁格国家公园，有 8 个出入口，每个出入口附近的动物，又各有不同。她力荐我们去她刚去过的鳄鱼桥入口，她两天前在那里，就一次看全了非洲五大。我们去了一看，果然名不虚传。可以说，我们能够在克鲁格公园一次看到那么多动物，这位美少女，功不可没。

4）自驾与不自驾——艰难的选择

我们夫妻曾经在澳大利亚和新西兰，前后租车 6 次，行程 2 万公里，可以说英联邦国家方向盘在右边的所

谓右舵车，对于我们，并没有技术上的难度。但去南非之前，众口一词，都说南非治安差，抢劫、强奸时有发生，我们这次带去了尼康 D800+ 大三元镜头，对于安全，更加敏感，因而我们最开始并没有打算自驾。然而就在迪拜飞约翰内斯堡的飞机上，我们遇到 6 个中国人，他们打算在南非租车自驾 17 天！这无疑给了我很大的鼓励。在南非的前两天，我们搭乘的是可以跳上跳下的红色观光大巴士，去了号称非洲最大的贫民窟的索韦托。第三天、第四天，又包了一辆出租车，去了南非首都比勒陀利亚和世界文化遗产地“人类摇篮”，也没有发现任何问题；遂大着胆子租车去克鲁格公园开了一个来回。这一开，就不可收拾——最终在南非前后租车 8 天，行程 3000 公里！也因为有车，才可能深入到一般中国游客难以到达，而又真正有南非特色的地方，有了一次完美的体验。

5）德班

这次我们在南非十六晚十八天，由于约翰内斯堡洲际 PB 不可思议的促销价格的关系，我们在约堡住了八晚；中国人必去的开普敦住了三晚，另五晚都安排在了德班。德班安排的时间，比开普敦还多，有三个原因：第一，德班附近有世界自然遗产地、St Lucia 湿地，以及之前提到过的 Safari 的发源地 Hluhluwe 保护区；第二，费尔蒙集团在南部非洲仅有的两家酒店，都在德班附近，而费尔蒙集团的酒店，通常被认为是非洲最有代表性的酒店之一；第三，德班，作为非洲第一大港口，对我个人也有特殊的意义——我人生的第一笔生意，就是出口到德班的。

1.5 签证篇

签证是南非旅游的软肋。南非签证，官方网站对外宣传最多10个工作日出签；实际操作中，变成了最少10个工作日，还不见得出签。我是正好提前10个工作日送签的，一晃七八天过去了，毫无动静。我动用了能够动用的全部社会关系，发邮件、打电话、托熟人，甚至自己亲自跑去签证中心，递上自己的新书，表明了旅行作家的身份，这才在飞机起飞前一天的下午，拿到了签证；而这个时候，离飞机起飞，已经不到18个小时了！

1.6 攻略篇

每年中国去南非的游客人数，达到15万人次之多，然而在号称攻略集散地的“穷游”和“马蜂窝”，却找不到一篇能让自己满意的攻略。出发之前，我也刻意参考了国内几家主流旅行社的南非旅游的线路，包括几家号称高端奢华的旅游线路，也还是不得要领。不得已，只能自己动手，重起炉灶，打造一条真正属于自己的完美旅行。

南非旅游局的英文网站，资讯最为及时，是南非旅游的好帮手。但南非旅游局的中文网站，做得非常差，基本上英文网站上有价值的内容，都没有翻译过来；翻译的过程中，还平添了不少错漏；多处链接，也无法打开。

我的南非之旅，先后参考了中国旅游出版社《走遍全球》丛书之《南非》卷。这本书，比Lonely Planet更有参考价值。但南非旅游，对我帮助最大的，还是约翰内斯堡洲际酒店的藏书——约堡洲际酒店我住的房间，简直就是一个小型的图书馆，里面大部头的南非旅游的画册，就有10本之多；到了酒店，每天游览之余，就是如饥似渴地阅读；我能够在很短的时间内，找出南非旅游的最佳路线，这家酒店，功不可没。

1.7 南非旅游的遗憾和改进意见

春节的南非之旅，十六晚十八天，比一般旅行社的行程，足足多了一倍的时间。但实际走下来，还是有一些遗憾，还是有可以改进的余地：

1）自驾线路

由于一开始没有打算自驾，因而我们在南非内陆的行程是约翰内斯堡—德班，德班—开普敦，开普敦—约翰内斯堡，都是提前买了机票。其实约翰内斯堡—德班，开普敦—约翰内斯堡，都是南非经典的自驾线路。前者穿越南非第二大的国家公园，世界自然遗产地：德拉根斯堡公园The Drakensberg Park，后者穿越南非的钻石中心：金伯利。这两条线路，也是传统的南非奢华列车的运行线路。就是德班—开普敦的线路，也会穿越从伊丽莎白港到开普敦的所谓花园大道。有时间的话，这三条线路，都建议自驾一下。三条线路中，约翰内斯堡—德班，路程最短，也最适合自驾。这条线路，像我们这样直接飞过去，太可惜了。

2）非洲之傲

在中国，非洲之傲，成了南非奢华列车的代名词。其实南非运营奢华列车的公司有好几家，蓝色列车 Blue Train 在当地的口碑更好，是南非当地公认的奢华列车的头牌。蓝色列车也经常有大幅度的折扣，比如这次在南非，就看到了蓝色列车约翰内斯堡—开普敦往返 RMB5000 元的大促销的价格；只是蓝色列车在中国没有代理，这样的深度促销，你要到了南非才有可能知晓。而非洲之傲，目前在中国处于垄断经营的状态，市面上很难看到 8 折以下的票价。去南非，如果走我这样的约翰内斯堡—德班—开普敦—约翰内斯堡的大环线的话，那么建议开普敦——约翰内斯堡，可以坐蓝色列车过去。

3）野奢酒店

南非是野奢酒店的聚集地，世界前十的奢华酒店里，南非常年占据两个名额：一个是我这次去参观的 Singita，另一个是 Sabi Sabi。Singita 在中国貌似还没有代理，恐怕一年里入住 Singita 旗下酒店的中国人，即使有，也是个位数吧。但 Singita 集团还是非常热情地接纳了我的参观申请。Sabi Sabi 的酒店，就在 Singita 隔壁，属于同一个保护区。出发前我同 Sabi Sabi 在国内的代理联系，始终不得要领；在我离开克鲁格公园回约翰内斯堡的路上，接到了 Sabi Sabi 总部的电话，邀请我前往参观，但为时已晚，错过了这次机会。Singita 和 Sabi Sabi 的酒店，要价高昂，即使是四晚的套餐，平均每晚价格，也在 USD1000 元以上。但实际看下来，也还是非常值得体验的，尤其适合那种之前去过南非，已经超越了观光旅游阶段，而更愿意深入品味新南非的群体。

我期待下次重回南非的时候，能自驾一次约翰内斯堡—德班，能自驾一次花园大道，能搭乘奢华列车走一次开普敦—约翰内斯堡，能入住一次世界顶级的野奢酒店 Singita 或 Sabi Sabi。我期待这样的行程，能在不久的将来实现。

第二节　约翰内斯堡

2.1　约翰内斯堡攻略

约翰内斯堡是中国人南非旅游的最熟悉的陌生人，一般人去南非，约翰内斯堡是无法回避的一站，但也仅限到达和出发——中国人一般在约翰内斯堡是不做停留的，短暂的休整后，就去往太阳城，或者继续前往各个景点。当其他人听到我将要在约翰内斯堡停留八个晚上，无一例外地瞪大了眼睛，像是在看外星人一般。在一般人的印象里，约翰内斯堡没有什么值得一看的景点，头上还顶着一顶“世界上最危险城市”的恶名，治安差、抢劫，强奸盛行，是一般中国人，特别是一般中国旅行团，避之唯恐不及的城市。更有中国出版的旅游书，言之凿凿地说，约翰内斯堡和比勒陀利亚之间的近郊火车，案件频发，务必加以回避。但我们眼睛看到的，显然不是这样的。事实上这条被称之为 Gautrain 的线路，我们在约堡期间曾经反复搭乘，现代化程度比中国的高铁有过之而无不及——车站既有自动扶梯，又有可直接到达的电梯；对比上海的地铁站，即使是交通枢纽的上海新客站和莘庄站，自动扶梯也只有上行而没有下行的，提着大包小包，进出站非常不方便。Gautrain 的车厢宽敞、整洁，搭乘的人一望而知都是当地中产阶级以上的人群。车里人少，人人都有座位，票价也很公道。就是车站附设的厕所，也都干净整洁。别的不说，这样带有卷筒纸的公共厕所，中国能有几家？这样的车，我想象不出怎么可能有危险。从这一点也可以想见，中国人对约翰内斯堡的成见，到了什么样的地步。

事实上约翰内斯堡不但可以看，而且有很多值得看、值得慢慢品味的景点。比如约堡附近 100 公

里的范围里，就有南非八大世界遗产中的两处：人类的摇篮 The Cradle of Humankind 和弗里德堡陨石坑 Vredefort Dome；南非首都比勒陀利亚，距离约堡不过 60 公里的距离；被称为“老约堡”的传说中黑帮横行，治安混乱的约堡老城中心区，集中了多处历史建筑和多家代表性的博物馆，来南非不来这里，无疑有进入宝山，空手而还的感叹；就是鼎鼎大名的克鲁格国家公园，距离约堡也不过 400 公里，开车不过五六个小时。可以说将约堡作为探索周边景点的大本营和前进基地，去各个景点做个一日游，是再适合不过的选择了，尤其在能够拿到约堡酒店异乎寻常的低价的情况下，就更是如此。

2.2 约翰内斯堡行程

通过合理的安排，我们在约堡，度过了安全、美好的一周，行程如下：

DAY 1：长途飞行，中国经迪拜，夜抵约堡，宿约堡洲际 Sandton Tower 酒店——约堡最好的酒店的最好的套房。

DAY 2：搭乘红色观光巴士，安全，舒适的老约堡市区一日游。

DAY 3：搭乘红色观光巴士，游览日新月异，完全出人意料的非洲最大的贫民窟——索韦托。

DAY 4：世界文化遗产“人类的摇篮”包车一日游。

DAY 5：首都比勒陀利亚包车一日游。经过 4 道安检，意外闯入南非新开业的国家博物馆和南非最神圣的权力中心——自由公园。

DAY 6：租车自驾到克鲁格国家公园，拿到异乎寻常的低价，夜间 Safari，一次看齐非洲五大。

DAY 7：克鲁格国家公园，日出 Safari，顺道参观南非最顶级的野奢酒店 Singita。

DAY 8：世界自然遗产“弗里德堡陨石坑”包车一日游，巧遇老当益壮、82 岁高龄的导游，听一堂最生动的南非历史地理课。

DAY 9：依依惜别，飞往德班。

2.3 约翰内斯堡洲际 Sandton Tower 酒店

能够在约翰内斯堡连住八晚，最大的动因，无疑是约翰内斯堡洲际 Sandton Tower 酒店的 Points Breaks 大促销；没有这样的促销，即使停留约翰内斯堡，也不可能一次住那么长的时间。在约翰内斯堡住八晚，听起来如此疯狂的安排，却给了我们最好的体验；而这一切，都要归功于我们这次入住的约翰内斯堡洲际 Sandton Tower 酒店。

酒店在约翰内斯堡卫星城桑顿 Sandton 最中心的位置，和桑顿国际会议中心连成一体，并且通过廊桥无缝连接了桑顿最大的两家商场，一家是现代化的商场桑顿城 Sandton City，一家是类似上海新天地的曼德拉中心。酒店的位置，可以说是好到了不能再好。

酒店连接商场的廊桥，布置成了名品展示厅，南非特色的商品，摆满了廊桥的两侧。

桑顿城 Sandton City 是现代化综合性商场，里面有超市卖场，有类似大食代的美食中心，有多家名品店，甚至还有一家与我的新书同名的“奢华不贵”的珠宝店：Luxury for Less。然而我们感兴趣的钻石店，在我们去的星期日晚上 7

点，就已经关门歇业——店主过周末去了！这样热爱生活的店主，在中国，你永远找不到的吧。

曼德拉中心类似上海的新天地，里面是约翰内斯堡最高档的餐饮的聚集地。餐厅门前的广场上，有一尊硕大的曼德拉的塑像，这也是曼德拉中心得名的由来吧。曼德拉中心流莺遍地，不但有各种肤色的妓女，而且有奇装异服的男妓，图中这位在曼德拉塑像旁四处张望的黑人女子，据我们观察，就是一位“妓者”。

酒店的交通也非常方便，酒店到桑顿 Gautrain 站，有免费的穿梭巴士，随到随走。搭乘 Gautrain，去往约翰内斯堡老城区，去往南非首都比勒陀利亚，都非常便捷；就是去往约翰内斯堡国际机场，也只要短短的 12 分钟，这段距离，如果搭乘出租车，最少要 45 分钟，价格也无疑更贵。

相对于酒店超级便利的地理位置，酒店本身，只能说中规中矩。酒店有一个挑空的中庭，有一个室外的泳池，除此之外，亮点不多。酒店本身有年头了，从外表看，最少有十五到二十年的历史了。酒店体量也不大，整个酒店，貌似只有一个餐厅。

酒店的行政酒廊，布置在电梯间两边的过道里，讲面积，是我到目前为止，见过的面积最小的行政酒廊了。但酒廊欢乐时光 Happy Hour 出品丰盛，南非是盛产葡萄酒的地方，因而 Happy Hour 时段，有多款红白葡萄酒和起泡酒可选，口感可谓上乘。对于我这样的酒鬼而言，这个行政酒廊，也还是可圈可点的。

给我们的房间，几乎是酒店最大的行政套房，有一个硕大的客厅，房间装饰非常现代化，保养得也非常好，丝毫看不出岁月的痕迹。我们到酒店已经是晚上 9 点，到店的时候，红酒、超大的果盘、酒店总经理亲笔写的欢迎信，已经在客房里静静地恭候我们。用这样一间客房，作为我们探索约堡八天的大本营，实在是满意到无以复加。

第三节 观光巴士二日游：约翰内斯堡+索韦托

约翰内斯堡是南非最大的城市，相当于上海在中国的地位——来中国旅行，不去上海，你的中国之行，肯定是不完整的；同样的道理，去南非旅行，不去约翰内斯堡，你的南非之行，也必然是不完整的。但约翰内斯堡头顶“世界上最危险的城市”的恶名，我们要去的索韦托，又号称非洲最大的贫民窟，怎么找一个既经济实惠又安全舒适的解决方案，成了游览约翰内斯堡的头号问题。正在一筹莫展之际，酒店的礼宾部给我们指了一条明路：可以跳上跳下的红色观光巴士！

约翰内斯堡的红色观光巴士，设 12 个站，基本覆盖了约翰内斯堡主要的景点和主要站点，比如卡尔顿大厦，还有身着统一制服的员工，负责引导客人。另有一条支线，连接号称非洲最大的贫民窟的索韦托，票价也不贵，它最便宜的一日游的线路，150 兰特，约合 RMB90 元。我们选的包含索韦托半日游的二日通票，价格是 500 兰特，约合 RMB300 元。更难能可贵的是，车上有多国语言的讲解系统，其中就有中文解说。我们这个车乘了两天，这个解说，也就从到至尾听了两遍；第一天没听明白的，第二天有针对性地补课，两天下来，算是对约堡的前身今世，有了个大致的了解了。在我们看来，要想安全、舒适地游览约翰内斯堡老城区和索韦托，同时能有中文解说的，这个红色观光巴士，是唯一的正解。

3.1 红色观光巴士的 12 个站简介

1）公园站：这也是连接比勒陀利亚和约翰内斯堡的高铁 Gautrain 的终点站，也是红色观光巴士的始发站，我们每天都是搭乘 Gautrain 从桑顿来这里换乘观光巴士的。由于是始发站，每次我们总能抢占第一排视野最开阔的位置。

2）甘地广场：来南非之前，我并不知道印度的圣雄甘地与南非还有很深的渊源。甘地系出名门，从小养尊处优，但是在实行种族歧视、种族隔离的南非，却因为是有色人种，而备受歧视。有次甘地买了火车头等舱的票，中途遇到查票，被赶下车；另一次甘地去约翰内斯堡一处高尚写字楼办事，想要搭乘约翰内斯堡城里第一部电梯，也因为是有色人种而遭到拒绝。这两次屈辱的经历，改变了甘地的一生——甘地从一位律师，转而投身到“非暴力，不抵抗”运动中，最终推翻了英国人在印度的统治。大英帝国鼎盛时期，殖民地遍布全世界，其中扼印度洋要冲的印度和南非，无疑是大英帝国一众殖民地中，战略地位最重要的两处。说大英帝国这两处最重要的殖民地，“毁”于甘地和曼德拉两个人之手，也不为过。英国殖民者轻视有色人种，认为有色人种智力上低人一等，如果他们事先预见到甘地和曼德拉的能量，想必会采取“绥靖政策”，给予甘地和曼德拉高官厚禄，加以软化和拉拢吧？事实上英国殖民者后来也这样做了，但为时已晚，英国人和有色人种之间的矛盾，已经不是给一两个人高官厚禄能化解的了。站在甘地的塑像前，我想到的一个词，是尊重 Respect。甘地和曼德拉这样的人，都是有足够能力的人，如果给予他们足够的尊重，他们未必会与英国殖民政府为敌。对于这样的人，即使不能与他们成为朋友，也务必要避免和他们成为敌人。对于这样的人，一次傲慢，一次怠慢，都足以致命。英国殖民政府，显然为他们的傲慢和怠慢，付出了惨重的代价。

3）卡尔顿中心：50 层楼高，建成于 1971 年 7 月的卡尔顿中心，是南非第一高楼，也

是非洲第一高楼。可以想象南非的经济，在四十多年前，就达到了一个多么空前绝后的高度。盛极而衰，这里也是约翰内斯堡衰落的象征。大厦的副楼，一度是南非最奢华的酒店：卡尔顿酒店，却由于周边治安恶化而于十年前关门歇业，此后也再也没有恢复过营业。这之后的十年，老约翰内斯堡的大公司、大酒店，纷纷搬迁到治安相对较好的卫星城，也就是我们这次住的桑顿地区。企业和酒店搬走，餐饮、购物、娱乐、会展，也相应搬家。高楼大厦林立，一度风光无限的约翰内斯堡老城，居然唱起了空城计。不光是卡尔顿酒店被废弃，还有不少建筑，底层的门窗用水泥封死，成了名符其实的死楼、空楼。好在南非政府和企业，正在试图恢复老约翰内斯堡的元气，慢慢地，逐渐有一些被废弃的旧楼，找到了新的主人，找到了新的生机。至少从卡尔顿中心顶楼的观光台往下看，看到的是一片宁静祥和的繁华都市。

4）购物村：尚在建设中。

5）交通博物馆：这里集中展示了从马车、牛车，到现代化的汽车、火车的交通发展的历史。

6）金矿主题公园和赌场 Gold Reef City Theme Park & Casino Hotel：这里是红色观光巴士的交通枢纽，在这里，可以换乘中巴去往索韦托。这里也是赌场和主题公园，气势恢宏的建筑前，留下了我们的倩影。

7）种族隔离博物馆 Apartheid Museum：就在赌场的对面，记录了各个年代种族隔离政策造成的种族冲突。博物馆的原意，肯定是为了控诉殖民政府的，但我参观之后，觉得英国殖民政府，在南非，表现得非常文明和克制。南非前后有四人获得诺贝尔和平奖，而南非几十年间死于种族冲突的人数，不过千余人。对比各国历朝历代，哪次改朝换代，不死个成千上万人？南非的种族冲突，无疑是一个被大大夸大了的题目。

8）矿业街区步行线路：这里一百多年前就是约翰内斯堡采矿业巨头的总部，可以说是约翰内斯堡的源头，江湖地位，大约相当于上海的外滩源吧。这里有多处百年老建筑和街头雕塑，周边治安良好，因而红色观光巴士在这里设计了一条步行线路。建议大家可以安步当车，来走一走，瞧一瞧。

9）新市政中心：这里有包括非洲博物馆和啤酒世界在内的多家博物馆。非洲博物馆 Meseum Africa，名字起得很大，但里面并没有什么像样的展品，显得大而无当，同日后我们在比勒陀利亚看到的国家博物馆比，无论是展品的丰富程度，还是展示手段的现代化，都是天差地别。

10）人类起源游客中心：世界上第一块类人猿化石的发现地，距离约堡 100 公里，也是南非八大世界遗产中的一处。如果时间有限，不能亲临现场的话，那么这个游客中心，就可以让你对这处世界遗产，有个大致的了解。

11）The Groove：这是一处新兴的中产阶级聚居区的美食、购物的天堂，但不是太有特色，我们也没有多作停留。

12）立法山 Constitution Hill：这里曾经是南非立法法院的所在，更是种族隔离时期的监狱。旧监狱的入口处，用英文写着："一个人无法真正了解一个国家，除非进过他的监狱。""一个国家的文明程度，不应该只看它怎么对待上流社会，而更应该考察它怎么对待自己最下层的百姓。""南非政府像对待牲口那样，对待监狱中的犯人。"监狱博物馆关门很早，基本上下午 3 点就关门了，去的话要趁早。

3.2 索韦托

去之前，我一直以为这里是非洲最大的贫民窟，污秽遍地，盗贼横行；去了之后才知道，这里主要是淘金时间各地前来约堡的工人的聚居地，又以黑人为多。索韦托 Soweto，是西南市镇群的首字母的缩写：South Western Township，随着时间的推移，这里已经一步步中产化了，很多中上层的黑人，发家后也还是选择居住在索韦托。比如曼德拉和诺贝尔和平奖获得者图图 Tutu，就长期居住于此。曼德拉的故居，现在还开放成了

博物馆，曼德拉后来扩建的豪宅，也离此不远，也还属于索韦托的范围。在这里，我们看到了一排排装饰一新的独栋别墅，看到了一条街欧美人居多的餐饮店和咖啡馆，反而是贫民窟代表性的棚户简屋，已经非常罕见了。

索韦托也是 1976 年 6 月 16 日学生游行进而引发武力镇压的发源地，现在事件的中心，已经开发成了博物馆和纪念碑。但就是这么一件轰动全世界的事件，更多的是一次意外，而不是蓄谋已久的镇压，真正在当天死难的学生，也就是几十人。死几十人的事件，上了世界各地的头条，我觉得这正说明当初殖民政府的容忍和克制。

第四节　约翰内斯堡周边的世界遗产：人类摇篮

红色观光巴士虽然好，但只覆盖约翰内斯堡老城区的景点，更远的景点，需要另谋出路。到南非的第四天，又面临选择，我们接下来要去的，是离约翰内斯堡60~100公里的首都比勒陀利亚和世界遗产地人类的摇篮 The Cradle of Humankind 以及弗里德堡陨石坑 Vredefort Dome。是租车自驾，是包车，还是坐高铁 Gautrain，我们犹豫再三，最后选择了包车二日游。

南非出租车价格畸贵：从高铁 Gautrain 站到酒店，短短1公里，索价100兰特，约合 RMB60元；从机场到酒店，35公里，索价500兰特，约合 RMB300元。之所以选择租车，是因为我们拿到了一个好的价格，遇到了一位好的司机。

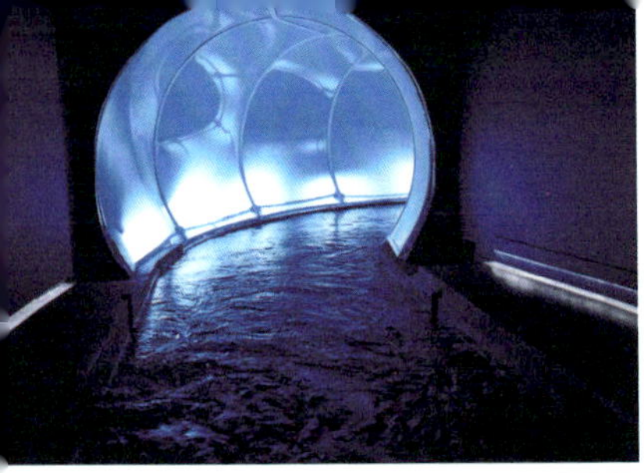

从机场到酒店，我们选择酒店接机。酒店安排的是一辆“黑车”来接，接我们的司机，是一位原籍保加利亚，来南非工作了二十年的帅哥，彬彬有礼，给我们留下了非常深刻的印象。来到南非的第四天清晨，我尝试着给这位司机打电话，他第一声报价，就是 1000 兰特包车一天。这是异乎寻常的好价格了，我们没有还价，直接成交，这才有了接下来的包车二日游。事后看来，100 公里以内的区域，包车比租车自驾，性价比更高——租车也要钱，平均每天的租车费用加上油钱，也差不多要 1000 兰特；何况有一位熟悉当地情况的司机，能够替你摆平不少事情，特别是在约翰内斯堡附近治安情况不怎么好的的地方，尤其如此。

欢迎回家——Welcome Home：人类的摇篮 The Cradle of Humankind

如果说带有传奇色彩的周口店北京猿人头盖骨化石，是中国人的摇篮的话，那么位于约翰内

斯堡西北 100 公里处的第一片类人猿化石的发现地，就是世界人类的摇篮了。难怪在这里，听到最多的，是欢迎回家——Welcome Home：有学者认为，从某种程度上讲，我们都是非洲老祖母的后代，我们归根到底，都是非洲人！

人类摇篮世界遗产地的核心区域，分为两个部分：一处是陈设丰富的博物馆；另一处相距 10 公里，原址保护的类人猿化石的发掘地——Sterkfortein Cave。这是一处溶洞，据说世界上 40% 的类人猿化石，都发现于此。为了更好地保护还在生长中的溶洞，洞里灯光昏暗，也正因为如此，手电筒的光线打到钟乳石上，居然泛出晶莹剔透的光泽来。同这个溶洞相比，国内溶洞的开发，与其说是开发，不如

说是谋杀。

在这个溶洞，最大的发现，其实是遇到了前面提到的那位美籍华裔——目前跟随父母在上海就读外国人学校的小美女。她刚从克鲁格公园回来，得知我们对于是否要去克鲁格公园还在摇摆不定的时候，她力劝我们无论如何要去一趟，同时给了我们一些非常有建设性的建议。可以说她对我们后来的完美行程，起了非常关键的作用。

人类摇篮和约翰内斯堡之间，有一处狮子公园，可以顺路看一看。狮子公园里，圈养了很多珍贵的白狮子，特色是可以抱着小狮子亲密接触，其他如猎豹、鸵鸟、长颈鹿、斑马、鼬鼠，也各有特色。对于时间有限，没有机会去克鲁格公园的人来说，这里是一个停留的好地方。

第五节　南非首都比勒陀利亚

5.1　交通解决方案

南非首都比勒陀利亚是我们包车二日游的第二站。比勒陀利亚在约翰内斯堡以北 60 公里处，彼此有高铁 Gautrain 相连。但比勒陀利亚的景点比较分散，同金钱相比，时间对于我们更加珍贵，一番权衡之下，我们还是选择了包车一日游。事实证明从约堡出发，要想在一天的时间里，走遍比勒陀利亚的主要景点，包车几乎是唯一正确的选择。

5.2　先民纪念碑

比勒陀利亚，我们先到的是它城市最南段的先民纪念碑。南非曾经是英国人的殖民地，但是在英国人建立殖民统治之前，这里，却是以荷兰后裔为主的南非白人——布尔人的天下。这一处纪念碑，也正是纪念那一段筚路蓝缕的日子的。这个纪念碑在我看来，最大的看点，在于南非政治变迁了那么多年，政权从布尔人转入英国人再转入南非当地人手中，政权更迭却没有带来纪念碑的损毁，这一点是非常不易的。先民纪念碑，也是最受中国旅行团青睐的景点，一台台的旅游大巴，一车车的中国游客，络绎不绝。我们这次南非之旅，走的是非常规的路线。一路走来，中国游客遇到得很少，这个先民纪念碑，是绝无仅有的一处中国游客云集的景点。

5.3 自由公园和梦想 Hapo 博物馆

然而真正的精华，在于离先民纪念馆不过三公里之遥的自由公园和梦想 Hapo 博物馆。我们是误打误撞来到这个地方的，事先国内并没有任何资料，特别介绍过自由公园。梦想 Hapo 博物馆更是闻所未闻的新鲜事物，我们完全是在先民纪念馆门口，看到了自由公园的指示牌，想想离得近，就顺路去看一下吧，没想到这一看，看出了比勒陀利亚最大的精华。去自由公园的路上，前后四道安检，负责安检的工作人员，态度谦和却异常严格，把出租车里里外外查了又查，把司机的证件看了又看。我和我太太相视一笑，看来这个地方，有看头了。自由公园分室内和室外两大展区，室内称为梦想 Hapo 博物馆，建成开放不过半年的时间，还养在深闺人未识，但无论是展品的丰富程度，还是展示手段的先进，这家博物馆，毫无疑问是我们南非这一路看到的最佳博物馆。它名义上不是国家博物馆，但却事实上成为南非最有代表性的国家博物馆。

室外展区，分为山上、山下两大部分，山上是称为 S'khumbuto 的整个自由公园的主体建筑，包括可以镌刻 15 万个名字的名人墙、可以容纳 2000 人的露天看台、圣坛、长明灯、名人廊，以及协商和签订外交协定的 VIP 专区。说这里是整个南非最神圣的权力中心，也不为过，也难怪一路上要经过四道安检了。这里也是俯瞰整个比勒陀利亚的一个绝佳的制高点和观景台。

山下则是被称为 Isivivane 的圣坛区域，整个区域需要脱鞋、洗手后方能进入。据说这里的树和石头，都是从南非各个省精选来的，代表了各地的灵气，也代表了为了南非的自由和独立而献身的先烈们的英灵栖身的象征。

唯一令人不解的是，这么神圣的地方，可以说是代表了南非的政治、历史和文化的一处代表性的景点，离中国人最常去的先民纪念碑不过几公里的距离，但中国旅行团却没有一个来这里的；不光旅行团不来，自由行的中国游客，也只有我们夫妻两

人；就连我们的司机，一个在当地工作了二十年的新南非人，也居然是第一次来到自由公园！

5.4 联合大楼 Union Building

联合大楼 Union Building，是司机竭力推荐的一处景点。这里是政府办公大楼，楼里不让参观，但它恢弘的外观和门前梯田式的草坪，已经足以让人流连忘返。这里有南非最大的曼德拉塑像，比约翰内斯堡曼德拉中心的塑像还要高大不少。蓝天白云之下，景色非常绚丽。

5.5 教堂广场 Church Square

教堂广场 Church Square，是比勒陀利亚的中心，相当于北京的天安门广场和上海的人民广场，广场周边，都是金融机构的办公大楼。南非旅游局在广场边上也有一个办事处，在这里，可以补充一些南非旅游的资料。据说教堂广场在殖民地时代，干净、整洁，但我们眼里看到的教堂广场，地上散落着不少垃圾，广场上还有人在耍把戏，周边的路面，也是“开膛破肚”。看来，南非独立后的阵痛，并没有真正过去吧。

5.6 比勒陀利亚的市政厅 City Hall 和自然历史博物馆

比勒陀利亚的市政厅 City Hall 与自然历史博物馆面对面，我们去的时候，市政厅在关闭整修中，自然博物馆也只是一些简单的动植物标本的陈列，同自由公园的梦想 Hapo 博物馆，有非常大的差距。

5.7 比勒陀利亚火车站

比勒陀利亚火车站，也是一众奢华列车的始发站，其中招牌最大的，是国营背景的蓝色列车。但就是在这个火车站，我们遇到了非常不愉快的事情：一位黑人向我们敲诈说，这个地方不能拍照，要罚我们多少多少钱；好在我们带有司机，司机出面，给了黑人几块钱小钱，打发他走人了事；但我们心情已然大坏，本来想去蓝色列车办公室看一看的，也没有去，匆匆离开。

5.8 比勒陀利亚旅游小结

在比勒陀利亚，一日游，是无论如何不够的。比如比勒陀利亚东郊，就有号称南半球最大、全球第三的佛教寺庙——星云大师一手创建的南华寺。因为时间已晚，又不顺路，遂放弃，这也成了我们在约翰内斯堡八天行程的最大的遗憾。在约堡八天，居然都还有景点没能看到，那么一般人在约翰内斯堡仅仅停留 1~2 天，他们又能看到些什么呢？

比勒陀利亚，目前官方的名字，已经改成了非洲语的 Tshwane，但大家还是习惯用殖民地时期的旧名。比勒陀利亚最美丽的时节，其实是每年 11 月南非的春天，那时南非的国花蓝花楹盛开，整个比勒陀利亚一片蓝紫色。我期待下次能够在最美的时节再次光临比勒陀利亚。

第六节　约翰内斯堡周边的世界遗产：弗里德堡陨石坑

弗里德堡陨石坑 Vredefort Dome，是我们在约翰内斯堡的最后一站，贵为世界自然遗产，我们的司机居然没有听到过它的名头。在离开约翰内斯堡前的最后一晚，我们租车自驾，来寻找这一处世界遗产地，过程也是一波三折。我们根据 GPS 的导航，来到了游客中心，但偌大的游客中心，大门紧闭。据说由于工程质量问题，这个游客中心，至始至终就没有对外开放过。一路拦下过往的车辆，居然没有一个人说得出个所以然来，不得已，掉头开往距离游客中心最近的城镇巴黎 Parys。那是个宁静安详的小镇，一栋栋别墅，鳞次栉比，看得出当地人的富裕和安定祥和。我们在小镇咖啡馆吃了一顿中饭，咖啡馆的老板，特意跑出来和我们打招呼，祝我们马年快乐，说

是刚看了新闻，今天是中国人的大年初一，说今年是马年，祝我们马到成功！在异国他乡，听到这样的祝福，一定是倍感亲切的。

巴黎 Parys 的游客中心，门面小得多，也不经营任何旅游线路，不过他们介绍我们认识了一位导游。这位导游，已经 82 岁高龄了，但精神矍铄、身手敏捷，也异常敬业。先是把我们带到他的家里，做了半小时的幻灯片讲解。据他介绍，弗里德堡陨石坑 Vredefort Dome 是 20 亿年前，一颗直径 10 公里的陨石撞击地球，形成的直径 300 公里的巨型陨石坑。这次陨石撞地球，也是目前已知的地球上最大的一次能量释放，释放出的能量，相当于 1976 年唐山大地震的 10 万倍！约翰内斯堡蕴藏丰富的金矿，也是拜这次陨石撞击所赐，深藏地壳深处的金矿，被陨石撞击得底朝天，金矿直接暴露出了地表，这才有了后来的黄金之城——约翰内斯堡。随后是 2 个小时的野外探索，去了这次陨石撞击最有代表性的几个地点。其中的陨石，不但是自然遗产，也是文化遗产，上面有原始社会的先民刻画的种种图腾。这些遗产，散布在各个私人的领地内，老导游带着钥匙，替我们打开一扇扇通往未知领域的大门，陪着我们攀上爬下，实在令人感动。可以说，如果没有导游，凭着自己误打误撞，是根本不可能搞明白这处世界遗产的原委的。

这样一场全程 3 小时的导游，收费仅仅只有 200 兰特，约合 RMB120 元，可以说只是象征性收费——老人赚的不是钱，是老有所为、老有所乐吧。老人在南非各地工作过，退休后，选择巴黎 Parys 养老。老人的房子，带私家泳池，这样一栋别墅搬到上海来，我看最起码要卖 RMB5000 万朝上了；而在巴黎 Parys，大概只有 1/10 的价格。

第七节　克鲁格国家公园

7.1　缘起

克鲁格公园看动物，是整个南非之行的重头戏，最终能够成行，我太太功不可没——没有她的一再坚持，我事实上早已经打算放弃克鲁格了。

克鲁格公园，大名鼎鼎，但一般中国旅行团，都是不去的。中国旅行团，去的是太阳城附近的比邻斯堡公园，据去过的人说，在比邻斯堡，能看到长颈鹿和斑马，已经算是运气不错的了。国内但凡和克鲁格沾边的旅行团，价格动辄 RMB1 万元一天以上。我们不是太穷的人，但是花一万元一天，从约翰内斯堡长途奔袭去克鲁格看动物，还是让我们望而却步。更何况最终还不见得就能看到传说中的非洲五大，因而最初我并没有将克鲁格纳入行程。但是在“人类摇篮”遇到的那位美少女，力劝我无论如何应该去一次克鲁格，太太也再三坚持，遂最终下决心自驾一趟克鲁格。

7.2　交通

从我们住的约翰内斯堡近郊的桑顿洲际酒店到克鲁格公园鳄鱼桥大门，全程 460 公里，自驾大约需要五六个小时，全程高速。这比我之前在国内攻略上读到的八九个小时，要快捷得多。

7.3　住宿分类

克鲁格公园，南北最长处近 400 公里，东西最宽处约 90 公里，虽然号称国家公园，其实归根到底，也就是一个超级大的动物园，周围铁丝网、高压电网密布。

克鲁格公园的住宿，分为 3 个大类。一类是克鲁格公园大门外的住宿，比如离我们住宿的鳄鱼桥大门 8 公里，就有名为 Komat 的小镇，小镇上各种档次的住宿齐全。我们晚上用餐的餐馆，也经营住宿，住宿的条件，比我们在澳大利亚、新西兰一路上住的最佳西方，有过之而无不及——全新翻新的客房，门口就是室外泳池，而价格仅仅只有 475 兰特，约合 RMB300 元不到。优点是质优价廉，缺点是参加公园的 Safari 就没那么方便了。克鲁格公园早上 4 点开始的日出 Sunrise Safari，就限定一定要住在公园里。第二类是我们这次住的克鲁格公园的营地 Rest Camp，带有浓厚的国营性质，住宿条件，就不那么敢恭维了。但它胜在参加 Safari，近水楼台先得月。第三类，也是国内所谓高端旅行团力推的私人营地 Game Reserve。这些私人营地 Game Reserve 和克鲁格国家公园之间，并没有严格的分界线，给人的感觉，你中有我，我中有你，但你住在私人营地，参加的想必也是私人营地自己组织的 Safari 了，看到的动物，是否能有我们在克鲁格公园里看到的那么多，那么齐全，就是一个问题了。综合起来，对于第一次来克鲁格公园的人，我建议像我们这样，住在克鲁格公园内。

7.4 Safari 价格

克鲁格公园自己组织的 Safari，我们参加了它晚上 8 点至 11 点的 Night Safari，以及早上 4 点到 7 点的日出 Sunrise Safari，价格都是 360 兰特，约合 RMB200 元出头一点，已经足够便宜了。如果住在公园里的营地 Rest Camp，Safari 的价格，更可以优惠到 220 兰特，约合 RMB130 元，实在是便宜到了令人难以置信。这样超值的优惠，也是我们选择入住公园营地的一个动力。

7.5 我们住的克鲁格公园营地

公园营地的住宿，分为帐篷 Camp 和小屋 Hut 两种。我们在国内看非洲的野奢酒店，配的都是帐篷的图片，仿佛自然保护区的帐篷酒店，有多么高端大气上档次。其实不然，这里的帐篷，是整个营地档次最低的，帐篷里连独立的卫生间都没有，洗漱上厕所，需要去营地的公共厕所解决。但我亲眼看到有几对显然是中产阶级以上的中老年夫妻，在帐篷的户外餐桌上点起了蜡烛，配着红酒在享用烧烤，也许这个时候，帐篷的硬件如何，已经不重要了——与相爱的人相拥在天涯，才是最重要的吧！我们选择的是带独立卫生间和超大户外用餐区的南非土著特色的小屋 Hut，房内有 3 间单人床，户外用餐区厨具餐具一应俱全，室外还有烧烤架。这样的配置，显然是为一大家子，一住一个星期准备的吧。我们的小屋，门前就是著名的鳄鱼河，视野开阔，景色秀丽，可以说是整个营地最好的一间小屋了。而我们付出的，住宿 + 公园门票 + 双人两场 Safari，一共只有 2000 兰特，约合 RMB1200 元，以至于我拿过账

单的时候，看了又看，久久不敢相信自己的眼睛！因为我付出的价格，同我在国内听到、看到的克鲁格公园的报价，完全是天差地别的。

7.6 夜间 Night Safari

我们参加的夜间 Night Safari，晚上 8 点开始。南非夏夜的 8 点，太阳还没有落山，车开出去不久，就看到了非洲五大中的水牛、河马和犀牛；斑马、长颈鹿更是成群结队，随处可见。

更神奇的是，Safari 开始不过半个小时，我们就在一条小径的路边，看到狮子在猎杀斑马。猎杀是由母狮子完成的，我们到达的时候，猎杀刚刚结束，母狮子拖着疲惫的身体，大口大口喘着气，但仍然警惕地“狮视眈眈”地注视着我们，仿佛随时准备对抢夺胜利果实的潜在对手发起攻击。这一群狮子是一大家子，在母狮子的庇护下，狮群中最小的那头小狮子，开始用牙齿撕裂斑马柔软的腹部。这时，我们看到了血腥而又残忍的一幕：被撕裂的斑马的腹中，露出了一只已经足月的小斑马！原来这是一头怀孕的母斑马，因为怀孕，无法摆脱狮子的追逐，才被猎杀的啊。据我们的导游介绍，她在克鲁格公园已经工作了多年，但连她也是第一次看到怀孕的斑马被猎杀。她深深惋惜又为我高兴，开玩笑说，我的照片，可以拿去国家地理杂志投稿了，因为这样真实的猎杀场面，是可遇不可求的。车上的几个游客也向我祝贺，说他们在公园内已经待了好几天

了，自己开车，也参加公园组织的Safari，几乎什么也没看到呢；而我们第一天到，参加的第一场Safari，就几乎一次看全了非洲五大，更何况还有这样百年一遇的猎杀场面。

其实除了动物之外，克鲁格的落日本身也是一景，在开阔的非洲原野上，同心爱的人一起看夕阳映红天际，看落日在大树背后隐去，本身就是足够浪漫的事！

7.7　日出 Sunrises Safari

早上4点开始的日出 Sunrises Safari，看到的动物没有夜间 Night Safari 看到的多，亮点仍然是狮子。狮子会上树，你不知道吧？但我们就亲眼看到了两头母狮，在众目睽睽之下，爬上树梢，摆好了非常舒适的姿势，在那里打盹。也看到两头公狮，在那里啃食两天前猎杀的水牛的骨架。我们的导游是一位精壮的南非汉子，居然懂狮子的语言，能够和狮子交流。他站在桥上，呼呼呼地低吼了几声，居然把整个狮子家族，大大小小12头狮子，呼唤到了我们眼前！此举是我们游览的高潮。这位导游的名字叫 Excellent，果然名不虚传。克鲁格公园有11扇大门。如果你想有同样特别的经历，我推荐你来鳄鱼桥大门，我推荐你来找我的导游 Excellent！

7.8　克鲁格公园自驾

克鲁格公园的Safari，其实也可以自驾，一分钱都不用出。但不是很建议你这么做，因为克鲁格公园里，手机没有信号，更没有无线网络，你如果沿着大路开，基本上看不到什么动物。而如果走小路的话，一旦发生意外，那真是喊天天不应，哭地地不灵了。而且非洲天气多变，前一分钟还是晴空万里，后一分钟就可能暴雨倾盆，平地成河。自驾的车子，万一陷在水塘里，万一

和大型动物面对面发生意外的话，公园是不会负任何责任的。2014 年早些时候，一位上海女性在肯尼亚被河马吞噬，一时举国震惊。其实在克鲁格公园，每年都有多名游客在公园里丧生。所以，看动物易，全身而退不易，且看且珍惜。我的建议是：自驾，还是挑大路走；真要看动物，请务必参加公园的 Safari，1200 元 RMB 的 Safari，绝对超值，更何况还有 Excellent 这样的可以和狮子对话的向导！

第八节　南非最顶级的野奢酒店：辛吉塔 Singita

8.1　酒店地位

我是酒店控，每年的奢华酒店评选，前十名中，野奢酒店常年占据半壁江山。而南非又是野奢酒店的聚集地，美国《悦旅 Travel+Leisure》杂志第 18 届世界最佳酒店评选中，前十名里，南非的顶级野奢酒店 Singita 集团下属的酒店，就占了两个名额。一个是排名第三的克鲁格公园内的辛吉塔度假村，它又分为雷蓬坡别墅区 Lebombo Lodge 及斯威尼别墅区 Sweni Lodge，两大能就近观察野生动物七生态的隐蔽私人高级度假屋。第二个是排名第八的萨比沙 Sabi Sand 区辛吉塔动物保护园区 Singita Sabi Sand。说辛吉塔 Singita 是世界野奢酒店的代表，甚至是世界最佳酒店的代表，也不为过。既然到了南非，当然希望能有机会入住，最低限度也希望能参观一下辛吉塔。

8.2　订房渠道

讲到付费入住，飞往南非之前，我参照了网上被吹捧得神乎其神的几个高端酒店订房的渠道，都有很大的缺陷：

1）Fine Hotels & Resorts（FHR）：这是美国运通卡背后的订房平台，FHR 官网，需要验证美国运通卡的卡号和 Pin Code，目前只对美国、加拿大发行的美运卡持卡人开放。换句话说，你手上持有的是中国发的美运卡的话，你连 FHR 的官网都进不去，连酒店的价格都看不到，只能打客服电话一家一家酒店查，非常不方便。

2）Virtuoso：这也是一个高端酒店订房平台。这个更绝，任何人都无法在线预订，都要通过一对一的客服代表来查询价格。而这个客服代表，没有大中华区的，必须用英文交流！

3）Kiwi Collection：这是 Visa 白金卡和 Visa 无限卡背后的订房平台，这次去南非，同 Kiwi 打了回交道，感受极差：

南非另一家顶级的野奢酒店 Earth Lodge Sabi Sabi，Kiwi 的价格是 RMB2450 元（而 Sabi Sabi 中国区代理给我的最优惠价格，要 RMB8000 多），我以为捡了个元宝，赶紧动手订，结果确认的价格，变成 RMB11000 多，贵了整整 5 倍。Kiwi 官网的价格，简直就是个笑话！

经过我的投诉，Kiwi 网址上 Earth Lodge, Sabi Sabi 的价格，已经变成 RMB6000 多了。但这个价格也还是个笑话，是根本订不到的。

由于找不到合适的价格，更由于我们订到了约翰内斯堡洲际 Sandton Tower 酒店积分超值兑换的大促销，这样我们在克鲁格国家公园的住宿，被压缩到一晚。一晚住宿，又是很晚到、一早走，要参加夜间 Night Safari 和凌晨的日出 Sunrise Safari，在酒店的时间极少，因此最终我们放弃了顶级野奢酒店的入住。但出于对顶级野奢酒店的好奇和热爱，我们还是在百忙之中抽出时间，去参观了一下南非野奢酒店的代表：辛吉塔。由于我们预定在克鲁格公园只有两天一晚，参观完酒店后，当天还要赶回约翰内斯堡，所以选择了克鲁格公园外，离高速公路更近的排名第八的萨比沙区 Sabi Sand 辛吉塔动物保护园区 Singita Sabi Sand，而没有选择排名更靠前（排名第三）的克鲁格公园内的辛吉塔度假村。

8.3 交通

从我们住的克鲁格公园鳄鱼桥营地 Rest Camp 到辛吉塔动物保护园区，全程大约 115 公里，却足足开了 5 个半小时。前 80 公里，在克鲁格公园内边开车边看动物，足足开了 4 个小时；出了克鲁格公园大门，离酒店还有 35 公里，这最后 35 公里，又开了足足 1 个半小时。从萨比沙 Sabi Sand 保护区大门到酒店的路况极差，道路狭窄，车身被道路两旁的灌木，划出了一道道深深的印迹。由于道路崎岖，高低不平，我们的小轿车，几乎是被当成了四轮驱动车在行驶。我们一边开，一边深深地怀疑，世界上最顶级的野奢酒店，会在这样鸟不生蛋的地方吗？

我猜想我们大概是绝无仅有的开着小车来辛吉塔的人了吧。辛吉塔酒店门口，就是一处飞机跑道，从约翰内斯堡有小飞机飞这里。入住辛吉塔的非富即贵，一般人只怕都是坐飞机

过来的吧；最低限度，也要开一个路虎越野车才应景；开小车，实在不适合来这里啊。

一番颠簸，终于来到了辛吉塔酒店的大门。这里，名为辛吉塔的酒店，一共有三家。

8.4　Singita Ebony Lodge

一家是殖民地风格的 Singita Ebony Lodge，也是业主贝莱斯 Bailes 酒店事业的开端。当初，第一家辛吉塔序列的酒店，正是在这里诞生的。从第一年的 4 间房，到第二年的 6 间房，一直发展到今天，成了唯一一家能够在世界前十佳顶级酒店的排行榜中占据两席的酒店品牌。

8.5　Singita Boulders Lodge

一家是 Singita Boulders Lodge，装饰风格更偏向原生态，大块的山石被原封不动地保留在 SPA 区和酒窖里。甚至有一大块石头，穿墙而过，一半在墙体外边，一半在墙体里面。这样大块的山石，也成为酒店的标志，可能也正是酒店名称中 Boulders 的涵义吧。客房中，也运用了大量的根雕和大张动物毛皮作为点缀。如果说 Singita Ebony Lodge 更古典、典雅的话，那么这家 Singita Boulders Lodge 就更亲近自然了。

8.6　Singita Castleton

另一家由 6 间套房组成的 Singita Castleton 原先是业主的私人物业，业主贝莱斯 Bailes 就出生于此。他深爱这一片生于斯长于斯的土地，最终在不久之前，将这处物业贡献出来，成为辛吉塔

集团中唯一一处整栋出租的物业，也更适合一大家子过来长住吧。

8.7 精品店

辛吉塔的另一个亮点是它的精品店，非洲特色的礼品，可以在这里一站式找齐。中国有个摄影师，前后 8 次到过非洲拍动物，号称拍非洲动物第一人。我觉得争夺这样的称号，肯定是徒劳的。我在精品店里，就看到酒店 Safari 向导拍的动物照片，人家天天 Safari，再怎么样拍出来的照片，也比那些偶然来几天非洲的摄影师强了。

8.8 辛吉塔的房价

辛吉塔酒店，也贵也不贵，单晚房价在 RMB8500 元左右，连住四晚的套餐，在 RMB6500 元每晚左右。但它的房价，含早晚餐，含香槟之外的全部酒水，还包含一天两场 Safari，把这些算进去，这个价格就不贵了。

8.9 萨比沙保护区

辛吉塔酒店所在的萨比沙保护区，有20来家酒店，房价高低不等。除了辛吉塔之外，还有另一家同样位列世界最佳酒店前十名的Sabi Sabi Private Game Reserve，旗下共有四家酒店：分别是Selati Camp、Bush Lodge、Little Bush Camp和Earth Lodge。和辛吉塔不一样的是，Sabi Sabi旗下所有的酒店，周边都没有高压电网，野生动物可以自由出入。好处是作为野奢酒店，它无疑是更“野”了；坏处是危险系数也高了很多，入住这样的酒店，据说晚上5点以后不允许离开自己的房间，去餐厅必须让电瓶车来接，散步必须由配枪的向导全程陪同，否则后果自负！

8.10 悦旅酒店排名的评价

参观酒店后的最大感受，是美国《悦旅Travel+Leisure》杂志第18届世界最佳酒店评选，对克

鲁格地区过于情有独钟，前十名中这个区域，有 3 处共 9 家酒店上榜，分别是前文所述的：

排名第三的克鲁格公园内的辛吉塔度假村，它又分为两家：
——雷蓬坡别墅区
——斯威尼别墅区

排名第七的 Sabi Sabi Private Game Reserve，旗下共有四家酒店：
——Selati Camp
——Bush Lodge
——Little Bush Camp
——Earth Lodge

排名第八的辛吉塔动物保护园区 Singita Sabi Sand，共三家酒店：
——Singita Ebony Lodge
——Singita Boulders Lodge
——Singita Castleton

这样密集的排名，显然超出了正常的范畴。我用小人之心测君子之腹，这样的排名的出台，只怕是 Singita 和 Sabi Sabi，投入了大笔赞助的结果吧？

但这样的酒店排名，显然是有它的用处的，这不，把我从万里之遥的中国吸引过来了吧。对于酒店控来讲，我这样的参观之旅，是不足为训的，真想体验，最起码在辛吉塔动物保护园区 Singita Sabi Sand 住个几晚。住一家，可以一次参观周边的 20 来家酒店，我相信会有人有这样的兴趣的。

第九节　德班附近的世界遗产：圣卢西亚湿地公园 The Greater St Lucia Wetland Park 和 Safari 的发源地 Hluhluwe 保护区

9.1　德班的特色

德班所在的 Kwazulu—Natal 省，是南非非洲特色最为浓郁的一个省。南非是非洲国家，但你在开普敦，你在约翰内斯堡的高尚社区比如桑顿 Sandton，遇到的白人，可能比黑人更多。到了德班，才能真正感受到浓郁的非洲气息。这里有南非第一处世界遗产圣卢西亚湿地公园 The Greater St Lucia Wetland Park，有全世界 Safari 的发源地，世界上最早的 Game Reserve：Hluhluwe—Umifolozi 保护区。这里也有丰厚的历史遗存：从原始社会古人类活动的印迹，到开拓者时期，南非白人布尔人和非洲土著激烈角逐的"血河之战"的古战场。这里更是冬暖夏凉的度假胜地，世界顶尖的酒店集团费尔蒙在南非的两家酒店，全部集中在德班附近。这里毗邻斯威士兰和莱索托，如果有南非多次往返的签证，这里也是前往探索这两处内陆国家的最好的前进基地。凡此种种，都让我们选择德班，作为探索南非的下一站，投入五晚的时间，花的时间、精力，更多于开普敦。

9.2　圣卢西亚湿地公园

湿地公园特色

位于德班机场以北 310 公里处的圣卢西亚湿地公园，占地 332000 公顷，或 3320 平方公里，仅次于克鲁格国家公园和德拉根斯堡公园，是南非第三大国家公园，也是南非第一处世界遗产。它是南非八大世界遗产中最先入选的。2002 年，曼德拉曾经以诗人般的语言，热情洋溢地赞美过这片非洲最大的湿地：

> 这是世界上独一无二的湿地公园，这里，世界上最古老的陆地哺乳动物（犀牛）和世界上最庞大的陆地哺乳动物（大象）和世界上最古老的鱼（一度被认为已经灭绝的矛尾鱼）和世界上最庞大的海洋哺乳动物（鲸鱼），共享同一片生态系统。

圣卢西亚湿地公园，南北最长处接近 100 公里，东西最宽处接近 50 公里。这么辽阔的区域，并没有得到太好的开发，绝大多数的区域，只有凭借四轮驱动车才能进入。游人通常能到达的，只是整个湿地公园最南端，从 Bhangazi Gate 到 Cape Vidal 之间，30 公里左右的范围，再往前，就没有汽车能走的路了。Cape Vidal 是一处海滨休闲度假的场所，游泳、冲浪、烧烤，大家玩得不亦乐乎。但如果想要更深入地探索湿地公园，比如潜水、看鲸鱼、看海豚，就需要借助当地旅行社了。

圣卢西亚湿地公园的特色，是坐游船、看河马。游船的价格，155 兰特，约合 RMB90 元一人。在这里，我们知道了河马是群居动物，常常看到一大群二三十头河马聚居在一起。河马白天泡在水里，晚上上岸觅食。单身失群的河马，攻击性最强，也最危险。曾经闹到沸沸扬扬的在肯尼亚被河马攻击致死的上海游客的事件，究其原因，估计是晚上遇到了觅食的河马了。

圣卢西亚湿地公园，2007 年的时候已经改名为 The iSimangaliso Wetland Park，涵义是“奇迹”。但当地人还是习惯用它葡萄牙语最初的名字来称呼这片神奇的土地。圣卢西亚，也是整个地区最大的集镇和补给中心的名称。我们从德班机场租车一路自驾，到的时候，已经是傍晚夕阳西下时分了。我们在游船码头，看到一艘游船围绕着码头开过来，开过去，船上的人，手持香槟，不时朝着岸上挥手致意，一打听，才知道是在拍当地旅游宣传片。曲终人散，演员退场，又有一拨游客，搬来整箱的啤酒和食物，或站或坐

或躺，享受这夕阳余晖下的美好时光。

圣卢西亚小镇

圣卢西亚不大，镇中心最繁华热闹的地方，也就几百米。我们挑了它最热闹、人气最旺的一家餐厅用餐，餐厅室内装饰得现代、时尚，却没有人坐，大家都抢占室外的座位。室外用餐，除了清风明月，还能享受当地小孩们载歌载舞的表演。这个表演是要收费的，我拍的照片最多，还有两个小男孩专门为我摆 POSE，收钱的时候，自然也就给得最多。

圣卢西亚住宿

圣卢西亚的住宿，我们没有提前预订，而是和克鲁格公园一样，到了目的地现找的酒店。我们住的是四星级的 Umlilo Lodge，也是当地最贵最好的一家酒店了。酒店由一对母子经营，酒店不大，却古木参天，木栈道、木楼梯，一切都显得那么原生态。价格是 1000 兰特，或 600RMB，在当地，算是天价了。

9.3 世界上第一处 Safari 的发源地：Hluhluwe-Umifolozi 保护区

非洲大陆第一处野奢酒店：Hilltop Camp

距离圣卢西亚 90 公里的 Hluhluwe-Umifolozi 保护区，是非洲大陆，也是世界上第一处 Safari 的发源地。保护区内的 Hilltop Camp，也是非洲大陆第一处野奢酒店，酒店的基本格局，这么多年来并没有大的改变。酒店用今天的眼光来看，也还可圈可点，可以想见，五十年前，一百年前，想必是当时世界上最奢华的野奢酒店了。如同名称里显示的那样，酒店位于山顶，一览众山小的位置。酒店占地广大，到处是遮天蔽日的古树，小鹿那样的小动物，不时在你身边追逐嬉闹。酒店名为 Hilltop Camp，这个 Camp，是营地 Rest Camp 的意思，并不是帐篷的意思。酒店的主要房型，

是我们在克鲁格公园住过的非洲土著人特色的小屋Hut。这里的Hut，房门不上锁；房里没有厕所，没有电视，没有电话，也没有网络。但我们住的#61号小屋Hut，门口就是洗衣屋和公共卫生间，对面就是小会议室，会议室内有无线信号。不远处，居然还有室外游泳池。穿过泳池，是整个酒店最贵的名为Mtwazi Lodge的由6栋别墅组成，通常需要整体出租的“酒店中的酒店”。酒店大堂，布置得古色古香，里面有多幅描绘古代非洲王公贵族生活和殖民地时期生活的绘画和照片。从这些影像资料中可以想见，早在很久以前，这里就是土著王室的避暑和狩猎圣地。酒店的客房数，并不是很多，但却有一个超大的餐厅，里外三进，晚上的自助餐异常丰盛，配上南非特产的红酒，那感受足可回味。从南非回来很久了，我太太还不时在我耳边念叨着那天晚上香喷喷的牛排。

日出 Sunrise Safari

住在保护区的一大好处，是可以在大批游客到来前，先看动物。我们报名参加了早晨5点开始的Sunrise Safari。已经在克鲁格公园做过Safari了，是不是还有必要再来这里做Safari呢？我们尝试下来的结论，是完全值得的。圣卢西亚湿地公园的特色是河马，Hluhluwe-Umifolozi保护区的特色是犀牛。早在一百年前，这里的犀牛就已经剩下不到100头了。而经过了一个世纪的保护，今天，这里的犀牛数量，已经达到了惊人的7000头！其中将近一半，是更加珍贵，一度被认为濒临灭绝的白犀牛。

更野更奢的保护区

Hluhluwe-Umifolozi保护区同克鲁格公园比较，克鲁格公园更大众化，Hluhluwe-Umifolozi保护区更小众，更野也更奢。

说到野，我们刚进入保护区的范围，没开几公里，就遇到5头庞然大物般的犀牛，并排横在路中间。对面是一队Safari的车，将犀牛缓缓向我们的方向赶。眼看犀牛慢慢向我们逼近，我颤抖的手，握在倒车档上……，手足无措之际，犀牛像开了天眼一般，向路边的草丛中走去了。另一次还是犀牛，在行车的必经之路上，3头粗壮的犀牛，排成一排，悠然自得地在那里散步。我们的车，缓缓地跟在犀牛后面，几次想超车，却超不过去。渐渐地，犀牛让开了一点空隙，我大着胆子从犀牛身边开过去，车同犀牛之间的距离，不足20公分！这也是本次南非之行最惊心动魄的一幕，我的心，实实在在的已经提到嗓子眼了！

说到奢，克鲁格公园内我们住的鳄鱼桥营地Rest Camp，没有餐厅，只有一家小卖部。而这里的山顶营地 Hilltop Camp，如前所述，有一家偌大的餐厅，出品的饭菜，口感足可回味。在这里，几十年前只有达官贵人才能享受的一切，今天的我们，可以用异常平民化的价格享受到。

Hluhluwe-Umifolozi 保护区，也有这样那样的危险。南非捕猎是合法的，你花几千美金到几万美金，就有机会猎杀一头大型动物。我去南非之前，就在网上看到过一位美国女子，在秀她猎杀的狮子、鳄鱼、斑马和鹿。而这次在 Hluhluwe-Umifolozi 保护区，我们也遇到三男一女，肩扛猎枪，大摇大摆走在保护区的道路上。我刚想拍照，却被我太太制止。太太说，如果他们是偷猎者，拍下他们的影像，那是活得不耐烦的表现。

第十节　费尔蒙辛柏利酒店

10.1　缘起

南非是看动物，特别是看非洲五大的天堂，因此南非各地与看动物有关的营地 Camp 和 Safari Lodge 众多。而通常意义上的度假村 Resort 少之又少，比如我们在约翰内斯堡住了八晚，却始终说不出约翰内斯堡的度假村在哪里。去南非，如果想去南非的度假村，那么德班附近的费尔蒙辛柏利酒店，是不容错过的一站。

我是酒店控，尤其是度假村控，吸引我们花 5 天时间去德班，除了世界遗产的湿地公园和 Safari 圣地，更大的原因是费尔蒙。与四季酒店同样发源于加拿大的费尔蒙酒店集团，一直以来是奢华酒店的标杆，费尔蒙马赛马拉酒店，更是整个非洲标志性的酒店。当得知费尔蒙在南非有两家酒店，并且这两家酒店，居然位于同一个地点——辛柏利的时候，引发了我强烈的好奇心。我很希望知道，能够让费尔蒙集团出手，而且一出手就是两家酒店的辛柏利，到底长得什么模样。

10.2　订房攻略

决定去费尔蒙辛柏利酒店一探究竟的另一个原因，是我无意中成为了中国银行最高等级的美国运通卡持卡人。中国银行美国运通卡预订费尔蒙旗下的酒店，可以享受免费早餐、客房升级等礼遇。在我去南非的时段，美国运通卡同费尔蒙集团联手有个全球费尔蒙酒店连住若干晚最后一晚免费的促销，其中南非费尔蒙辛柏利酒店更有住二送一的优惠，这样，就促成了这次的费尔蒙辛柏利酒店三晚酒店体验之旅。

当然，美国运通卡的促销，也有缺点，参加了住二送一之后，原本的优惠就不能叠加享受了。换句话说，“免费早餐、客房升级”与住二送一之间，只能二选一。现在好了，完美旅行 Perfectravel 同费尔蒙辛柏利酒店签订了合作协议，完美旅行网的网友，预订费尔蒙辛柏利酒店，不需要是美国运通卡的持卡人，也能享受住二送一，还有免费早餐；连住三晚，平均每晚，最低只要 RMB1000 元出头，实在是难以想象的优惠——比我当初费尽心思，同中国银行反复沟通得来的价格，还要更加优惠了！

10.3 度假区整体规划

祖鲁语中，辛柏利是鲜花谷的意思，而费尔蒙辛柏利酒店，又是占地700公顷的辛柏利海岸度假村 Zimbali Coastal Resort 的组成部分，环绕两个世界顶级大师设计的18洞高尔夫球场，坐拥3公里金色海岸线，辛柏利海岸度假村无疑是南非最顶级的海滨度假村。700公顷是怎么样一个概念？要知道海南的顶级酒店三亚文华东方和石梅湾艾美酒店，占地都是12公顷或12万平方米，那么700公顷，就是60个三亚文华东方或60个石梅湾艾美那么大，可能相当于我们整个亚龙湾的体量了。

费尔蒙辛柏利酒店由两家酒店组成，一家称为山庄 Lodge，一家称为度假酒店 Resort。

10.4 费尔蒙辛柏利山庄 Lodge

费尔蒙辛柏利山庄，开业于十八年前，经典典雅，有一种浓浓的复古韵味。山庄为高尔夫球场所环绕，在大堂，在酒吧，在客房，都能看到绝美的高尔夫的景观。酒店每周一晚上的咖喱之夜自助餐，远近闻名，很多在德班的印度后裔，不住酒店，却也会来品尝一下这个家乡的咖喱味。

10.5 费尔蒙辛柏利度假酒店 Resort

客房

我们住的费尔蒙辛柏利度假酒店，开业于2010年，酒店非常新，非常现代。它的客房分为主楼区和别墅区，十栋别墅是可出售物业，出售后业主返租交给费尔蒙管理的。酒店主楼的标准客房已经足够宽敞舒适，我们这次被意外升级到的海景套房，就更令人赞叹。套房有个30平方米的超大露台，露台外，别墅橙黄色的屋顶，泳池宝蓝色的池水，不远处是沙滩、大海，海天一色，景色让人心旷神怡。套房面积说是只有91平方米，但由于有了这

个超大露台的缘故，给人的感受要大得多。客厅大，卧室大，卫生间也大，卫生间里还有一个硕大的碗形的浴缸，足足占据了卫生间 1/3 的空间。

餐厅

酒店的餐厅和酒吧，有 9 个之多，我们去的最多的是早餐厅和亚洲风味餐厅。早餐厅和大堂在一个楼层，餐厅外的露台，是拍摄酒店全景的绝佳位置。露台外面，就是酒店标志性的超大室外泳池。

我们连续两天都在亚洲风味餐厅用晚餐，这个餐厅和花园在一个层面，外表并不起眼，里面却别有洞天。餐厅分为上下两层：楼上是等候区，也是餐前、餐后喝酒聊天的绝佳处；楼下的用餐区，暗红色的灯光，光影迷离，散布着暧昧的情调。这是所谓需要正装出席的餐厅，餐厅服务员非常自豪地告诉我们，这是整个德班最高尚的一家餐厅，很多当地人不住酒店，也会特意过来用餐。同餐厅的档次和享受的贴心服务相比，餐饮的价格，并不贵。

泳池

酒店最大的亮点，无疑是它的泳池。酒店主楼前的泳池硕大无比，我看足有 50 米长，泳池边躺椅充足，在酒店的三天，我们有很大一部分时间是在这个泳池边度过的。

泳池前的酒吧，有桌球可打，在这里坐坐，吹吹海风，也是很惬意的事。

别墅区沙滩俱乐部里，另有一处俱乐部泳池，泳池不大，周围布满了餐桌，这里，更像是情人谈情说爱、浪漫用餐的场所。

沙滩

沙滩俱乐部门口，有一条小径通往沙滩。南非的沙滩，貌似都是公共沙滩，三公里的金沙滩上，没有任何休闲设施，没有任何小商小贩，也没有任何水上活动，连游客都看不到一个。也难怪，这里的大海，风急浪高，想必不会有人想在这里下海吧。

10.6 设施共享

当然，费尔蒙辛柏利的两家酒店——山庄和度假酒店之间的设施是共享的：住一家酒店，可以享受两家酒店的设施；两家酒店之间，也有免费的酒店车接送；住这家酒店，也可以去另一家用餐，泡吧，费用可以直接挂房账；住在度假酒店这边，也可以去山庄那边游泳。山庄的无边界泳池，可以俯瞰高尔夫球场和球场边层层叠叠的溪流和湖水，看当地人的海景豪宅，那感受，一定也很特别吧。

10.7 周边景点

费尔蒙辛柏利酒店处于南非祖鲁文化的核心地带，周边有多处世界遗产和丰厚的历史遗存，酒店也提供多款一日游的产品供客人选择。我们本来也是打算以酒店为基地，去一趟世界自然遗产，南非第二大国家公园的乌坎兰巴—德拉根斯堡公园 The uKhahlamba Drakensberg Park，但到了酒店，我们临时改变了主意。住到了这么出色的酒店，还要一个劲地往外跑，实在有一种骑驴找驴，骑马找马的遗憾啊。结果除了半天短暂的德班市区之旅，3 天中的绝大多数时间，我们都待在酒店，这里看看，那里逛逛，这里吃吃，那里喝喝，泳池泡泡，沙发躺躺，3 天的时间，不知不觉间，很快就过去了。

10.8 旅游地产

酒店所在的占地 700 公顷的辛柏利海岸度假酒店，除了酒店和高尔夫球场之外，更多的是可出售的房产项目。我们酒店大堂，就有一个开发商的柜台，醒目地摆放着房地产宣传资料，其中一份写着 650,000 兰特（约合 40 万人民币），拎包入住 40 平方米全装修酒店式公寓。这个价格，已经比海南雅居乐清水湾的价格都低了，看了难免心动，专程去了一趟售楼处，一问，才知道那是开盘特价，已经售罄了。新的单位，位置更好，景观更好，但价格已然翻倍到了 2 万人民币一平方米了，遂作罢。想想也暗自庆幸，如果 650,000 兰特的全装修酒店式公寓还有的话，难保不头脑发热，直接在南非买一套旅游地产起来啊。

第十一节 德班市区半日游

11.1 缘起

德班是非洲第一大港口，也是我的福地，是我外贸生涯的起点——我独立操作的第一笔订单，就是出口到南非德班的，因此德班，对我有着特殊的意义。这次到了距离德班 45 公里、车程半小时的费尔蒙辛柏利酒店，酒店再好，也要抽出时间，去看一眼德班，看一眼自己事业的起点。

11.2 交通

德班是南非仅次于约翰内斯堡和开普敦的第三大城市，在约堡和开普敦，我们都是搭乘红色观光巴士游览市中心的，但是德班没有这样的红色观光巴士。理由之一，是德班有 3 条巴士线路贯穿城市主要景点，分别是蓝色的沙滩线、绿色的城市观光线和红色的环线，票价是单程 4 兰特；全天不限次数的通票 10 兰特，价格低到了令人发指的地步。理由之二是德班的市中心并不大，步行即可覆盖主要景点。

11.3 南北沙滩

德班是海滨避暑胜地，我们去的 1 月，是德班旅游的旺季。德班海滨度假的核心地带，是以南、北沙滩命名的六公里金沙滩。同夏天青岛、大连的人潮涌动不同，这里，即使是在旺季，也显得异常清净。同海岸线平行的，是大片修建得平平整整的草坪，草坪上遍布鸽子，轻轻地走动，就能带起大片鸽子。

11.4 德班市中心

德班的市中心，在纳塔尔湾（Bay of Natal）沿岸方圆不过两平方公里的范围内。之前在南、

北沙滩，看到的是海鸟游弋、草坪鸽子和碧海蓝天，一派休闲的景象。到了纳塔尔湾，看到的就是货轮、集装箱堆场。也难怪，德班是南非，乃至非洲的第一大港口。纳塔尔湾沿岸地区，有 King Dick 的塑像，有放置着两艘蒸汽轮船的纳塔尔海事博物馆，有最先发现德班的大航海家达伽马的塑像。

德班市中心，不大的地方，集中了多间博物馆，其中有旧法院改造的乡土历史博物馆，有旧市政厅的一部分改建的德班自然科学博物馆和美术馆。美术馆一侧是维多利亚女皇等大英帝国历代统治者的塑像，塑像后侧，则是第一、第二次世界大战中阵亡将士的陵墓。这里，显然是德班最中心，也是最神圣的地方了。

市政厅对面，是德班的中央公园，中央公园不大，但树木参天。公园一侧是中央邮局和当地人的小商品市场。往前穿过一条过街地道，就是老火车站，这里是背包客的聚集地，也是德班旅游局、旅行社扎堆的地方。

德班市中心不大，半天的时间就可以逛完。但看看那宽敞整洁的道路，看看道路两边鳞次栉比的高楼大厦，南非，是不是和我们想象的非常不同啊？

德班也是南非的会展之都，和以广交会闻名的广州是姊妹城市。中央公园的另一侧，就是规模宏大的德班国际会议中心，每两年一次的非洲旅游盛会，就是在这里召开的。希望能有机会躬逢盛典。

第十二节　开普敦威斯汀酒店

12.1　房价和订房攻略

开普敦是南非第二大城市，也是南非的立法首都，更是中国旅行团的最爱，中国旅行团说是去南非，其实绝大多数团队的绝大部分行程，都集中在开普敦及其周边地区。但我们十八天十六晚的行程中，在开普敦却只安排了三天，除了之前所述的原因之外，另一个更直接、更现实的问题，是住宿无法解决。我们是春节到的南非，开普敦酒店全线爆满，平时经常住的酒店集团：凯悦，这里一家酒店没有；洲际，只有一家智选假日；卡尔森集团在开普敦有一间丽笙，和我们住的威斯汀酒店一样，正月初一到初五全部满房，这之前和之后，虽有房间，但基础房型的价格也在 RMB3000 元以上。最终，我们选择的是用 5000 积分 + USD75，大约 RMB1500 元一晚的成本，兑换了三晚威斯汀，并且用白金会员一年 10 晚的套房升级券，升级到了行政套房，在开普敦，有了一次完美的停留。

威斯汀全玻璃幕墙结构，外观非常现代，如果不告诉你，你根本无法想象这是一间有着二十

年历史的老酒店了。

12.2 行政酒廊

开普敦市区最繁华、最热闹的地区，是水门区 Waterfront。威斯汀距离水门区不过两公里距离，有密集的班车前往水门区。酒店门口，就是我们后来搭乘的红色观光巴士的站台。红色的观光船，也在酒店门口始发。酒店还无缝连接了开普敦国际会议中心。酒店离尘不离城，酒店的行政酒廊，更是观赏水门区风景的绝佳位置。行政酒廊地方不大，但它早餐的出品，是我们一路上最精致，也是最丰盛的。入住行政楼层的客人，加一点不多的钱，还可以升级到全套早餐 Full Breakfast。这个全套早餐，包含了热食和酒水，甚至还有香槟！性价比本身就是极高的，更何况还有窗外那无敌的风景。南非是盛产葡萄酒和起泡酒的国家，因而这里傍晚的欢乐时光，酒水极尽丰盛之能事，但佐餐的小食，就只有很少的一点了。在行政酒廊，手持一盏香槟，和相爱的人携手窗前，看夕阳西下、华灯初上，一定是一件美事吧？但非常可惜的是，这么好的风景，这么丰盛的酒水，我们却只在入住的当天享受了一次，其后两天一直在外面观光旅游，每次回到酒店，这个欢乐时光早已经结束了。

12.3 客房

我们住的行政套房面积不大，但已经是整个楼层唯一的一间套房了。我估计在这家酒店，不管你是什么级别的会员，不用套房升级券，恐怕都是很难升级到套房的吧。房间本身没有什么特别，但胜在景色无敌。我们的房间在楼层转角的位置，270 度的风景尽收眼底，窗外的码头上，停靠了两艘军舰，其中一艘，居然是航空母舰！房间本身，如果一定要说，那么它的卫生间，是干湿分离的：马桶放在一个专门的隔间里，隔间两侧各有一个门，一边连接客厅，一边连接主卧室，这样等于省略了一个客卫生间的空间，却又保留了客卫生间的功能。这样的设计，对于我这样常常要熬夜的夜猫子，还是非常贴心的，最起码上厕所就不会打搅到我太太的好梦了。酒店白金会员的欢迎礼物也很有特色，居

然是一大瓶白葡萄酒，这恐怕也是葡萄酒产区的南非特有的欢迎礼物吧。当初行走在同样是葡萄酒产区的澳大利亚，也是一样，酒店其他欢迎礼物没有，送酒倒是很大方，有的酒店，居然一送就是两瓶。

12.4 餐厅

酒店只有一间餐厅，出品可口，价格也不贵，但其实酒店的行政酒廊也供应正餐。凭借那无敌的景观，我估计行政酒廊的正餐，应该更受欢迎吧。

12.5 酒店评价

威斯汀是探索开普敦非常好的出发点和前进基地，特别是在春节的超级旺季，能够用积分＋现金＋套房券，兑换到它的行政套房的话，就更是探索开普敦不二的选择。

第十三节　开普敦观光巴士二日游

13.1　观光巴士介绍

开普敦是南非第二大城市，有世界自然遗产开普植物王国 Cape Floral Region，有世界文化遗产罗本岛 Robben Island，不用说还有那远近闻名的好望角和葡萄酒庄，但开普敦景点分散，怎么在有限的时间里，方便、安全、舒适又经济实惠地实现一次开普敦观光之旅，我们还是像在约翰内斯堡那样，选择了城市观光巴士。开普敦的城市观光巴士，有红色城市观光线和蓝色迷你半岛线两条线路，基本覆盖了开普敦市区和近郊代表性的景点。此外还有登上信号山看开普敦全景和落日的夜间之旅 Night Tour，看葡萄酒庄的 Wine Tour，以及坐船巡游水门地区的 Canal Cruise。我们选择的是包含以上全部的两日游的大全套，价格是 250 兰特，约合 RMB150 元一个人，还包含了中文在内的 16 种语言的解说。可以说正是有了这个城市观光巴士，我们才得以在有限的时间里，走遍开普敦的角角落落。

开普敦观光巴士的行程中，最出彩的，是水门区 Waterfront、海滨沙滩休闲区 Camps Bay、全世界唯一一处被评为世界遗产的植物园 Kirstenbcsch Botanical Garden，以及信号山看日落。以下按照观光巴士的线路，逐一介绍一下开普敦的景点。

13.2　红色城市观光线路

红色城市观光线路有 18 个站：

1）水门区 Waterfront：是观光巴士的总站，各条线路均在此汇集。我们住的威斯汀酒店门口，就有一条水上巴士线路，穿越运河，直达水门区。一路上滨水豪宅林立，这里的房价，据说是开普敦最贵的。水上巴士线的终点，是号称六星级的酒店 One & Only，酒店的地理位置和江湖地位，都非常类似悉尼柏悦酒店。如果说我们住的威斯汀看的是水门区的全景的话，这间 One & Only 就处在这幅全景画的画龙点睛的位置上。

整个水门区，相当于上海外滩和老码头，豪宅、游艇林立，但占地面积远比上海的老码头大，餐饮、商店、博物馆，各类配套设施也远比上海的老码头齐全。在我看来，这里正是开普敦的精华所在。这里，有商场，有名品店，有餐厅，有酒店，有电影院，有露天剧院，有水族馆，有博物馆。我们去的时候，正好有一档达芬奇生平的全球巡回展，不但不收门票，还提供免费的香槟和小食，让我们误打误撞近距离参拜了一回这位空前绝后的艺术家和科学怪人。

这里也是前往世界文化遗产——曼德拉的囚禁地罗本岛的出发点。需要提醒的是，旺季罗本岛的门票，需要提前预约。我们到的时候，就被告知今明两天的门票已经全部售罄，且没有任何回旋余地。这样，南非一路上最容易看到的一处世界遗产，偏偏没能看到。但没看到也有没看到的好处，我们在开普敦，第一天晚上到，最后一天一早走，在开普敦只有两个白天的时间，如果花一天时间看了罗本岛，这个开普敦观光巴士之旅，就看不全了。

水门区的游艇码头边上，有个黄色的大镜框，把桌山框了个正着，来往的游客，不要错过了这个标志性的景点。

这里环境优美，人与自然和谐共处，运气好的话，还能看到海狮爬上岸来，慵懒地晒起太阳。而这里罗本岛游客中心前的铁桥，是开启式的，每隔十来分钟就会开启一次，原来是为了方便船只通行，现在则成了水门区的一景了。

2）钟楼：这是水门区的另一个主要的出入口。更靠近罗本岛游客中心。

3）国际会议中心 CTICC：也就是我们住的威斯汀酒店门口。

4）开普敦游客中心：开普敦游客中心

规模很大，不但提供咨询，还直接提供各种一日游和多日游的线路，以及机票和酒店的预订，我感觉这里已经更像一处旅行社了。

5）圣乔治大教堂：从游客中心向前穿过一处小型的当地人卖旅游纪念品的露天集市，到达观光巴士线路的第五站——圣乔治大教堂。这也是观光巴士推荐的市中心的步行路线。圣乔治大教堂门口，是当初囚禁奴隶的奴隶宿舍改造的奴隶博物馆，述说着一段不堪回首的往事。博物馆边上，是代表南非权力中心的国会大楼，之前是荷属东印度公司的总部。门前一大片绿地，之前是东印度公司的私家花园，现在则开发成了公共绿地。这处名为 The Company Park 的绿地，国内有的书籍翻译成“伴侣公园”，显然是不确切的。这里的 Company，指的是东印度公司的“公司”的意思。市中心有这么一片绿地，还是难能可贵的。公园里，到处是活泼可爱的小松鼠，松鼠不但不怕人，还常常站到路人的手掌心中觅食，憨态煞是可爱。

6）南非博物馆：Company Park 公园的尽头是一处广场，广场雕塑遍布。周围则是各类博物馆，其中名头最大的，无疑是南非博物馆。这处博物馆，实际上是一处自然历史博物馆，对于南非历史文化的介绍，远远比不上比勒陀利亚的梦想 Hapo 博物馆。

7）尼尔逊山酒店：长期以来一直是开普敦最好的酒店，相当于香港半岛酒店的江湖地位，历史上很多达官贵人曾经入住于此。来这里喝一次下午茶，是很多游客的最爱。

8）南非犹太人博物馆：我们去的时候，闭馆中。

9）第六区博物馆：讲述的是种族隔离时期，大批黑人的家园被动迁，以便给白人腾出生存空间，简而言之是一段强制拆迁的历史。这里也是观光巴士推荐的另一处市中心步行线路，逛逛看看历史建筑，不知不觉间就到了下一站：

10）好望堡 Castle of Good Hope：是最初开普敦驻军的兵营，现在开发成了若干个专题展室。

11）黄金博物馆：我们去的时候，闭馆中。

12）非洲珠宝 Jewel Africa：非洲珠宝，名字起得很大，去之前我们也是充满期待。但去了一看，所谓的非洲珠宝馆，开在一处穷巷子里，门口垃圾遍地，给人的第一印象就非常差。珠宝馆的店员，有多名华人。海外华人的珠宝店，按我的经验，是光顾不得的，遂离开。其实不光是这家店，开普敦水门区的多家珠宝店的报价，远比香港为高。我们一直以为南非是钻石产区，在南非买钻石，应该更加价廉物美才对。也许我们人生地不熟，没有走对地方吧？

13）桌山缆车站：桌山是开普敦的标志，桌

山缆车，票价不菲，215 兰特或 RMB130 元往返。坐这个缆车，要凭运气的，山下晴空万里，山上常常浓云密布 . 其实站在缆车站，已经能够将开普敦的全景，尽收眼底了。

14）海滨沙滩休闲区 Camps Bay：开普敦是好莱坞明星的最爱，他们最爱的，就是这段以十二使徒山峰为背景的 Camps Bay。据说莱昂纳多 . 迪卡普里奥等多位明星就在这里购置有房产，经常忙里偷闲来此度假。我们在沙滩的短暂的个把小时里，就看到多辆加长车和豪华跑车从身边经过。这里水清沙幼，碧海蓝天，也的确是休闲度假的理想场所。

15）总统宾馆：这一段海岸多岩石、多海带，并不适合下海，尤其多风，这里的树，都被经年不息的海风，吹得倒伏到一边。

16）圣约翰路。

17）温切斯特宾馆：

从圣约翰路到温切斯特宾馆的两公里滨海道路，是观光巴士推荐的步行线路。这里是开普敦中上阶层的聚居区，海滨的高档公寓鳞次栉比。

18）绿角 Green Point：边上就是开普敦大型的体育场。

13.3 蓝色迷你半岛线路

蓝色迷你半岛线路有 14 个站，前几个站和最后几个站都和红色线路并线，有差别的是中间的 5 个站：

20）全世界唯一一处被评为世界遗产的植物园 Kirstenbcsch Botanical Garden：2013 年迎来百年庆典的植物园 Kirstenbcsch Botanical Garden，被称为非洲最美丽的植物园，也是世界自然遗产开普植物王国

Cape Floral Region 的核心保护区。它的成立，是同非洲大亨塞西尔•约翰•罗兹（Cecil John Rhodes，1853 年 7 月 5 日—1902 年 3 月 26 日）的名字联系在一起的。罗兹在南部非洲的江湖地位，如同乔治•华盛顿或亚伯拉罕•林肯之于美国历史，19 世纪末南部非洲的历史，大部分都由塞西尔•罗兹书写。罗兹 48 岁去世时，是当时的世界首富，他通过同当地酋长签订矿业开采合同攫取的土地，最高峰时达到了惊人的 1,143,000 平方公里。这片后来以罗兹的昵称命名为罗得西亚的土地，就是今天的赞比亚和津巴布韦。可以说罗兹，真正做到了富可敌国。罗兹是南非钻石寡头公司戴比尔斯 De Beers 的创始人，这家公司，最高峰时占用世界钻石产量的 90%，直到今天，仍然占有 40% 的市场份额。

植物园 Kirstenbcsch Botanical Garden，生前是罗兹的私家花园，在他 1902 年去世时无偿捐献给了南非政府。今天，在这一大片土地上，建立起了南非最顶尖的学府——罗得西亚大学以及这座植物园。

植物园占地 42 公顷或 42 万平方米，保留了 7000 种植物和 450 种树，是真正的植物王国了。园里青山绿水，对于植物学知识不怎么丰富的我们，也不妨当个休闲的公园来逛逛，这里两类人特别多：一类是上了年纪的银发一族，一类是席地而坐的学生仔，学生妹，当然也有一些父母带了孩子一起来逛植物园的，离市中心不过半小时不到的车程，能有这么一片青山绿水，是开普敦的骄傲。但这么好的地方，我们流连忘返了半天的时间，居然就没有看到一个中国游客，这也是非常令人感慨的。

21）鸟类世界 + 猴子丛林。

22）当地小镇漫步之旅：类似约翰内斯堡索韦托的观光之旅吧。这两处，我们搭乘的大巴都

没有停站，不知道是否已经暂停？

23）豪特湾 Hout Bay：如果说红色城市观光线停留的 Camps Bay，更类似香港的浅水湾富人区的话，豪特湾就更类似香港的胡志明市，是一处更加平民化的海湾。这里，当地人五颜六色的渔船，停满了港湾，路边不时有人兜售新鲜出水的海鲜。想打牙祭，想吃海鲜，只怕这里才是最新鲜、最美味的吧。

另外一站是 WINE 酒庄之旅：搭乘蓝色线路，可以换乘免费赠送的酒庄之旅。据说南非 14 家代表性的酒店，其中 13 个都在大开普敦地区，酒庄之旅串联 3 个酒庄，但一般人去的，都是最后那家 Groot Constantia。这是 1658 年建成的酒庄，有着三个半世纪的历史了，里面有葡萄种植园，有餐厅，有品酒室，有博物馆。但同澳大利亚全部免费的品酒之旅不同，这里参观博物馆、品酒，都要额外收费；卖的酒，口感一般，价格居然比五星级酒店餐厅里卖的还贵，但就是在这里，我们遇到了大巴载来的大批中国游客，这些人买起酒来像不要钱的一样，常常是几袋几袋（每袋两瓶），甚至是成箱成箱地买。我不禁在想：这些酒托运不要钱吗？

13.4 夜间之旅 Night Tour

登上信号山看开普敦全景和落日的夜间之旅 Night Tour：每天晚上 6 点左右，从水门区的观光巴士总站，会根据报名人数，开出 1~2 趟夜间巴士，登上信号山，俯瞰日落和开普敦的全景。这是非常值得来的一趟旅程，更好的，是带上一些食品和饮料，因为风景虽好，山顶却没有任何出售食品的商店

和摊贩。在这里，和相爱的人相依相偎，看夕阳在海面上渐渐沉入海平线之下，看开普敦的灯光渐次亮起，肯定也是一件浪漫的事吧。

13.5 开普敦旅游小结

开普敦是中国游客的最爱，但是在我们去的开普敦各个景点——我们流连忘返的水门区Waterfront、沙滩区 Camps Bay，都绝少遇到中国人；植物园和信号山看日落，甚至就看不到我们以外的任何中国游客，这是非常奇怪的现象。那么中国人去开普敦，这些经典的景点都不去，他们去了哪里呢？

开普敦的旅游也有遗憾，最大的遗憾是时间不够，天下闻名的“花园大道”，就没有时间去，更出名的好望角我们也没去。

第十四节　南非旅游后记

南非十八天十六晚的旅行结束了，我们对南非的印象非常好，除了正文中说的之外，再补充几点：

1）南非人与人之间的礼仪

我是专业英语八级出身，但有些最基本的英语，学成之后，一直就没有机会用过，比如“How are you ？”。日常的英语，都是 Simple & direct，越简单越直接越好，能用一句话说清楚的事，绝不分成两句。反而是到了南非，这里保留了不少古典的风范，人与人见面，必定要寒暄几句才进入正题，哪怕是路上查你驾照的警察，哪怕是街边拉你生意的出租车司机，莫不如此。也难怪在五星级酒店听到其他住客善意地抱怨：“这里的每个人，都太客气了：‘Everyone here is too

much polite！’”这样的礼仪之邦的形象，是我来南非之前，难以想象的。

2）南非的酒

南非是盛产葡萄酒的国家，这次在南非五星级酒店的餐厅里用餐，一大杯葡萄酒，最低居然只要 20 兰特，约合 RMB12 元，口感居然比国内零售价 RMB300-500 元一瓶的酒还好。我一度在打听南非葡萄酒的进货渠道，这样价廉物美的葡萄酒进口到中国，一定畅销吧？

3）机场贵宾厅

平时在国内用龙腾卡或 PP 卡进入的机场贵宾厅，绝大多数不提供酒水，只有一些茶水和碳酸饮料，食品也常常只是饼干 + 泡面；而收费，据说是 300 元一次，实在是质次价高。而南非 PP 卡可以进入的机场贵宾厅，红白葡萄酒、起泡酒、啤酒、洋酒，一应俱全，食物也异常丰盛；也只有到了南非，才觉得手上的 PP 卡，不再是鸡肋。

4）攻略

这次的南非之行，从买机票、订酒店、办签证，到最终成行，前后不过一个月，可以称得上是一次说走就走的旅行。出发之前，并没有做太多的功课，不是不想做，而是无从做起——国内仅有的几本关于南非的旅游书，书中的资讯多已过时；网络上，即使是最权威的南非旅游局的中文网站，绝大多数有用的英文资讯，都没有翻译过来；翻译的过程中，还平添了不少错漏；最官方、最权威的网站，尚且如此，其他网络平台的游记攻略，更是错漏百出，不堪思谪。没有办法，只有到了南非自己动手，就地取材。因而这次的南非之行，很大程度上带有筚路蓝缕的开拓者的意味。这个系列的游记攻略里，包含了相当一部分第一手的情报。

南非是最让我们惊艳的英语国家，希望有更多的人，看了我们的书，能激发去南非的欲望，能分享到我们的快乐！

Luxury and more